华中农业大学乡村振兴研究报告2024

农业强国建设的湖北实践

NONGYE QIANGGUO JIANSHE DE HUBEI SHIJIAN

华中农业大学乡村振兴研究院　编著

中国农业出版社
北　京

华中农业大学乡村振兴研究报告2024
编写委员会

主　　编： 宋洪远

参编人员（以姓氏笔画为序）：

方江红　方浩然　王建鑫　田清淞　祁春节
严奉宪　苏玉同　李　城　李　剑　李义姝
杨月元　杨志海　杨梦洁　宋安然　罗　欢
罗小锋　孟佳仪　唐文苏　桑贤策　庹　娟
董亚妮　辜香群　曾　光

前 言

FOREWORD

《农业强国建设的湖北实践》是华中农业大学乡村振兴研究报告系列的第四本书。2023年3月，围绕湖北加快农业强省建设这一主题，设置建设农业强省的目标任务与实现路径，以及7个专题（增强粮食和重要农产品稳产保供能力，提升种子、饲料供应和农机装备保障水平，提高农业经营主体能力和社会化服务水平，保障农业产业链供应链稳定安全，提升主要农产品市场竞争能力，发展生态低碳循环农业，促进农民农村共同富裕）开展研究。

本书由华中农业大学乡村振兴研究院组织科研骨干进行编写，是集体协作的智慧结晶。各章撰写分工如下：综合报告“湖北建设农业强省的目标任务与实现路径”由宋洪远、唐文苏、苏玉同执笔，专题报告一“增强粮食和重要农产品稳产保供能力研究”主要撰写人为祁春节、董亚妮、杨月元，专题报告二“提升种子、饲料供应和农机装备保障水平”主要撰写人为罗小锋、王建鑫、桑贤策，专题报告三“提高农业经营主体能力和社会化服务水平”主要撰写人为万江红、李城、罗欢，专题报告四“保障农业产业链供应链稳定安全”主要撰写人为李剑、田清淞、杨梦洁，专题报告五“提升主要农产品市场竞争能力”主要撰写人为曾光、孟佳仪、宋安然，专题报告六“发展生态低碳循环农业”主要撰写人为杨志海、辜香群、万浩然，专题报告七“促进农民农村共同富裕”主要撰写人为严奉宪、庹娟、李义姝。报告的研究主题、专题设置、框架结构、主要内容、逻辑思路、编写体例和主编统稿由宋洪远承担，主编和华中农业大学博士生唐文苏、苏玉同又对书稿各章内容进行了修改完善，最后由主编审定，不足之处请学界同仁和读者朋友批评指正。

值此本书出版之际，要特别感谢华中农业大学高翅书记、严建兵校长、姚江林副书记、青平副校长对本书编写工作的关心和鼓励，感谢华中农业大学科学技术发展研究院张拥军常务副院长、王鹏副处长对本书编写工作的支持和帮助，感谢华中农业大学经济管理学院向晋文书记、李谷成院长在本书编写过程中提供的便利和帮助！衷心地感谢中国农业出版社领导的大力支持和本书责任编辑贾彬的辛勤付出！

华中农业大学乡村振兴研究院院长
宋洪远
2024年10月

目 录
CONTENTS

湖北建设农业强省的目标任务与实现路径

随着我国经济社会的快速发展，农业作为国民经济的基础性战略性产业，其重要性愈发凸显。特别是在新时代新阶段，农业发展不仅关乎国家粮食安全，还关系到农民增收、农村稳定和生态文明建设。湖北省作为我国农业大省，在全国具有举足轻重的地位。加快湖北农业强省建设，既是加快农业强国建设的必然要求，也是湖北农业高质量发展的内在需求。

2018 年 1 月和 9 月，中共中央、国务院《关于实施乡村振兴战略的意见》和《乡村振兴战略规划（2018—2022 年）》明确提出要“加快实现农业大国向农业强国转变”。2021 年 4 月，中共湖北省委和湖北省人民政府联合印发《关于全面推进乡村振兴和农业产业强省建设　加快农业农村现代化的实施意见》，在全国率先提出建设农业强省，为加快建设农业强国展现了湖北的责任与担当。经过三年来的探索实践，湖北围绕落实保障国家粮食安全和重要农产品有效供给目标任务，打造粮油、蔬菜、畜禽、水产、茶叶、林果、食用菌等十大重点产业链，实施农业产业化龙头企业“十百千万”工程，支持新型农业经营主体和服务主体创新发展，发挥财政投入引领作用，支持以县为单位创建农业现代化示范区，推进农业产业体系、生产体系、经营体系现代化，大力推进农业产业化、提升农业市场化水平，采取激励政策支持加快发展县域经济、块状经济，拓展了农民增收空间，取得了明显进展，积累了宝贵经验。为推进农业强省建设探索了路子，为加快农业强国建设贡献了力量。

本报告对标农业强国建设提出的“五个强”的目标和“五个特色”的要

求，聚焦湖北农业强省建设，从增强粮食和重要农产品稳产保供能力、提升种子饲料供应和农机装备保障水平、提高农业经营主体能力和社会化服务水平、保障农业产业链供应链稳定安全、提升主要农产品市场竞争能力、发展生态低碳循环农业、促进农民农村共同富裕七个方面开展专题研究。

本报告以习近平总书记关于农业强国建设的重要论述为科学指引，在围绕农业强省建设七个专题研究的基础上，主要从以下几个方面开展综合分析研究：第一，从湖北农业强省建设在农业强国建设中的地位作用入手，深入分析湖北建设农业强省的重要意义；第二，从湖北农业高质量发展的要求出发，解析明确湖北农业强省建设的内涵要求及实践探索；第三，综合本研究形成的专题成果，借鉴专家学者已有的研究成果，构建湖北农业强省建设的指标体系；第四，对照国家“十四五”推进农业农村现代化的主要指标，借鉴相同水平下不同省份提出的发展指标，提出不同阶段湖北农业强省建设的目标任务；第五，在上述分析研究的基础上，提出湖北加快农业强省建设的路径和措施。

一、湖北加快建设农业强省的重要意义

强国必先强农，农强方能国强。加快建设农业强国是党的二十大着眼于全面建成社会主义现代化强国作出的战略部署，湖北加快建设农业强省是加快农业强国建设的必然要求。习近平总书记在参加十四届全国人大一次会议江苏代表团审议时强调，农业强国是社会主义现代化强国的根基，推进农业现代化是实现高质量发展的必然要求①。

（一）农业强国建设的必然要求

湖北农业具有重要的地位，是农业强国建设的战略支撑。首先，湖北省是全国重要的粮食生产基地、生猪家禽主产区和调出大省、经济作物优势产区、

① 中共中央党校．习近平在参加江苏代表团审议时强调牢牢把握高质量发展这个首要任务［EB/OL］. https://www.ccps.gov.cn/xtt/202303/t20230305_156743.shtml?eqid=e0ffd78700022b350-00000046462d60e。

淡水渔业第一大省，农业生产水平总体较高。其次，湖北拥有丰富的农业科教资源，是全国农业科技创新的重要策源地，拥有农业科研教学机构73家，农业科技研发人员5 200人，其中涉农院士14人①，农业科技创新成果丰硕。此外，湖北省交通基础设施完善，铁路、公路、水运、航运四通八达，2023年交通固定资产投资总量位居全国第7，为农业生产和农产品流通提供了便捷条件。最后，从当前的情况看，加快建设农业强省也具备了坚实的物质基础和发展的比较优势。

1. 农业综合生产能力提升，农业基础性地位夯实

党的十八大以来，湖北省粮食和重要农产品稳定供给，农业综合生产能力迈上新台阶。2022年湖北省第一产业增加值4 986.72亿元，位居全国第5；全省粮食产量2 741万吨，位居全国第11；粮食单产水平从2012年的5 841.6千克/公顷提高到2022年的5 846千克/公顷，一直保持在较高水平。在粮食安全基本得到保障的同时，湖北“油瓶子”“菜篮子”“果盘子”“茶罐子”产品供给充裕丰盈，油、果、菜、茶、肉、蛋、水产等重要农产品产量均位居全国前列。油料作物播种面积位列全国第4，总产量位列全国第3；水果总产量位列全国第11，蔬菜总产量位列全国第6，茶叶总产量位列全国第2；生猪出栏量和猪肉产量位列全国第6，家禽出栏量位列全国第4，禽蛋产量位列全国第6，禽肉产量位列全国第11；淡水产品总产量连续27年位列全国第1②。

2. 区位交通优势凸显，共同助力农业高效发展

“十四五”时期，湖北省以“一主引领、两翼驱动、全域协同”的区域发展布局为指引，加快构建“三枢纽、两走廊、三区域、九通道”的综合交通运输格局，并取得了显著成效。武汉、襄阳、宜昌成为全国性综合交通枢纽城市，充分发挥了中心城市辐射带动作用，有力地支撑了鄂西、鄂中、鄂东城市群高质量发展。长江、汉江两条黄金水道对国家经济高质量发展发挥了重要支撑作用，2023年仅长江干线便完成货物吞吐量41亿吨；2022年全省完成水路

① 数据来源：湖北省乡村振兴局。
② 数据来源：国家统计局，湖北省统计局。

货运量 58 216.7 万吨，货运周转量达到 4 261.3 亿吨公里[①]，位居全国第 6。省内铁路、公路等纵横交错，初步形成“六纵四横”铁路网和“五横七纵四环”高速公路网。2022 年，湖北铁路总营运里程达到 3 340 公里，全年完成货运量 10 059 万吨，货运周转量达到 1 226.80 亿吨公里；高速公路总里程达到 7 598 公里，位居全国第 7、中部第 1，完成公路货运量 144 979.3 万吨，货运周转量达到 2 058.76 亿吨公里，位居全国第 5[②]。

3. 教育科技人才协同发展，共创农业科技创新高地

党的十八大以来，湖北省持续加强科技创新体系和创新能力建设，为湖北加快建成农业强省提供了重要支撑。2023 年，湖北有普通高校 132 所，国家重点高校数量仅次于北京、上海、江苏，位居全国第 4，高等教育水平名列全国前茅；新型研发机构 452 家，国家重点实验室 30 家（位居全国第 4），省级重点实验室 201 家，省级工程技术研究中心 363 家[③]。现代产业、乡村振兴、生命健康、绿色低碳、社会治理等科技支撑能力大幅提升，全省“光芯屏端网”、先进制造、生物医药、现代农业、航空航天等重点产业科技创新核心竞争力全国领先。其中，从事农业科技研究高层次人员达 5 000 多名，各类农业科研教学机构 68 家，农业领域科技创新平台 303 个，农林牧渔业科技人员在全国科技人力资源总量中位居第 7[④]。

4. 农业资源与环境优越，共塑高效农业生产基地

湖北省耕地总面积 476.86 万公顷，占全省面积的 25.65%，耕地总量居全国第 13 位。位于长江中游，水资源丰富，居全国第 4 位，地表水体积占全国第 10 位。除长江、汉江干流外，省内各级河流河长 5 公里以上的有 4 228 条，河流总长 5.92 万公里，年均水资源总量 1 053.9 亿立方米。此外湖北素有“千湖之省”之称，湖泊水面面积合计 2 706.851 平方公里。地处亚热

① 公里，千米的俗称。

② 数据来源：湖北省交通运输厅。

③ 数据来源：科学技术部。

④ 数据来源：农业农村部，湖北农业信息网。

带，全省除高山地区外，大部分为亚热带季风性湿润气候。省内光能充足，热量丰富，年平均实际日照时数为 1 100～2 150 小时，年平均气温 15～17℃。降水充沛，雨热同季，各地平均降水量为 800～1 600 毫米①。

综上所述，湖北省农业生产、交通通信、科教人才、资源与环境四个方面的坚实基础和比较优势，为加快建设农业强国提供了强大的战略支撑。

（二）湖北农业高质量发展的内在需求

推进农业高质量发展是加快建设农业强国、实现农业农村现代化的必然要求，也是新时代解决农业农村发展不充分问题、满足农民群众对美好生活需要的必然选择。通过深入调查分析可以发现，尽管湖北农业和农村经济总量规模较大，但仍具有大而不强的特征。对照建设农业强省目标、推进农业高质量发展的需求，湖北农业发展还有许多亟待解决的短板问题。

1. 农业稳产高产基础不牢

对于一个拥有 14 亿多人口的大国来说，粮食和重要农产品稳定供给始终是头等大事。湖北省作为中国重要的粮食生产基地，在保障粮食安全，提高粮食质量，满足人民群众的多样化需求方面发挥着重要作用。但从现实状况看，一方面，随着经济发展，城镇建设和国家大型基础设施建设用地增加，湖北农业耕地面积逐步减少、质量严重下降。2022 年湖北省耕地面积为 7 100 多万亩②，人均耕地面积 1.21 亩③，全省高标准农田占耕地总面积不足五成，防御重大自然灾害、旱涝保收能力不强。另一方面，水资源严重短缺与水质下降并存，全省有效灌溉面积占耕地总面积不足六成，农业发展缺水、农用水污染严重已成为农业综合生产能力提高的大患。粮食等主要农产品生产能力不稳固，

---

① 数据来源：湖北省人民政府，湖北省科学技术厅。

② 亩为非法定计量单位，1 亩等于 1/15 公顷。

③ 湖北省农业农村厅．“田保姆”耕种防收咋收费、咋考核？全省有望统一“明码标价”——我省推动主要作物农服标准化［EB/OL］．https：//mp.weixin.qq.com/s?_biz=MzAxMTE4Njk3Ng==&mid=2650538061&idx=2&sn=35df7183f662bceb5e0cff17f21e9f07&chksm=834c4602b43bcf14a30b23f826d3ccaa7e69086f3bce78f9c2cfa3fc7597373b889046e46d20&scene=27。

供求关系偏紧，保持农产品供求平衡任务艰巨。

2. 农业科技创新能力不强

农业科技创新是现代农业发展的重要支撑，对于建设农业强省具有引领作用。但就现实情况而言，现阶段湖北农业科技水平整体偏低，2022 年全省农作物耕种收综合机械化率为 73.5%①，与黑龙江、河南等省份有较大差距。此外，湖北省农业科技装备与产业发展存在结构性矛盾。从产业方面来看，全省仅有 143 家农机装备制造企业，但规模较小，产业相对分散，集中于种植业，畜牧业、水产业等专业装备在湖北市场处于空缺状态。农机与农艺融合程度较低，普遍未达到 50%，存在较大提升空间。

3. 农业产业化程度偏低

乡村振兴，产业振兴是关键。目前，湖北共有省级以上农业产业化龙头企业 990 家，其中国家级 82 家②；与同期山东 129 家、江苏 99 家、河南 101 家、四川 96 家、广东 88 家相比，拥有总数与兄弟省份相比存在差距。此外国家级农业产业化龙头企业不仅数量少，规模也小，全省仅有 9 家入选“2019 农业产业化龙头企业 500 强”名单，入选总数远低于发达省份江苏（131 家）、山东（98 家），也低于中部的河南（29 家）、江西（28 家）、安徽（16 家），与湖北从农业产量大省向农业产业强省跨越的发展需求有较大差距。

4. 农业产业融合度不深

产业融合是农业产业兴旺的根本路径，通过纵向的农业产业链延伸、横向的农业功能拓展等形式促进产业链、价值链、供应链的发展，实现外部效应内部化，降低交易成本，加快推动农民增收与农业经济增长。然而，湖北省第二产业发展滞后，农产品加工业总产值与农业总产值的比重仅为 1.5∶1，多数龙

---

① 武汉市农业农村局．机械化绘就湖北农业新图景［EB/OL］. https：//nyncj. wuhan. gov. cn/xwzx _ 25/xxlb/202303/t20230330 _ 2178071. html。

② 农业农村部．聚焦十大产业链 推进产业强省建设 谱写乡村产业振兴湖北新篇章［EB/OL］. https：//www. moa. gov. cn/xw/qg/202201/t20220127 _ 6387861. htm。

头企业农产品精深加工层次不高、链条不长，农产品综合加工率为70%左右，农产品加工总量中，精深加工比重占20%左右，远低于农产品加工发达国家和地区90%的加工率和60%的精深加工率①，导致产业链纵向延伸困难。

5. 农产品市场竞争能力弱

农产品竞争力强弱是一个省份农业经济实力与农业经济质量高低的综合反映。2022年湖北主要农产品在国内市场的占有份额依次为水产（15.14%）、油料（11.22%）、茶叶（11.08%）、猪肉（6%）、蔬菜（5.51%）、粮食（3.99%）、水果（3.16%），较以往略有上升。但与相关省份比较来看，猪肉、蔬菜、粮食、水果国内市场占有份额大多低于湖南、山东、河南、江西等兄弟省份，且在中部省份中无明显优势。此外，农产品品牌整合力度不够，一品多牌现象普遍。以茶叶为例，2022年湖北拥有81个茶叶类地理标志产品，鄂西南有以“采花毛尖”为主的五峰茶、鄂东大别山有名优绿茶、鄂西北秦巴山有高香型绿茶，宜昌、恩施、十堰、襄樊、黄冈、孝感等地区均有各自的茶叶品牌，导致湖北茶叶“优”而不“名”。

6. 生态低碳农业发展机制不健全

在湖北省农业产业结构调整中，虽然积极发展绿色低碳农业，但在实际操作过程中，部分地方政府仍然存在追求短期经济效益、忽视生态环境效益的现象。同时，单纯依赖财政资金的生态补偿方式过于单一。当前生态补偿方式仅限于资金补偿且将财政资金作为单一资金来源，受经济下行及疫情影响，财政收入持续放缓，财政收支矛盾突出，地方财力有限与资金需求量大的矛盾进一步凸显。此外，政府主导下的生态补偿主要依赖政府决策执行，忽视了对公众主动性、积极性的调动。

综上所述，从湖北农业高质量发展的需求角度出发，分析破解湖北省农业发展面临的矛盾和问题，是推动湖北农业强省建设的重要途径。

---

① 新华社．瞭望丨农业大省强链突围［EB/OL］. https://baijiahao.baidu.com/s?id=1776545496954380513&wfr=spider&for=pc。

二、湖北农业强省建设的内涵要求

本部分以习近平总书记关于农业强国建设的重要论述为依据，对标农业强国建设的目标任务，结合湖北农业发展的基础条件，从供给保障强、科技装备强、经营体系强、产业韧性强、竞争能力强和发展生态低碳农业、促进农民农村共同富裕等方面，分析阐述湖北农业强省建设的内涵特征和基本要求。

（一）供给保障强

实现供给保障强是加快建设农业强国的目标要求，保障粮食和重要农产品有效供给是湖北农业强省建设的首要任务。实施粮食产能提升工程，要把粮食增产的重心放到提高单产上；实施粮食单产提升行动，切实抓好稻谷等粮食作物生产。加强“菜篮子”产品应急保供基地建设，扩大油菜种植面积，支持发展油菜等特色油料。要围绕提升质量和效益，发展水果、蔬菜、茶叶等特色经济作物。发展蛋鸡等家禽生产，促进生猪产业持续健康发展。以淡水鱼、小龙虾为主，提升水产品生产能力。发展林下经济，开发森林食品，多渠道拓展食物来源。

（二）科技装备强

实现科技装备强是加快建设农业强国的基础支撑，加快推进农业科技创新和推广应用是湖北建设农业强省的驱动力量。要支持重大农业科技创新平台建设，完善联合研发和应用协作机制。要加快推进种业振兴行动，加大种源关键核心技术攻关，加快选育推广生产急需的自主优良品种，开展重大品种研发推广应用一体化试点，推动生物育种产业化扩面提速。要大力实施农机装备补短板行动，完善农机购置与应用补贴政策，开辟急需适用农机鉴定“绿色通道”，实时更新补贴农机目录，适当提高智慧农机等前沿农机装备的补贴标准。加强基层农技推广服务体系建设，改善农技推广服务设施条件，强化公益性推广服务功能。

（三）经营体系强

依托双层经营发展农业是农业强国建设的中国特色，构建现代农业经营体系是湖北加快农业强省建设的重要抓手。要聚焦解决“谁来种粮”“谁来养猪”的问题，以家庭承包经营为基础、新型农业经营主体为重点、社会化服务组织为支撑，打造适应现代农业高质量发展的高素质生产经营队伍。提升家庭农场和农民合作社生产经营水平，增强服务带动小农户能力。加强农业社会化服务平台和标准体系建设，聚焦农业生产关键薄弱环节和小农户生产经营难题，拓展服务领域和创新服务模式。优化实施农村产业融合发展项目，培育农业产业化联合体，支持农村集体经济组织为小农户提供生产、劳务等居间服务。

（四）产业韧性强

增强农业产业韧性是加快建设农业强国的根本要求，延长产业链、拓宽价值链、畅通供应链是湖北加快建设农业强省的重要着力点。要大力发展现代种养业，推进设施农业现代化改造提升，大力发展智慧农业。推进农产品生产和初加工、精深加工协同发展。推进农产品加工设施改造提升，支持区域性预冷烘干、储藏保鲜、鲜切包装等初加工设施建设。深入推进县域商业体系建设，健全县乡村物流配送体系，促进农村客货邮融合发展。优化农产品冷链物流体系建设，推广散粮运输和储粮新型装具，加快建设骨干冷链物流基地，布局建设县域产地公共冷链物流设施。推动农村电商高质量发展，推进县域电商直播基地建设，发展乡村土特产网络销售。促进一二三产业融合发展，加快构建粮经饲统筹、农林牧渔并举、产加销贯通、农文旅融合的现代乡村产业体系，把农业建成现代化大产业。

（五）竞争能力强

增强农业市场竞争能力是加快建设农业强国的必然要求，提升农产品市场竞争能力是湖北加快建设农业强省的迫切要求。要深化农业供给侧结构性改革，调整优化农业结构，降低农业生产成本，提高农业综合效益。要坚持产业兴农、质量兴农、绿色兴农、品牌兴农，实施品种培优、品质提升、品牌创造、标准化生产，培育绿色食品、有机食品、承诺达标食品、地理标志农产品，提高农产品市场竞争力。增强粮食和重要农产品市场调控能力，健全农产品全产业链监测预警机制，强化多品种联动调控、储备调节和应急保障。优化粮食仓储设施布局，提升储备安全水平。加强粮食和重要农产品市场消费需求监测分析，完善农产品贸易政策，发展跨境电商、市场采购贸易、外贸综合服务等外贸新业态新模式，完善内外贸一体化调控体系。

（六）发展生态低碳农业

发展生态低碳农业是农业强国建设的中国特色，也是湖北加快建设农业强省的根本要求。要持续打好农业农村污染治理攻坚战，一体化推进乡村生态保护修复。扎实推进化肥农药减量增效，推广种养循环模式。整县推进农业面源污染综合防治，加强耕地土壤重金属污染源排查整治。加强食用农产品产地质量安全控制和产品检测，提升“从农田到餐桌”全过程食品安全监管能力。推进兽用抗菌药使用减量化行动，强化重大动物疫病和重点人兽共患病防控。持续巩固长江十年禁渔成效，加快推进长江中上游坡耕地水土流失治理。推进水系连通、水源涵养、水土保持，复苏河湖生态环境。

（七）推进农民农村共同富裕

扎实推进农民农村共同富裕是农业强国建设的中国特色，也是湖北加快建设农业强省的根本要求。促进农民共同富裕，要拓宽农民增收致富渠道，增加低收入人口收入，扩大中等收入群体，缩小农村居民内部收入差距；完善农村市场体系和基础设施，扩大农村消费需求，发展农村新型消费，提升农村居民生活消费水平，缩小城乡居民收入和消费差距。促进农村共同富裕，要强化农村供水、农村电网、新型能源、“四好农村路”、农村危房改造、数字乡村等建设，推进城乡基础设施一体化；加强农村基础教育、医疗卫生、养老服务等公共服务体系建设，推进城乡基本公共服务均等化；要深入实施农村人居环境整治提升行动，协同推进农村有机生活垃圾、粪污、农业生产有机废弃物资源化处理利用，进一步改善村容村貌，让农村具备现代化生产生活条件。

三、湖北农业强省建设的实践探索

“十四五”以来，湖北统筹发展与安全，坚持以农民增收为基点，以产业发展为重点，以发展壮大集体经济为着力点，奋力推进省内农业高质高效、乡村宜居宜业、农民富裕富足，推进农业产业化，加快农业农村现代化，抬高全域高质量发展底板。

围绕供给保障强，为进一步增强农产品保供能力，湖北省先后印发《2023年度全省农业农村系统耕地保护专项工作方案》《关于促进农业适度规模经营高质量发展的指导意见》《关于进一步推进高标准农田新增耕地和粮食产能建设工作的指导意见》等，提出要探索农村土地承包权续签、规范经营权流转，加强耕地用途管制，夯实稳产保供土地根基。此外，《湖北省粮油规模种植主体单产提升行动实施方案》《2023年湖北省重大品种（油菜）推广补助试点工作实施方案》《湖北省小麦单产提升三年工作方案（2024—2026年）》《湖北省油菜单产提升三年工作方案（2024—2026年）》等文件，围绕良田、良种、良技、良机、良制“五良配套”，统筹推进水稻、小麦、油菜产能提升，持续增强粮食和重要农产品稳定安全供给能力。

围绕科技装备强，湖北省以满足广大农民群众对机械化生产的需要为目标，以稳定实施政策、最大限度发挥政策效益为主线，在《湖北省2021—2023年农机购置补贴实施方案》《2022年湖北省省级农机购置与应用补贴实施方案》和《2024年湖北省农业机械化工作要点》等文件中，强调要围绕湖北急需的水稻、小麦、玉米三大主粮作物全程机械化农机装备，以及十大农业产业链关键装备，搭建农机科技创新平台，持续强化科技攻关，推动农业机械化在保障粮食安全和农产品有效供给、农业抗灾夺丰收和促进农业农村现代化方面发挥重要作用。2022年，湖北省农业农村厅和财政厅围绕湖北农业十大重要产业链发展中最急需、最紧要、最关键的种业技术需求，遴选了一批“揭榜挂帅”攻关项目，着力开展生物育种技术研发、优异种质基因挖掘与创制、核心种源选育与产业化转化应用等，促进农业科技成果省内转化，增加实际生产应用，为湖北农业高质量发展提供强有力的种源支撑。

围绕经营体系强，为助力农业强省建设，湖北省持续实施家庭农场培育计划、农民合作社质量提升行动、社会化服务创新提升工程，加快培养新型农业经营主体和农业社会化服务主体。2021 年 11 月，湖北省印发的《支持新型农业经营主体高质量发展的若干措施》，明确在产业用地、金融、税收、水电、奖补等方面给予新型经营主体优惠扶持。2022 年 2 月印发的《关于加快推进农业社会化服务工作的实施意见》和 2023 年 7 月印发的《湖北省 2023 年农业社会化服务项目实施方案》，提出要积极开展农业生产托管服务项目，通过粮食作物深耕深松、秸秆还田、施用有机肥、工厂化育（供）苗、烘干储藏、病虫害专业统防统治等社会化服务环节，引领小农户融入现代农业发展轨道，解决小农户规模化生产难题。

围绕产业韧性强，为打造自主可控、稳定畅通、安全可靠、抗击能力强的农业产业链条，湖北省先后印发《关于培育壮大农业产业化龙头企业的意见》《关于培育壮大农业产业化龙头企业的工作方案》，确定发展优质稻米、生猪、特色淡水产品（小龙虾）、蔬菜（食用菌、莲、魔芋）、家禽及蛋制品、茶叶、现代种业、菜籽油、柑橘、道地药材十大重点产业链，建立农业产业链“链长”制。以园区为载体，引导农业产业从分散布局向集聚、集群发展转变。搭建了 1 个意见、1 套工作方案、10 条重点产业链实施方案的“1＋1＋10”政策框架，全省农业强省建设取得重大突破。2023 年，湖北省积极开展农业现代化示范区创建，围绕粮食产业、优势特色产业、都市农业、智慧农业和脱贫地区“小而精”特色产业等，深入实施农产品加工业提升行动，农业产业链条进一步延长，农产品加工水平得到有效提升。

围绕竞争能力强，为贯彻落实省委、省政府质量强省战略，湖北省《关于加强农业标准化工作的指导意见》提出要“对标现代农业提档升级和省农业十大重点产业链的要求，引导制定一批严于国家标准和行业标准的团体标准和企业标准，促进形成一批具有核心竞争力和自主知识产权的从田间地头到餐桌的优质标准”。通过贯彻落实《湖北省农产品品牌三年培育方案》《湖北省“荆楚优品”目录管理办法（试行）》等政策，抓实抓牢标准制定，创新品牌营销推介，讲好品牌故事，有效打造潜江龙虾、鄂州武昌鱼、洪湖莲藕、秭归脐橙等农产品的整体品牌形象，提升农产品溢价能力。

围绕发展生态低碳农业，为持续推进畜禽养殖废弃物资源化利用，实现种养循环、农牧结合，促进畜牧业绿色发展，湖北省先后制定了《湖北省兽用抗菌药使用减量化行动工作方案（2021—2025年）》《2022年湖北省“两增两减”虫口夺粮促丰收行动方案》《湖北省2022年化肥减量增效“三新”技术配套集成推广实施方案》《湖北省畜禽养殖废弃物资源化利用管理办法（试行）》《湖北省耕地质量保护条例》《湖北省水污染防治条例》《农作物秸秆综合利用决定》《湖北省土壤污染防治条例》《湖北省食用农产品“治违禁　控药残　促提升”三年行动方案》等，推动制定农业负面清单、农业废弃物无害化处置方案，开展农业面源污染整治、农村人居环境整治、长江流域生物资源保护行动，持续提升省内农业农村高质量发展成色。

围绕扎实推进共同富裕，为推进农村经济社会发展，保持农民稳步增收、农村稳定安宁的良好局面，《2022年湖北省农业农村工作要点》提出，要不断延伸全产业链，打造高效农业，持续提高农业创新力、竞争力，增强乡村产业发展内生动力和可持续性，拓宽广大农民致富之路。《关于推进强县工程的实施方案》强调，要采用多种方式对闲置农房进行盘活利用，结合优势特色农业资源，发展新产业新业态，让农户分享更多增值收益。《湖北省县级乡村建设项目库建设实施细则（试行）》《湖北省乡村建设任务清单管理实施细则（试行）》明确提出，要统筹县、乡、村三级服务体系，政府、社会、村民共建共享治理体系，按照“城带乡、强带弱、优带差、大带小、整体做强”思路，持续推进城乡基础设施和基础公共服务均等化，扎实推进农村共同富裕。

四、湖北农业强省建设的指标体系

本部分根据农业强国建设的目标任务和湖北农业强省建设的内涵要求，在指标选取和数据获取方面，遵循必要性与可行性、系统性与科学性、连续性与可比性相结合的基本原则，参考借鉴已有的相关研究成果（郭祥宇，2022；宋洪远，江帆，2023；魏后凯，崔凯，2022；黄祖辉，傅琳琳，2023），对标其他有关省份的指标设置，构建了包括7个一级指标、15个二级指标、40个三级指标的湖北农业强省建设指标体系（表1）。

表1　农业强省建设指标体系

一级指标	二级指标	三级指标	单位	计算方法	数据来源
供给保障	粮食供给保障水平	粮食自给率	%	粮食生产总量/（粮食消费总量＋粮食净进口总量）×100%	国家统计局、湖北省农业农村厅
		人均粮食产量	千克/人	粮食总产量/总人口	《中国统计年鉴》《湖北省统计年鉴》
		粮食单产	千克/公顷	粮食总产量/粮食播种总面积	《湖北省统计年鉴》
	重要农产品供给保障水平	油菜籽产量	万吨	相关部门公开数据	湖北省统计局
		蔬菜产量	万吨	相关部门公开数据	湖北省统计局
		肉类产量	万吨	相关部门公开数据	湖北省统计局
		水产品产量	万吨	相关部门公开数据	湖北省统计局
科技装备	农业科技创新能力	农业关键核心技术创新能力全国排名	位次	相关部门公开数据	官方统计数据
		农业科技成果转化率	%	实际完成科技成果转化项目数量/科技成果总数×100%	湖北省农业农村厅
		农业科技进步贡献率	%	农业科技进步率/农业总产值增长率	湖北省农业农村厅
	农业机械装备水平	农作物耕种收综合机械化率	%	机耕率×40%＋机播率×30%＋机收率×30%①	湖北省农业农村厅
	良种研发与应用水平	主要农作物良种覆盖率	%	当年良种推广面积累计数/当年播种面积累计数×100%	湖北省人民政府、湖北省农业农村厅
		生猪国审品种数量	个	相关部门公开数据	湖北省人民政府

① 国家发展和改革委员会．“十四五”规划《纲要》章节指标之6｜农作物耕种收综合机械化率https：//www.ndrc.gov.cn/fggz/fzzlgh/gjfzgh/202112/t20211225_1309673_ext.html。

（续）

一级指标	二级指标	三级指标	单位	计算方法	数据来源
经营体系	农业规模化程度	省级以上示范家庭农场数量	家	相关部门公开数据	湖北省农业农村厅
		省级以上农民合作社示范社数量	家	相关部门公开数据	湖北省农业农村厅
		省级以上农业产业化龙头企业数量	家	相关部门公开数据	湖北省农业农村厅
		省级农业产业化联合体数量	个	相关部门公开数据	湖北省农业农村厅
	小农户与现代农业有机衔接程度	农户入社率	%	相关部门公开数据	官方统计数据
产业韧性	产业融合程度	省级农村产业融合发展示范园数量	个	相关部门公开数据	湖北省农业农村厅
		优势特色产业集群数量	个	相关部门公开数据	湖北省农业农村厅
		全国农业全产业链重点链数量	条	相关部门公开数据	农业农村部办公厅
	农产品深加工能力	农产品加工值与农业总产值之比	比例	农产品加工值/农业总产值	湖北省人民政府
竞争能力	农业生产效率	土地产出率	万元/亩	土地总产出/土地总投入	《中国统计年鉴》《湖北省统计年鉴》
		农业劳动生产率	万元/人	相关部门公开数据	官方统计数据
	农产品市场地位	国家级农业国际贸易高质量发展示范基地	个	相关部门公开数据	农业农村部
		“三品一标”产品数量	个	相关部门公开数据	官方统计数据
		农林牧渔业总产值全国排名	位次	相关部门公开数据	国家统计局
生态低碳	农业生态低碳化发展水平	畜禽粪污综合利用率	%	相关部门公开数据	湖北省农业农村厅
		农作物秸秆综合利用率	%	相关部门公开数据	湖北省农业农村厅
		化肥利用率	%	相关部门公开数据	湖北省农业农村厅
		农药利用率	%	相关部门公开数据	湖北省农业农村厅

（续）

一级指标	二级指标	三级指标	单位	计算方法	数据来源
生态低碳	农业生态低碳化发展水平	农膜回收率	%	相关部门公开数据	湖北省农业农村厅
	农业绿色防控水平	粮食等主要农作物病虫害统防统治覆盖率	%	相关部门公开数据	湖北省人民政府
		粮食等主要农作物病虫害绿色防控覆盖率	%	相关部门公开数据	湖北省人民政府
共同富裕	农民共同富裕水平	农村居民人均可支配收入	元	（农村居民总收入－家庭经营费用－税费支出－生产性固定资产折旧－财产性支出－转移性支出）/家庭常住人口	《湖北省统计年鉴》
		城乡居民收入倍差	比例	农村居民收入/城市居民收入	湖北省统计局
		农村居民教育文化娱乐消费支出占比	%	农村居民教育文化娱乐消费支出/农村居民消费总支出×100%	湖北省财政厅
	农村共同富裕水平	农村居民基本养老保险待遇水平	元	相关部门公开数据	湖北省农业农村厅
		农村义务教育经费增加额	元	相关部门公开数据	湖北省教育厅
		农村每千人医疗卫生机构床位数	张	农村医疗卫生机构床位总数/农村人口总数×1000	湖北省卫生健康委员会

1. 供给保障

围绕供给保障强的要求，本报告将粮食供给保障水平和重要农产品供给保障水平作为二级指标。在粮食供给保障水平方面，选取粮食自给率、人均粮食产量、粮食单产作为三级指标，分别反映湖北省的粮食供给保障水平和自主可控能力；在重要农产品供给保障水平方面，选取肉类产量、油菜籽产量、水产品产量和蔬菜产量作为三级指标。

2. 科技装备

围绕科技装备强的要求，本报告将农业科技创新能力、农业机械装备水平和良种研发与应用水平作为二级指标。在农业科技创新能力方面，选取农业关键核心技术创新能力全国排名、农业科技成果转化率、农业科技进步贡献率作为三级指标，分别反映湖北省对农业科技创新的投入力度、科技与农业的结合程度、农业科技的支撑作用；在农业机械装备水平方面，选取农作物耕种收综合机械化率作为三级指标；在良种研发与应用水平方面，选取主要农作物良种覆盖率、生猪国审品种数量作为三级指标，分别反映湖北省农作物良种研发成果在农业生产中的应用程度和畜禽良种研发能力。

3. 经营体系

围绕经营体系强的要求，本报告选取农业规模化程度和小农户与现代农业有机衔接程度为二级指标。在农业规模化程度方面，选取省级以上示范家庭农场数量、省级以上农民合作社示范社数量、省级以上农业产业化龙头企业数量、省级农业产业化联合体数量作为三级指标；在小农户与现代农业有机衔接程度方面，选取农户入社率作为三级指标，反映新型农业经营主体联农带农水平。

4. 产业韧性

围绕产业韧性强的要求，本报告选取产业融合程度和农产品深加工能力作为二级指标。在产业融合程度方面，选取省级农村产业融合发展示范园数量、优势特色产业集群数量、全国农业全产业链重点链数量 3 个三级指标；在农产品深加工能力方面，选取农产品加工值与农业总产值之比作为三级指标。

5. 竞争能力

围绕竞争能力强的要求，本报告选取农业生产效率和农产品市场地位作为二级指标。在农业生产效率方面，选取土地产出率、农业劳动生产率 2 个三级指标进行度量；在农产品市场地位方面，选取国家级农业国际贸易高质量发展示范基地、“三品一标”产品数量、农林牧渔业总产值全国排名3个三级指标进行衡量。

6. 生态低碳

围绕发展生态低碳农业的要求，本报告选取农业生态低碳化发展水平和农业绿色防控水平两个二级指标。在农业生态低碳化发展水平方面，选取畜禽粪污综合利用率、农作物秸秆综合利用率、农膜回收率、化肥利用率和农药利用率作为三级指标；在农业绿色防控水平方面，选取粮食等主要农作物病虫害统防统治覆盖率和粮食等主要农作物病虫害绿色防控覆盖率作为三级指标。

7. 共同富裕

围绕促进农民农村共同富裕的要求，本报告选取农民共同富裕水平和农村共同富裕水平两个二级指标。在农民共同富裕水平方面，选取农村居民人均可支配收入、城乡居民收入倍差和农村居民教育文化娱乐消费支出占比3个三级指标来度量；在农村共同富裕水平方面，选取农村居民基本养老保险待遇水平、农村义务教育经费增加额、农村每千人医疗卫生机构床位数3个三级指标来衡量。

五、湖北农业强省建设的目标任务

本部分参考国家及有关部门农业农村发展规划确定的有关指标数据，借鉴农业发展水平相同或相近国家的有关统计数据，根据中共湖北省委印发的《关于全面推进乡村振兴和农业产业强省建设加快农业农村现代化的实施意见》《湖北省推进农业农村现代化“十四五”规划》等有关文件规划的部署和安排，借鉴专家学者的已有相关研究成果，对已构建形成的湖北省农业强省建设指标体系进行指标赋值，研究确定到2025年、2035年、2050年的包括“供给保障强、科技装备强、经营体系强、产业韧性强、竞争能力强、发展生态低碳农业、促进农民共同富裕”七个方面的目标任务。

（一）供给保障强的目标任务

2022 年，湖北省粮食自给率 119.7%，根据《湖北省推进农业农村现代化“十四五”规划》要求，到 2025 年要达到 125%，预测到 2035 年达到 130%，2050 年稳定在 130%左右。2022 年湖北省人均粮食产量 469 千克/人，根据湖北省《关于全面推进乡村振兴和农业产业强省建设加快农业农村现代化的实施意见》，到 2025 年要达到 500 千克/人，预计到 2035 年达到 550 千克/人，到 2050 年达到 600 千克/人。2022 年湖北省粮食单产达 5 846 千克/公顷，适应湖北农业产业强省建设的要求，预计到 2025 年达到 6 000 千克/公顷，到 2035 年达到 6 500 千克/公顷，到 2050 年稳定在 6 500 千克/公顷左右。2022 年，湖北省肉类产量为 441 万吨，油菜籽产量为 274 万吨，水产品产量为 500 万吨，蔬菜产量为 4 407.91 万吨。根据《湖北县域经济发展“十四五”规划》要求，到 2025 年肉类产量要达到 450 万吨，预计到 2035 年达到 500 万吨，到 2050 年稳定在 500 万吨左右；到 2025 年油菜籽产量要大于 250 万吨，预计到 2035 年达到 300 万吨，2050 年稳定在 300 万吨左右；到 2025 年水产品产量要稳定在 500 万吨左右，预计到 2035 年达到 550 万吨，到 2050 年稳定在 550 万吨左右；到 2025 年蔬菜产量稳定在 4 000 万吨左右，预计到 2035 年达到 4 500 万吨，到 2050 年达到 5 000 万吨。详细见表 2。

表 2　湖北省供给保障强的阶段性目标任务

一级指标	二级指标	三级指标	2022 年	2025 年	2035 年	2050 年
供给保障	粮食供给保障水平	粮食自给率（%）	119.7	125	130	130 左右
		人均粮食产量（千克/人）	469	500	550	600
		粮食单产（千克/公顷）	5 846	6 000	6 500	6 500 左右
	重要农产品供给保障水平	肉类产量（万吨）	441	450	500	500 左右
		油菜籽产量（万吨）	274	>250	300	300 左右
		水产品产量（万吨）	500	500 左右	550	550 左右
		蔬菜产量（万吨）	4 407.91	4 000 左右	4 500	5 000

数据来源：湖北省人民政府，湖北省农业农村厅，国家统计局。“粮食自给率”“人均粮食产量”根据《中国统计年鉴》《湖北省统计年鉴》数据计算得到。

（二）科技装备强的目标任务

2022年湖北省农业关键核心技术创新能力全国排名第7，根据湖北省农业农村厅印发的《2023年湖北省农业农村工作要点》的要求，到2025年湖北省农业关键核心技术创新能力力争跃升至全国前五名，预计到2035年跃升至第3名，到2050年稳定在前三名。2022年湖北省农业科技成果转化率为68%，适应湖北农业产业强省建设的要求，预计到2025年农业科技成果转化率达到70%，到2035年达到75%，到2050年超过80%。2022年湖北省农业科技进步贡献率超60%，根据《湖北省科技创新“十四五”规划》的要求，到2025年农业科技进步贡献率要超过63%，预计到2035年达到70%，到2050年超过75%。2022年湖北省农作物耕种收综合机械化率超过73%，根据《湖北省数字经济发展“十四五”规划》要求，到2025年农作物耕种收综合机械化率要达到75%，预计到2035年达到80%，到2050年超过85%。2022年湖北省主要农作物良种覆盖率为96%，根据《农业科技“五五”工程实施方案》的要求，到2025年主要农作物良种覆盖率要超过96%，预计到2035年达到98%，到2050年超过98%。2022年湖北省“硒都黑猪”新品种通过国家审定，实现湖北省生猪国审品种“从0到1”的突破，按照湖北省实施国家畜禽育种创新项目大力发展“楚猪芯片”和“五化”的要求，以及2021年湖北省人民政府办公厅《关于加强农业种质资源保护与利用的实施意见》，到2025年要新增1～2个生猪国审品种，预计2035年生猪国审品种稳定在2～3个，到2050年生猪国审品种达到3个或3个以上。详见表3。

表3　湖北省科技装备强的阶段性目标任务

一级指标	二级指标	三级指标	2022年	2025年	2035年	2050年
科技装备	农业科技创新能力	农业关键核心技术创新能力全国排名（位次）	第7名	第5名	第3名	＞第3名
		农业科技成果转化率（%）	68	70	75	＞80
		农业科技进步贡献率（%）	＞60	＞63	70	＞75
	农业机械装备水平	农作物耕种收综合机械化率（%）	＞73	75	80	＞85

（续）

一级指标	二级指标	三级指标	2022 年	2025 年	2035 年	2050 年
科技装备	良种研发与应用水平	主要农作物良种覆盖率（%）	96①	>96	98	>98
		生猪国审品种数量（个）	1	新增 1～2	2～3	≥3

数据来源：湖北省人民政府，湖北省农业农村厅。

注释：①湖北日报．湖北省十大重点农业产业链产学研合作对接活动在汉举办［EB/OL］. http：//news. cnhubei. com/content/2023-06/21/content _ 16044215. html。

（三）经营体系强的目标任务

2022 年湖北省级示范家庭农场共 1 250 家，省级以上农民合作社示范社 987 家，按照湖北省《支持新型农业经营主体高质量发展的若干措施》的要求，到 2025 年省级以上示范家庭农场数量要达到 1 500 家，预计到 2035 年达到 2 000 家，到 2050 年达到 3 000 家左右；到 2025 年省级以上农民合作社示范社数量要达到 1 100 家，预计到 2035 年达到1 500家，到 2050 年达到 2 500 家左右。2022 年湖北省级以上农业产业化龙头企业数量为 990 家，省级农业产业化联合体数量为 233 个，按照构建“51020”现代产业体系的部署和要求，到 2025 年省级以上农业产业化龙头企业要达到 1 000 家，预计到 2035 年达到1 200家，到 2050 年达到 1 500 家；到 2025 年省级农业产业化联合体要达到 300 个，预计到 2035 年达到 400 个，到 2050 年达到 500 个。2022 年湖北农户入社率将近 50%左右，根据湖北省深化社企对接的要求，到 2025 年农户入社率要达到 55%，预计到 2035 年达到 68%，2050 年达到 80%。详见表 4。

表 4　湖北省经营体系强的阶段性目标任务

一级指标	二级指标	三级指标	2022 年	2025 年	2035 年	2050 年
经营体系	农业规模化程度	省级以上示范家庭农场数量（家）	1 250	1 500	2 000	3 000 左右
		省级以上农民合作社示范社数量（家）	987	1 100	1 500	2 500 左右

（续）

一级指标	二级指标	三级指标	2022 年	2025 年	2035 年	2050 年
经营体系	农业规模化程度	省级以上农业产业化龙头企业数量（家）	990	1 000	1 200	1 500
经营体系	农业规模化程度	省级农业产业化联合体数量（家）	233	300	400	500
	小农户与现代农业有机衔接程度	农户入社率（%）	约 50	55	68	80

数据来源：湖北省人民政府，湖北省农业农村厅。

（四）产业韧性强的目标任务

2022 年湖北省有 28 个省级农村产业融合发展示范园，根据湖北省《培育壮大农业产业化龙头企业工作方案》要求，到 2025 年省级农村产业融合发展示范园数量要达到 35 个，预计到 2035 年达到 50 个，到 2050 年达到 50 个以上。2022 年湖北省有 7 个优势特色产业集群，根据中共湖北省委《关于制定全省国民经济和社会发展第十四个五年规划和二〇三五远景目标的建议》和《关于全面推进乡村振兴和农业产业强省建设加快农业农村现代化的实施意见》，到 2025 年要实现每年至少打造 2 个优势特色产业集群，预计到 2035 年累计达到 10 个，到 2050 年累计达到 20 个。2022 年湖北省新增一条全国农业全产业链重点链，根据湖北省《重点农业产业链实施方案》要求，到 2025 年湖北全国农业全产业链重点链要达到 3 条，预计到 2035 年达到 6 条，到 2050 年达到 10 条。2022 年湖北农产品加工值与农业总产值之比为 1.5∶1，根据湖北构建“51020”现代产业体系的要求，到 2025 年农产品加工值与农业总产值之比达到 2.5∶1，预计到 2035 年达到 2.8∶1，到 2050 年达到 3∶1。详见表 5。

表5　湖北省产业韧性强的阶段性目标任务

一级指标	二级指标	三级指标	2022年	2025年	2035年	2050年
产业韧性	产业融合程度	省级农村产业融合发展示范园数量（个）	28	35	50	≥50
		优势特色产业集群数量（个）	7	每年新增2	10	20
		全国农业全产业链重点链数量（条）	1①	3	6	10
	农产品深加工能力	农产品加工值与农业总产值之比	1.5∶1	2.5∶1	2.8∶1	3∶1

数据来源：湖北省人民政府，湖北省农业农村厅。

注释：①农业农村部办公厅．关于公布全国农业全产业链重点链和典型县建设名单的通知［EB/OL］. https：//www. moa. gov. cn/zxfile/reader? file = http：//www. moa. gov. cn/govpublic/XZQYJ/202111/P020211129399118362708. ofd。

（五）竞争能力强的目标任务

2022年湖北省土地产出率为125万元/亩，对标农业强国建设的要求和其他同等发展水平省份的安排，到2025年湖北省土地产出率应达到127万元/亩，预计到2035年达到134万元/亩，到2050年达到140万元/亩左右。2022年湖北省农业劳动生产率为2.7万元/人，对标世界农业强国农业劳动生产率平均为5.6万元/人，预计到2025年湖北省农业劳动生产率达到3万元/人，到2035年达到3.8万元/人，到2050年超过4万元/人。2022年湖北省共有8家国家级农业国际贸易高质量发展示范基地，根据全国每年培育建设一批农业国际贸易高质量发展基地及目前湖北省所占席位情况，预计到2025年国家级农业国际贸易高质量发展示范基地达到10家，到2035年达到15家，到2050年达到20家。2021年湖北省"三品一标"产品数量为4 920个，根据农业农村部《农业生产"三品一标"提升行动实施方案》《关于实施农产品"三品一标"四大行动的通知》和《湖北省农产品品牌三年培育方案》的要求，预计到2025年湖北"三品一标"产品数量达到5 000个，到2035年达到5 200个，到2050年超过5 200个。2022年湖北省农林牧渔业总产值全国排名第5，根据《湖北省推进农业农村现代化"十四五"规划》要求，到2025年湖北省农林牧渔业总产值全国排名保五争四，预计到2035年排名保持在第4名，到2050年争取升至第3名。详见表6。

表6 湖北省竞争能力强的阶段性目标任务

一级指标	二级指标	三级指标	2022年	2025年	2035年	2050年
竞争能力	农业生产效率	土地产出率（万元/亩）	125	127	134	140左右
		农业劳动生产率（万元/人）	2.7①	3	3.8	>4
	农产品市场地位	国家级农业国际贸易高质量发展示范基地（家）	8②	10	15	20
		“三品一标”产品数量（个）	4 920③	5 000	5 200	>5 200
		农林牧渔业总产值全国排名(位次)	5	4	4	3

数据来源：《中国统计年鉴》。“土地产出率”“农业劳动生产率”根据《中国统计年鉴》《湖北省统计年鉴》计算得到。

注：① 中国气象局．打造“中国谷农”品牌 提升气象为农服务［EB/OL］. https：//www.cma.gov.cn/2011xwzx/2011xqxxw/2011xqxyw/201203/t20120313_164494.html? from=singlemessage&isappinstalled=0。

②农业农村部．农业农村部办公厅关于认定2022年农业国际贸易高质量发展基地的通知［EB/OL］. https：//www.moa.gov.cn/xw/gjjl/202209/t20220901_6408401.htm。

③荆楚网．湖北农业品牌建设卓有成效［EB/OL］. http：//www.cnhubei.com/cmdetail/679931。此为2021年数据。

（六）发展生态低碳农业的目标任务

2022年湖北省畜禽粪污综合利用率达77%，根据2020年国务院办公厅印发的《关于促进畜牧业高质量发展的意见》、2021年国务院印发的《“十四五”推进农业农村现代化规划》以及湖北省印发的《关于加强畜禽养殖废弃物资源化利用工作的通知》《畜禽养殖污染防治规划编制指南（试行）》要求，到2025年畜禽粪污综合利用率达到80%，预计到2035年达到90%，到2050年达到95%以上。2022年湖北省农作物秸秆综合利用率为94.13%，根据每年制定的《湖北省农作物秸秆综合利用工作实施方案》要求，到2025年农作物秸秆综合利用率达到95%，预计到2035年和2050年农作物秸秆综合利用率保持在95%以上。2022年湖北省化肥、农药利用率均达到40%以上，农膜回收率为75%以上，根据《湖北省减污降碳协同增效实施方案》《固体废物污染环境防治法》《“十四五”时期“无废城市”建设工作方案》《湖北省“无废城市”建设三年行动方案》的要求，到2025年湖北省化肥、农药利用率达到43%，农膜回收率达到80%，预计到2035年化肥、农药利用率达到45%，农膜回收率达到85%，到2050年化肥、农药利用率达到50%，农膜回收率超过90%。2022年湖北省粮食等主要农作物病虫害统防统治覆盖率超过43%，粮食等主要作物病虫害绿色防控覆盖率超过42%，根据湖北省“十大攻坚行动”之实施农药兽药使用减量和产地环境净化行动和《湖北省农业农村污染治理攻坚战实施方案（2021—2025年）》的要求，到2025年粮食等主要作物病虫害统防统治和绿色防控覆盖率要超过45%，预计到2035年超过50%，到2050年超过60%。详见表7。

表7　湖北省发展生态低碳农业的阶段性目标任务

一级指标	二级指标	三级指标	2022年	2025年	2035年	2050年
生态低碳	农业生态低碳化发展水平	畜禽粪污综合利用率（%）	77	80	90	＞95
		农作物秸秆综合利用率（%）	94.13	95	＞95	＞95
		农膜回收率（%）	＞75	80	85	＞90
		化肥利用率（%）	＞40	43	45	50
		农药利用率（%）	＞40	43	45	50
	农业绿色防控水平	粮食等主要农作物病虫害统防统治覆盖率（%）	＞43	＞45	＞50	＞60
		粮食等主要农作物病虫害绿色防控覆盖率（%）	＞42	＞45	＞50	＞60

数据来源：湖北省人民政府，湖北省农业农村厅。

（七）促进农民共同富裕的目标任务

2022年湖北省农村居民人均可支配收入为19 709元，根据湖北省农村居民人均可支配收入年均增速保持在6.5%的要求，到2025年湖北省农村居民人均可支配收入达到22 000元，预计到2035年达到38 000元，到2050年达到80 000元。2020年湖北省农村居民基本养老保险待遇水平为144元，农村居民教育文化娱乐消费支出占比为11.5%；2022年城乡居民收入倍差为

2.16。对标浙江共同富裕先行示范区的要求及湖北省“富民兴农千村万户行动”的要求，到2025年湖北省农村居民基本养老保险待遇水平应达到180元，农村居民教育文化娱乐消费支出占比应为12.5%，城乡居民收入倍差降至2.0左右；预计到2035年农村居民基本养老保险待遇水平达到235元，农村居民教育文化娱乐消费支出占比达到15%，城乡居民收入倍差降至1.8左右；到2050年农村居民基本养老保险待遇水平达到300元，农村居民教育文化娱乐消费支出占比稳定在15%左右，城乡居民收入倍差降至1.3左右。2022年湖北省农村小学和初中生均一般公共预算教育经费为28 925元，根据《湖北省教育事业发展“十四五”规划》要求和2023年湖北省教育经费执行情况统计公告，预计到2025年农村小学和初中生均一般公共预算教育经费为30 000元，到2035年为35 000元，到2050年为50 000元左右。2022年湖北省农村每千人医疗卫生机构床位数为5.17张，根据《“健康中国2030”规划纲要》和《湖北省卫生健康事业发展“十四五”规划》要求，到2025年湖北省农村每千人医疗卫生机构床位数达到6张，预计到2035年达到7.5张，到2050年超过8张。详见表8。

表8　湖北省农民共同富裕的阶段性目标任务

一级指标	二级指标	三级指标	2022年	2025年	2035年	2050年
共同富裕	农民共同富裕水平	农村居民人均可支配收入（元）	19 709	22 000	38 000	80 000
		城乡居民收入倍差（比例）	2.16	2.0左右	1.8左右	1.3左右
		农村居民教育文化娱乐消费支出占比（%）	11.5*	12.5	15	15左右
	农村共同富裕水平	农村居民基本养老保险待遇水平（元）	144*	180	235	300
		农村小学和初中生均一般公共预算教育经费（元）	28 925	30 000	35 000	50 000左右
		农村每千人医疗卫生机构床位数（张）	5.17	6	7.5	>8

数据来源：《湖北省统计年鉴》，湖北省统计局，湖北省农业农村厅，湖北省教育厅，湖北省卫生健康委员会，湖北省财政厅。

注：带*号的为2020年数据，因2021年和2022年的具体数据未公布。

六、湖北加快农业强省建设的路径和措施

（一）增强粮食和农产品供给保障能力

对标湖北农业强省建设的目标任务，针对当前存在的耕地面积减少、质量下降，水资源短缺、水质下降等突出矛盾和问题，提升粮食和重要农产品供给保障能力，要全方位夯实粮食安全根基，构建多元化食物供给体系。

一是严格落实耕地保护制度，提高耕地生产能力。健全耕地数量、质量、生态“三位一体”保护制度体系，落实新一轮国土空间规划明确的耕地和永久基本农田保护任务。改革完善耕地占补平衡制度，将省域内稳定利用耕地净增加量作为下年度非农建设允许占用耕地规模上限。健全补充耕地质量验收制度，完善后续管护和再评价机制。分类开展违规占用耕地整改复耕，细化明确耕地“非粮化”整改范围。因地制宜推进撂荒地利用，对确无人耕种的土地，支持农村集体经济组织多途径种好用好。总结推广荆州市实行的“三块田”制、集中流转、服务托管、连片互换等“小田变大田”的做法和经验，提高耕地使用效率和农业规模经营效益。

二是加强农业基础设施建设，提高农业综合生产能力。实施耕地有机质提升行动，优先把平原地区、具备水利灌溉条件地区的耕地建成高标准农田，适当提高省级投资补助标准，取消对产粮大县资金配套要求，强化高标准农田建设全过程监管。鼓励农村集体经济组织、新型农业经营主体、农户等直接参与高标准农田建设管护。推进重点水源、灌区、蓄（滞）洪区建设和现代化改造，实施水库除险加固和中小河流治理、中小型水库建设等工程。加强小型农田水利设施建设和管护。加强气象灾害短期预警和中长期趋势研判，健全农业防灾减灾救灾长效机制。推进设施农业现代化提升行动，集中连片推进老旧蔬菜和水果设施改造提升，推进畜禽规模化养殖场和水产养殖池塘改造升级。

三是完善种粮农民收益补偿机制，健全粮食大县奖补机制。适当提高小麦最低收购价，合理确定稻谷最低收购价。继续实施耕地地力保护补贴和玉米大豆生产者补贴、稻谷补贴政策。完善农资保供稳价应对机制，探索建立与农资

价格上涨幅度挂钩的动态补贴办法。扩大完全成本保险和种植收入保险政策实施范围，实现三大主粮全覆盖。发展特色农产品保险，完善巨灾保险制度。加大产粮大县支持力度，探索建立粮食产销区省际横向利益补偿机制。

四是树立大农业观、大食物观，多渠道拓展食物来源。在保障粮食供给的同时，保障肉类、蔬菜、油料、水果、水产品等各类食物有效供给。从耕地资源向整个国土资源拓展，宜粮则粮、宜经则经、宜牧则牧、宜渔则渔、宜林则林，形成同市场需求相适应、同资源环境承载力相匹配的现代农业生产结构和区域布局。向耕地草原森林海洋、向植物动物微生物要热量、要蛋白，全方位多途径开发食物资源。加强粮食和重要农产品监测分析体系建设，探索构建大食物统计监测预警体系。

（二）加大农业科技创新和推广力度

对标湖北农业强省建设的目标任务，针对湖北当前存在的农业科技创新成果与生产实际应用衔接不紧密、农机装备研发和应用推广能力不足等突出问题，要着力提升科技创新体系整体效能，加快农业科技成果转化应用，大力实施种业振兴行动，提升农业机械装备水平。

一是着力提升创新体系整体效能。以农业关键核心技术攻关为引领，以产业急需为导向，整合各级各类优势科研资源，强化企业科技创新主体地位，构建梯次分明、分工协作、适度竞争的农业科技创新体系。新建一批农业领域重点实验室，切实提高农业领域重点实验室占比，推动关键核心技术攻关、基础原创技术集成、生态循环技术创新、多元化食物来源技术拓展等方面取得突破。建立农业科技系统多级联动工作机制，强化政府、科研机构、企业、农户等主体共同参与的农业科技成果转化模式，开展多位一体紧密合作，实现技术供需两侧双向互动。促进各主体紧密横向连接，保障科技创新与现实生产技术需求信息有效对接。通过设立产业研究院、科技小院、综合试验站、专家工作站、科技特派员等成果转化推广平台，实现网格式、全方位农业科技服务供给。

二是突出应用导向加快成果转化。推进政府和市场协同发力，健全基层农技推广服务体系，强化公益性服务功能。发展各类社会化农业科技服务组织，创新市场化农技推广模式，打通科技进村入户“最后一公里”。加大农机购置和应用补贴力度，加快电动农机示范推广，开展丘陵山地轻便型农业装备研发，推动科技成果与企业有效对接，完善农机技术转移机构服务功能和技术产权交易、知识产权交易等各类平台功能，扩大应用范围、提升应用水平。鼓励基层农技推广机构与涉农高校、科研院所开展对接与合作，引导农资企业参与农技推广服务。

三是大力实施种业振兴行动。围绕产业重大需求开展作物重要性状鉴定评价，加快推进种质资源的信息化和数字化保护利用，支持构建优质种质资源保存鉴定挖掘的分析系统，促进资源交换和信息共享。实施生物育种重大项目，加快推进生物育种产业化应用。推进育种联合攻关和畜禽遗传改良计划，加快培育推广再生稻、短生育期油菜等新品种。推进种业领域重大创新平台建设，支持种业龙头企业建立健全商业化育种体系，鼓励支持种子企业对当地种质资源进行保护开发利用。加快制种基地和良种繁育体系建设，促进育繁推一体化发展。加强对制种大县的政策扶持，改善制种基地的农田水利等基础设施，改善种子加工及仓储设施。

四是精准突破农机装备关键核心技术。加大农机装备研发力度，实现关键核心技术自主可控。推动农业产业与科技装备深度融合，在科技创新、产业应用、支持政策等方面形成合力。加强农机装备工程化协同攻关，支持大型智能农机装备、丘陵山区适用小型机械和园艺机械研发制造，提高农机装备自主研制能力。实施农机装备更新改造工程，提升农业机械化水平。

（三）培育壮大新型农业经营主体

对标湖北农业强省建设的目标任务，针对湖北当前存在的农民合作社和农业产业化龙头企业数量少规模小、农业社会化服务体系不健全、联农带农能力弱等突出问题，要以家庭承包经营为基础，培育壮大新型农业经营主体，强化农业社会化服务体系支撑，提升联农带农服务水平。

一是培育壮大新型农业经营主体和服务主体。加大农业企业、农民合作社、家庭农场等新型农业经营主体培育力度，支持各类农业社会化服务组织加快发展。加快培养适应现代化农业发展的高素质生产经营队伍，鼓励科研人员、农技推广人员、产业技术人员到新型农业经营主体和服务主体兼职任职。加大对新型农业经营主体和服务主体的信贷支持力度，推进农村土地承包经营权抵押贷款，对示范家庭农场、农民合作社示范社担保贷款给予贴息补助。允许新型农业经营主体和服务主体依法依规盘活农村集体建设用地，发展乡村新产业新业态。

二是建立健全农业社会化服务体系。针对湖北当前存在的基层农技推广体系网破、线断、人散等突出问题，加强基层农技推广人才队伍建设，提升基层人员队伍素质，建立健全农业社会化服务体系。因地制宜发展单环节、多环节、全过程生产托管服务模式，有效满足农户多元化生产经营服务需求。从产中向产前、产后等生产经营环节及金融、保险等配套服务延伸，逐步实现社会化服务覆盖农业全产业链。围绕主要农资直供配送、农产品提质增销等重点服务配置现代经营服务设施，促进农业节本增效。

三是提升新型农业经营主体联农带农水平。鼓励因地制宜合理选择联农带农方式，确保农民能获利、多得利，让新型农业经营主体多种粮、务好农。支持培育壮大联农带农主体，提升联农带农能力。着力构建“联得紧、带得稳、收益久”的长效机制，坚持强化带动效益与提升带动能力相结合，科学合理确定带动方式和受益程度，积极构建关系稳定、联结紧密、权责一致、利益共享、风险可控的联农带农机制，让农民分享产业链增值收益。

（四）增强农业产业链供应链韧性

对标湖北农业强省建设的目标任务，针对湖北当前存在的产业链条较短、融合层次较浅、要素活力不足等问题，增强农业产业链供应链韧性，要打造现代农业全产业链，促进一二三产业融合发展，畅通资源要素合理流动。

一是打造现代农业全产业链。根据湖北农业农村发展基础和条件，在全省范围内打造优质稻米、生猪、特色淡水产品（小龙虾）、蔬菜（食用菌、莲、魔芋）、家禽及蛋制品、茶叶、现代种业、菜籽油、柑橘、道地药材十大重点产业链。支持农业大县（市、区），重点打造地方特色农产品产业链，壮大一批链主龙头企业，发展一批加工产业集群。推进农产品加工向产地下沉，向中心乡镇和物流节点聚集，向重点专业村集中，鼓励支持农民合作社、家庭农场和中小微企业发展农产品产地初加工。

二是促进一二三产业融合发展。以一二三产业融合发展为路径，拓展农业多种功能，发掘乡村多元价值，突出集群成链，延长产业链，提升价值链，聚焦重点产业，聚集资源要素，大力发展乡村产业。发展农业全产业链模式，推进一产往后延、二产两头连、三产走高端，加快农业与现代产业要素跨界配置。以加工流通带动业态融合，发展中央厨房等业态。以功能拓展带动业态融合，推进农业与文化、旅游、教育、康养等产业融合，发展创意农业等。以提升农产品加工业为重点，统筹发展农产品初加工、精深加工和综合利用加工，推进农产品多元化开发、多层次利用、多环节增值。按照“粮头食尾”“农头工尾”要求，统筹产地、销区和园区布局，形成生产与加工、产品与市场、企业与农户协调发展的格局。

三是畅通资源要素合理流动。充分发挥市场在资源配置中的决定性作用，以乡村企业为载体，引导资源要素更多地向乡村汇聚。加快完善资金、土地、数据等要素支持政策，促进生产要素合理流动。完善财政扶持政策，采取“以奖代补、先建后补”等方式，支持现代农业产业园、农业产业强镇、优势特色产业集群及农产品仓储保鲜冷链设施建设。强化金融扶持政策，引导县域金融机构将吸收的存款主要用于当地，建立“银税互动”“银信互动”贷款机制。发挥融资担保体系作用，强化担保融资增信功能，推动落实创业担保贷款贴息政策。完善乡村产业发展用地政策，明确用地类型和供地方式，实行分类管理。以信息技术带动业态融合，促进农业与信息产业融合，发展数字农业、智慧农业等。

四是落实重点产业链“链长制”责任。强化龙头企业带动、城乡要素联动、科技进步促动、能人回乡推动，加快农业由单一的农副产品生产为主向科研、生产、加工、贸易、休闲旅游等全产业链拓展。每年推动 1 条产业链创建全国农业全产业链重点链，每年有1～2 个县创建全国农业全产业链典型县。

（五）提升主要农产品市场竞争能力

对标湖北农业强省建设的目标任务，针对湖北当前存在的一些农产品市场份额较低、品质有待提升的问题，提升主要农产品市场竞争能力，要坚持产业兴农、质量兴农、绿色兴农、品牌兴农，实施农业生产“三品一标”提升行动。

一是加快推进品种培优。针对湖北当前正在推广应用的水稻、生猪等农作物与畜禽良种，采取品种选择、比较试验、原种繁殖等技术措施，加快提纯复壮一批品种。实施重点种源关键核心技术攻关和农业生物育种重大科技项目，实施新一轮畜禽水产遗传改良计划，自主培育一批突破性品种。在宜昌、襄阳、潜江等适宜地区建设一批区域性果菜茶等园艺作物良种苗木和畜禽水产良种繁育基地。

二是加快推进品质提升。推广一批优质粳稻籼稻、优质晚熟柑橘、特色茶叶、优质蔬菜、道地药材等品种，推广一批禽类、生猪、水产等良种。研发创制适宜丘陵山区、果菜茶生产、畜禽水产养殖的农机装备，集成创新一批土壤改良培肥、节水灌溉、精准施肥用药、废弃物循环利用、农产品收储运和加工等绿色生产技术模式。加快推广生物有机肥、缓释肥料、水溶性肥料、高效叶面肥、高效低毒低残留农药、生物农药等绿色投入品，推广粘虫板、杀虫灯、性诱剂等病虫绿色防控技术产品。推广安全绿色兽药，规范使用饲料添加剂。

三是加快推进标准化生产。按照“有标采标、无标创标、全程贯标”的要求，加快产地环境、投入品管控、农（兽）药残留、产品加工、储运保鲜、品牌打造、分等分级关键环节标准的制（修）订，开展全产业链标准化试点，建设现代农业全产业链标准集成应用基地，培育一批农业企业标准“领跑者”。培育一批家庭农场和农民合作社，推进农业生产规模化、标准化。扶持一批农业产业化龙头企业牵头、家庭农场和农民合作社跟进、广大小农户参与的农业产业化联合体，带动大规模标准化生产。培育一批多元化专业化农业社会化服务组织，开展生资配送、代耕代种、统防统治、烘干收储等生产托管服务，推动农业生产专业化、标准化、集约化。拓展农产品初加工，发展农产品精深加工，推进农产品标准化、清洁化、智能化生产。在农业现代化示范区、农业绿色发展先行区、农产品质量安全县，以及国家现代农业产业园、优势特色产业集群、农业产业强镇、“一村一品”示范村镇等，全域推行农业生产“三品一标”，打造一批示范典型。

四是加快推进农业品牌建设。建立农业品牌标准，鼓励政府部门、行业协会等，打造一批地域特色突出、产品特性鲜明的区域公用品牌。结合粮食生产功能区、重要农产品生产保护区和特色农产品优势区建设，培育一批“大而优”“小而美”、有影响力的农产品品牌，鼓励龙头企业加强自主创新、打造一批竞争力强的企业品牌。促进品牌营销，挖掘和丰富品牌内涵，培育品牌文化，利用农业展会、产销对接会、电商等平台促进品牌营销，提升品牌影响力。

五是持续强化农产品质量监管。依法实施农业投入品登记许可，建立农药、兽用处方药等农业投入品生产经营购销台账。推进兽用抗菌药使用减量，严格执行兽用处方药制度和休药期制度。推行农产品质量全程可追溯管理，争创国家农产品质量安全县。建设农产品质量全程追溯体系，探索“阳光农安”智慧监管模式，推进生产标准化、监管智慧化、特征标识化、产品身份化。强化质量安全监管执法，严厉查处禁（限）用农药、食品动物禁止使用的药品和其他化合物使用及超标问题。

（六）大力发展生态低碳农业

对标湖北农业强省建设的目标任务，针对湖北当前存在的绿色优质农产品供应不足，农业绿色加工技术滞后的问题，大力发展生态低碳农业，要构建农业绿色供应链，推进产业集聚循环发展。

一是构建农业绿色供应链。促进农产品商品化处理，改善田头预冷、仓储保鲜、原料处理、分组分割、烘干分级等设施装备条件。加快绿色高效、节能低碳的农产品精深加工技术集成应用，生产开发营养安全、方便实惠的食用农产品。集中建立农产品加工副产物收集、运输和处理设施，开发新能源、新材料、新产品。发展农产品绿色低碳运输，建设水陆空一体、便捷顺畅、配送高效的多元联运网络。加快建设覆盖农业主产区和消费地的冷链物流基础设施，健全农产品冷链物流服务体系。加快农产品批发市场改造提升，加强市场数字化信息体系建设。推广农产品绿色电商模式，创新农产品冷链共同配送、生鲜电商＋冷链宅配、中央厨房＋食材冷链配送等经营模式，实现市场需求与冷链资源高效匹配对接。促进绿色农产品消费，健全绿色农产品标准体系，加强绿色食品、有机农产品、地理标志农产品认证管理。推动批发市场、超市、电商设立绿色农产品销售专区专馆专柜，引导企业和居民采购消费绿色农产品。倡导绿色低碳生活方式，开展农产品过度包装治理。

二是推进产业集聚循环发展。以绿色为导向，建设一批绿色农业产业园区、产业强镇、产业集群，带动农村一二三产业绿色升级。推进要素集聚，统筹产地、销区和园区布局。推进企业集中，促进农产品加工与企业对接，完善绿色加工物流、清洁能源供应、废弃物资源化利用等基础设施，推动形成功能齐全、布局合理的绿色发展格局。推动企业循环式生产、产业循环式组合，加快培育产业链融合共生、资源能源高效利用的绿色低碳循环产业体系。合理选择农业循环经济发展模式，推动多种形式的产业循环链接和集成发展，促进农业废弃物资源化、产业化、高值化利用。加快建立植物生产、动物转化、微生物还原的种养循环体系，打造一批生态农场样板。建设一批具有引领作用的循环经济园区和基地，完善园区循环农业产业链条，实现资源循环利用、废弃物集中安全处置、垃圾污水减量排放，形成种养加销一体、农林牧渔结合、一二三产业联动发展的现代复合型循环经济产业体系。总结推广赤壁“光伏＋水系治理＋生态养殖＋生态修复＋生态农业”相结合的模式，鼓励通过多种方式组织农民群众参与项目建设，发展绿色生态低碳农业。

三是发展安全绿色优质农产品。大力发展绿色食品、有机农产品、地理标志农产品生产，推行食用农产品达标合格证制度。完善绿色食品、有机农产品、地理标志农产品认证审核流程和技术规范，加强相关风险监测和证后监管。打造一批绿色食品原料标准化生产基地和有机农产品生产基地。建设一批特色品种繁育基地和核心生产基地，推动地理标志农产品生产标准化、产品特色化、身份标识化、全程数字化发展。推行食用农产品达标合格证制度，提升合格证含金量和带证农产品市场认可度。将已有监管措施与合格证制度融合推进，探索开证主体信用评价机制。

（七）扎实推进农民农村共同富裕

对标湖北农业强省建设的目标任务，针对湖北当前存在的农民经营性收入总量偏少、工资性收入增长不稳、财产性净收入占比较低、基本公共服务优质资源不足、分布不均衡的问题，扎实推进农民农村共同富裕，要拓宽农民增收致富渠道，提高农民生活消费水平，改善农村基本公共服务。

一是拓宽农民增收致富渠道。加快农业全产业链和全价值链建设，将更多的产业留在农村，就近吸纳本地农民就业。大力开展农民工技能提升“春潮行动”，开展订单、定向、定岗式培训，支持农村转移劳动力就地就近就业。保障农民工工资支付，完善劳动关系协商协调机制，维护劳动者合法权益。实施高素质农民培育计划和学历提升行动，充分调动湖北生物科技职业学院等涉农院校、农广校、科研推广机构、企业及社会组织的力量，提升农民教育培训的针对性、有效性、多元性和规范性。支持农村创新创业带头人兴办企业、做大产业，鼓励社会资本支持农民创业。建立健全普惠性的农民补贴长效机制，保持强农惠农政策的连续性、稳定性，强化创新性，完善对农民直接补贴政策，健全生产者补贴制度，逐步扩大覆盖范围，拓展农民转移性收入增长空间。总结推广“神峰模式”，充分利用当地优质山水资源，打造集乡村旅游、文化展示、健康养生、农事体验、科普教育于一体的“现代农业旅游基地”，助力农村经济实现“创收”，助力农业实现“丰收”，助力农民实现“增收”。增加劳动者特别是一线劳动者劳动报酬，提高劳动报酬在初次分配中的比重，合理调节城乡、区域、不同群体间分配关系。健全最低工资标准调整机制，增加低收入者收入，扩大中等收入群体，缩小城乡收入差距。

二是提高农民生活消费水平。加强农村市场建设，完善农村商贸服务网络，优化县域批发市场、商品集散中心、乡村商业网点布局。推动潜江（小龙虾）、仙桃（黄鳝）、随县（香菇）、夷陵（蜜橘）、蕲春（蕲艾）、恩施（茶叶）、嘉鱼（蔬菜）等县市创建国家级农产品产地专业市场，提升价格形成、信息服务、物流集散、品牌培育、科技交流、会展贸易等主要功能。引导线上线下各类平台持续加大消费帮扶力度，开设专馆专区专柜促进脱贫地区特色产品顺畅销售，带动农民增收致富、增强农民消费能力。深入实施乡村建设行动，大力改善农村水电路气信等基础设施和公共服务，培育壮大无接触交易等消费新模式，大力发展共享经济、微经济等新业态，促进线上线下消费融合发展。丰富适合农村消费者的商品供给，促进大宗消费重点消费，扩大县域乡镇消费，激发农村消费潜力。建设县乡村三级寄递物流体系，支持邮政、快递、物流等企业共建共享基础设施和配送渠道，丰富农民消费选择。支持网络购物、移动支付、信息服务等消费新业态、新模式向农村拓展，鼓励向农村中低收入群体发放电商消费券、商超消费券、餐饮消费券、家电消费券、出行消费券等，促进农村消费扩容提质，缩小城乡消费差距。

三是改善农村基本公共服务。推进农村义务教育优质均衡发展，加强农村薄弱学校改造提升。合理布局农村义务教育学校，改善乡镇寄宿制学校办学条件，保留并办好必要的乡村小规模学校。整合职业教育资源，提升教育薄弱地区普通高中和中等职业学校办学条件。提高农业转移人口基本医疗保险、基本养老保险参保率，推动社会保险关系转移接续。推动基本医疗保险省级统筹，完善国家药品集中采购制度，强化医保基金使用常态化监管，落实和完善异地就医结算。着眼推进分级诊疗，引导优质医疗资源下沉基层，加强县乡村医疗服务协同联动，加快县域紧密型医疗卫生共同体建设。提高乡镇卫生院医疗服务能力，促进远程医疗延伸到乡镇卫生院、村卫生室。加强乡村医疗卫生和疾控人才队伍建设，加大农村基层本地全科人才培养力度，加快乡村医生向执业（助理）医师转变。落实城乡居民基本养老保险待遇确定和正常调整机制，逐步提高农村居民基础养老金标准。积极应对人口老龄化，强化“一老一小”服务保障，织密社区养老服务网络，优化生育政策，完善普惠托育服务体系，着力构建老年友好型和生育友好型社会。健全县乡村衔接的三级养老服务网络，支持有条件的农村建设具备全托、日托、上门服务等综合功能的养老服务设施，构建以居家为基础、村为依托、卫生部门为支撑、社会力量为补充的农村养老模式。完善农村社会救助制度，推进城乡低保制度统筹发展规范基本生活救助标准调整机制，落实社会救助和保障标准与物价上涨挂钩的联动机制。

专题报告一

增强粮食和重要农产品稳产保供能力

实现供给保障强是农业强国建设的首要目标，保障粮食和重要农产品有效供给是湖北农业强省建设的首要任务。湖北省在全国粮食生产与供给方面均占有重要地位，素有“湖广熟、天下足”的美誉。近年来，湖北省粮食综合生产能力不断提高，农作物播种面积约 1.2 亿亩，粮食产量常年在 500 亿斤[①]以上，其中稻谷产量约 1 900 万吨，居全国前列；粮食储备应急保障能力不断增强，截至 2023 年 6 月底，湖北省落实地方储备粮规模 260.3 万吨、地方储备油规模 5.487 万吨，落实 36 个大中城市及城区常住人口超百万城市等成品储备粮 9.724 万吨，建立加工企业社会责任储备 6.28 万吨，应急供应网点 2 705 家，实有各类粮食应急保障主体 3 411 家，比 2020 年增加 828 家，增长 32%；重要农产品生产保持稳定，2022 年湖北省油菜种植面积达 1 729 万亩，油料产量 374.19 万吨，比上年增长 5.7%；蔬菜及食用菌累计播种面积 2 015.5 万亩，居中部第 2 位、全国第 9 位，产量 4 407.93 万吨，居中部第 2 位、全国第 6 位；猪、牛、羊、禽累计出栏（笼）量分别为 4 286.2 万头、107.6 万头、631.6 万头、61 649.0万只，同比分别增长 4.2%、2.5%、8.8%、0.7%；已建成圈养桶 1 709 个、陆基圆池 7 435 个、池塘跑道 2 702 条、工厂化循环水养殖规模 196 万立方水体，设施渔业规模达 462 万立方米。

① 斤为非法定计量单位，1 斤等于 0.5 千克。

湖北省粮食和重要农产品稳产保供能力虽有较大提升，但由于全球农业生产体系面临极端天气、地缘政治紧张和其他大宗商品市场变化，加之农产品贸易限制措施扰乱市场预期等多种因素的影响，对全球粮食等重要农产品的生产及供给带来了更大的挑战。因此，2020 年中央一号文件强调“保障重要农产品有效供给和促进农民持续增收”，2021 年《中华人民共和国国民经济和社会发展第十四个五年规划和 2035 年远景目标纲要》明确要“夯实粮食生产能力基础，保障粮、棉、油、糖、肉、奶等重要农产品供给安全”。湖北省作为国家重要商品粮和其他重要农产品生产基地，保障国家粮食安全和重要农产品有效供给是义不容辞的责任。本报告在梳理有关政策措施和已有研究文献的基础上，通过对湖北省粮食和重要农产品生产核心区域的实地调研，分析湖北省粮食和重要农产品稳产保供能力的现状与潜力、问题与挑战，明确目标任务并提出保障国家粮食安全和重要农产品有效供给的对策建议。

一、粮食和重要农产品稳产保供能力分析的理论基础

（一）粮食和重要农产品的界定

从已有的研究看，对粮食和重要农产品的界定范围较为宽泛。有的研究者认为粮食主要是指普遍公认的六大作物：稻谷、小麦、玉米、大豆、大麦、高粱（倪国华 等，2022）；重要农产品主要是指关系国计民生的主要农产品，其品种范围从棉、油、糖、肉等农产品扩展到蛋、奶、鱼、菜、果等“菜篮子”产品（胡冰川，2020）。本报告对标农业强国建设的目标任务，结合湖北建设农业强省的内在要求，粮食主要包括水稻和小麦两个品种，重要农产品主要包括油菜、水果、蔬菜、茶叶、生猪及水产品。

（二）稳产保供能力的概念与内涵

夯实国家粮食安全根基，抓好重要农产品生产供给，关键在提升粮食和重要农产品稳产保供能力。粮食和重要农产品稳产保供能力，是一个多维度、综

合性的概念（程国强，朱满德，2022），主要是指以实现国家粮食安全、建成农业强国为目标的综合能力，包含综合生产能力、供给保障能力、收储调控应急保供能力和节粮减损能力。

（三）粮食和重要农产品稳产保供能力分析框架

增强粮食和重要农产品稳产保供能力，既要抓物质基础，强化落实“藏粮于地、藏粮于技”措施，也要抓机制保障，促进产能提升、结构优化、韧性增强、收益保障和责任压实。根据上述基本要求，结合湖北省情农情，本报告构建了增强粮食和重要农产品稳产保供能力的理论分析框架（图 1）。

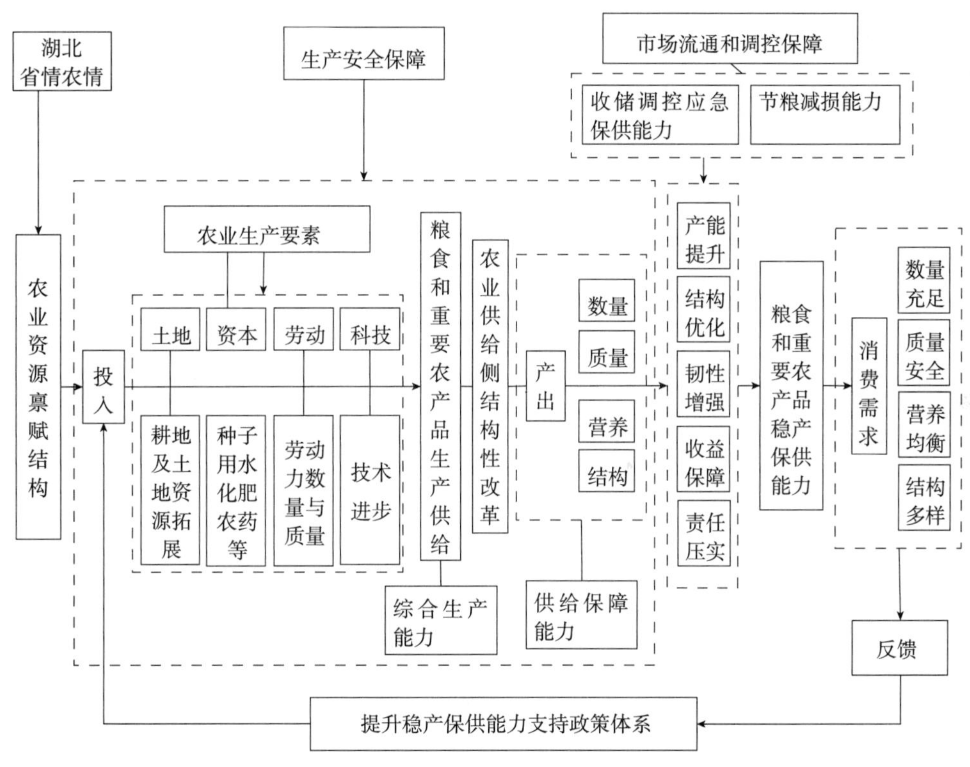

图 1　粮食和重要农产品稳产保供能力分析框架

（四）粮食和重要农产品稳产保供能力评价体系

从已有的相关研究成果看，大多数文献主要是围绕粮食安全或食物安全构建的指标体系（表 1），鲜有文献针对粮食和重要农产品稳产保供能力构建的评价指标体系。本报告依据上述分析框架，围绕综合生产能力、供给保障能力、节粮减损能力、收储调控应急保供能力四个方面，构建粮食和重要农产品稳产保供能力的评价指标体系，以期科学、全面地分析评价湖北省粮食和重要农产品稳产保供能力的现状和趋势。

表 1　粮食和重要农产品稳产保供能力测度指标

作者	年份	一级指标	研究方法
刘晓梅	2004	人均占用量、粮食生产波动指数、储备率、自给率	加权平均法
鲜祖德，盛来运	2005	供给、市场、库存	标准比值法
张少杰，杨学利	2010	生产可持续、经济可持续、社会可持续、环境可持续、农业技术可持续	比较分析法
李文明 等	2010	粮食自给率、粮食生产波动系数、粮食播种面积、人均粮食占有量、粮食储备水平和贫困人口	加权平均法
杨建利，雷永阔	2014	供给、消费、利用效率、保障结果、稳定性/脆弱性、可持续性、政府调控力	专家打分法
姚成胜 等	2019	粮食生产条件、粮食供给量与稳定性、粮食获取能力和利用水平	因子分析法
崔明明，聂常虹	2019	数量安全、质量安全、环境安全、经济安全、资源安全	变异系数法
江雪 等	2019	农业生态系统的活力、组织结构、恢复力	层次分析法
倪晶晶 等	2019	系统资源禀赋、系统投入水平、系统产出能力	综合指数法
黄玲娟 等	2022	最大超标倍数、膳食推荐摄入量和最大暴露比值	指数分析法
雷勋平，Ronbin QIU	2022	数量安全、质量安全、资源安全、生态安全、流通安全	熵权 TOPSIS 模型
袁世一，李干琼	2022	“双碳”、生产保障、结构效益、技术投入和可持续发展	AHP-熵权法
罗海平 等	2023	粮食生产安全、粮食供给安全和粮食获取安全	综合加权法
张小允 等	2023	供给能力、供给结构、绿色发展、经济效益、基础支撑	熵权 TOPSIS 模型

资料来源：作者整理。

二、湖北省粮食和重要农产品发展现状与稳产保供能力分析

（一）湖北省粮食和重要农产品发展现状

1. 生产规模现状

（1）粮食播种面积及产量

表 2 第 2～4 列显示，自 2010 年以来，湖北省粮食播种面积、总产量和单产整体呈现出稳中有升的态势，粮食播种面积在 2016 年后始终保持在 4 500 千公顷以上，总产量在 2013 年后始终保持在 2 500 万吨以上，粮食单产也呈现波动上升趋势，粮食稳产保供能力有一定的提升。

表 2 第 5～11 列显示，从水稻种植面积来看，2013 年以来湖北省水稻种植面积基本保持在 2 100 千公顷以上，早稻种植面积在 2015 年后逐渐减少，中稻和一季晚稻种植面积逐渐增加，双季晚稻种植面积在 2015 年后逐渐下降。从水稻单产来看，水稻单产呈上升趋势，中稻和一季晚稻单产波动幅度较大。

表 2 第 12～14 列显示，从小麦种植面积来看，湖北的小麦种植面积整体呈现增长趋势，从 2010 年的 1 000.1 千公顷增长至 2022 的 1 031.3 千公顷，年均增长 0.26%。从产量来看，小麦产量在 2010—2016 年呈现逐年增长趋势，2017 年之后小麦产量有所波动，整体保持在 400 万吨左右。从单产来看，湖北小麦单产从 2010 年的 3 430.7 千克/公顷增长至 2022 年的 3 932.8 千克/公顷，年均增长率为 14.64%，但与全国小麦平均单产水平相比，仍存在较大的提升空间。

（2）油料播种面积及产量

表 3 显示，湖北省油料播种面积在 2010—2015 年呈现增长趋势，最高达 1 542.5 千公顷，从 2016 年开始呈现下降趋势，最低至 1 255.8 千公顷。

表 2　2010—2022 年湖北省粮食生产情况

年份	粮食播种面积（千公顷）	粮食总产量（万吨）	粮食单产（千克/公顷）	水稻种植面积（千公顷）	早稻面积（千公顷）	早稻单产（千克/公顷）	中稻和一季晚稻面积（千公顷）	中稻和一季晚稻单产（千克/公顷）	双季晚稻面积（千公顷）	双季晚稻单产（千克/公顷）	小麦播种面积（千公顷）	小麦产量（万吨）	小麦单产（千克/公顷）
2010	4 068.4	2 304.3	5 571.5	2 038.2	358.6	5 566.9	1 262.4	8 736.0	417.2	6 121.2	1 000.1	343.1	3 430.7
2011	4 122.1	2 407.5	5 743.6	2 036.2	346.4	5 689.3	1 281.6	9 127.4	408.2	6 126.6	1 013.6	344.8	3 401.7
2012	4 180.1	2 485.1	5 786.8	2 017.9	351.8	5 937.7	1 252.9	9 344.6	413.1	6 575.3	1 065.5	370.8	3 480.1
2013	4 258.4	2 586.2	5 855.7	2 101.2	385.6	5 776.6	1 265.7	9 114.3	449.9	6 674.8	1 094.8	416.8	3 807.1
2014	4 370.4	2 658.3	5 878.4	2 144.0	412.4	5 787.3	1 258.6	9 279.4	472.9	6 828.1	1 074.3	421.6	3 924.4
2015	4 466.0	2 914.8	6 092.2	2 188.5	423.0	5 964.3	1 283.0	9 578.3	482.4	6 830.4	1 093.4	420.9	3 849.5
2016	4 816.1	2 796.4	5 806.2	2 358.7	224.7	5 244.9	1 920.5	8 379.1	213.4	6 907.2	1 140.7	440.7	3 863.4
2017	4 853.0	2 846.1	5 864.7	2 368.1	174.0	5 795.6	1 991.7	8 478.7	202.4	6 798.4	1 153.2	426.9	3 701.9
2018	4 847.0	2 839.5	5 858.2	2 391.0	164.5	5 929.0	2 034.3	8 523.3	192.2	6 982.3	1 105.0	410.4	3 714.0
2019	4 608.6	2 725.0	5 912.8	2 286.8	142.5	5 911.0	1 977.0	8 488.1	167.2	6 866.0	1 017.7	390.7	3 839.1
2020	4 645.3	2 727.4	5 871.4	2 280.7	122.4	5 578.5	1 999.0	8 440.7	159.3	6 823.6	1 031.4	400.7	3 885.1
2021	4 686.0	2 764.3	5 899.1	2 272.6	120.2	5 937.8	2 019.2	8 515.8	133.2	6 959.5	1 052.1	399.3	3 795.3
2022	4 688.9	2 741.2	5 845.9	2 263.9	126.3	5 991.8	1 995.7	8 480.7	141.9	6 878.1	1 031.3	405.6	3 932.8

数据来源：《湖北省统计年鉴》《中国农业年鉴》《湖北省统计公报》。

表 3　2010—2022 年湖北省油料生产情况

年份	油料播种面积（千公顷）	其中		油料产量（万吨）	其中	
		花生播种面积（千公顷）	油菜播种面积（千公顷）		花生产量（万吨）	油菜籽产量（万吨）
2010	1 448.7	189.3	1 159.7	311.8	64.4	232.6
2011	1 429.6	192.2	1 141.4	304.7	68.7	220.4
2012	1 501.5	239.8	1 167.3	319.7	74.3	230.0
2013	1 516.9	200.4	1 226.3	333.2	68.1	250.5
2014	1 542.5	198.5	1 248.7	341.7	69.1	257.2
2015	1 524.2	199.1	1 232.1	339.6	67.9	255.2
2016	1 310.9	232.1	983.6	305.2	78.0	211.1
2017	1 291.3	230.5	971.2	307.7	78.4	213.2
2018	1 255.8	232.6	933.0	302.5	80.7	205.3
2019	1 278.6	243.6	938.3	313.9	85.7	211.3
2020	1 377.9	248.7	1 034.4	344.5	87.1	241.1
2021	1 429.5	244.7	1 094.0	354.1	86.3	251.8
2022	1 473.9	242.9	1 152.4	374.2	85.4	274.2

数据来源：《湖北省统计年鉴》《中国农业年鉴》及国家统计局。

（3）水果种植面积及产量

表 4 第 2～6 列显示，2010—2022 年湖北省果园面积整体呈“增—减—增”的趋势。其中，苹果园和梨园面积逐年减少，柑橘园和葡萄园面积有所增加。2022 年湖北省果园面积为 411.7 千公顷，比 2010 年增长 8.7%。

表 4 第 7～14 列显示，2010—2022 年湖北省水果产量呈现增长趋势，由 2010 年的 778.5 万吨增长至 2022 年 1 143.2 万吨，增幅为 46.85%。

表 4　2010—2022 年湖北省果园面积及水果生产情况

年份	果园面积（千公顷）	苹果园面积（千公顷）	柑橘园面积（千公顷）	梨园面积（千公顷）	葡萄园面积（千公顷）	水果总产量（万吨）	苹果产量（万吨）	柑橘产量（万吨）	梨产量（万吨）	葡萄产量（万吨）	红枣产量（万吨）	柿子产量（万吨）	瓜果类产量（万吨）
2010	375.7	1.7	229.2	36.6	5.6	778.5	1.0	301.0	48.1	13.1	2.9	5.0	341.4
2011	398.8	1.9	244.5	48.8	8.5	855.2	1.0	331.0	46.3	15.2	3.1	5.7	333.4
2012	400.7	2.0	243.6	37.3	10.2	885.7	1.1	385.3	53.6	20.5	3.2	5.8	344.0

（续）

年份	果园面积（千公顷）	苹果园面积（千公顷）	柑橘园面积（千公顷）	梨园面积（千公顷）	葡萄园面积（千公顷）	水果总产量（万吨）	苹果产量（万吨）	柑橘产量（万吨）	梨产量（万吨）	葡萄产量（万吨）	红枣产量（万吨）	柿子产量（万吨）	瓜果类产量（万吨）
2013	403.6	1.6	239.7	39.4	10.0	920.5	1.0	400.4	56.3	23.7	3.4	6.6	351.0
2014	423.3	1.3	245.6	41.7	12.7	972.3	1.0	437.1	54.6	27.1	3.6	6.8	358.1
2015	413.4	1.2	240.0	38.8	11.9	966.3	1.3	426.7	50.9	27.1	4.0	6.6	350.4
2016	338.8	1.0	218.8	21.6	12.8	1 003.2	1.4	534.5	38.8	22.4	3.3	4.9	316.9
2017	345.8	1.3	217.8	22.9	14.2	948.4	1.2	465.9	37.5	24.2	3.1	4.7	327.2
2018	366.2	1.0	227.2	23.9	15.5	998.0	1.0	488.1	37.3	27.9	3.3	5.2	342.5
2019	380.9	1.0	232.8	24.5	15.7	1 010.2	0.8	478.2	40.4	29.8	3.1	5.0	349.2
2020	400.8	0.8	237.4	24.8	16.2	1 066.8	0.7	510.0	41.5	31.3	2.7	5.0	350.4
2021	410.3	0.7	242.0	23.6	16.9	1 119.4	0.5	540.8	41.0	31.7	2.5	5.1	361.4
2022	411.7	0.5	242.9	23.7	16.5	1 143.2	0.3	537.8	42.4	32.3	2.5	5.1	370.2

数据来源：《湖北省统计年鉴》《中国农业年鉴》《中国统计摘要》。

（4）蔬菜种植面积及产量

表5显示，2022年，湖北省蔬菜种植面积达到2 015.5万亩，产量达到4 407.9万吨。其中，莲藕产业蓬勃兴起，常年种植面积125万余亩，年产量200余万吨，产值70亿元以上，均居全国首位。食用菌作为湖北省特色蔬菜产业，2020年产量46.4万吨。

表5　2010—2022年湖北省蔬菜生产情况

年份	播种面积（万亩）	总产量（万吨）	单产（千克/亩）	大白菜产量（万吨）	白萝卜产量（万吨）	辣椒产量（万吨）	莲藕产量（万吨）	食用菌产量（万吨）
2010	1 497.8	3 091.2	2 063.8	439.8	418.5	119.3	146.5	36.3
2011	1 534.0	3 244.7	2 115.2	565.4	417.5	118.2	145.7	35.9
2012	1 634.5	3 375.5	2 065.1	494.3	416.0	116.9	144.8	35.5
2013	1 638.8	3 438.6	2 098.2	536.0	431.2	128.9	153.9	39.6
2014	1 670.7	3 513.7	2 103.2	507.3	429.0	140.1	150.9	44.9
2015	1 715.5	3 664.2	2 135.9	545.0	456.9	154.3	176.3	47.2
2016	1 753.4	3 712.8	2 117.5	508.2	421.6	167.5	235.7	40.9
2017	1 782.9	3 826.4	2 146.1	520.9	427.2	181.3	240.9	41.8
2018	1 836.4	3 963.9	2 158.5	556.4	455.9	187.0	254.7	44.7

（续）

年份	播种面积（万亩）	总产量（万吨）	单产（千克/亩）	大白菜产量（万吨）	白萝卜产量（万吨）	辣椒产量（万吨）	莲藕产量（万吨）	食用菌产量（万吨）
2019	1 886.9	4 086.7	2 165.8	581.8	469.7	194.4	261.4	46.9
2020	1 919.9	4 119.4	2 145.7	599.7	479.3	195.3	264.7	46.4
2021	1 964.9	4 299.8	2 188.3					
2022	2 015.5	4 407.9	2 187.0					

数据来源：《湖北省统计年鉴》《湖北省农村统计年鉴》《中国农业年鉴》。

注：本表缺失数据尚未公布。

(5) 茶叶种植面积及产量

表 6 第 2～4 列显示，2010—2022 年湖北省茶园面积和茶叶产量均呈现逐年递增趋势。茶园面积从 2010 年的 292.7 万亩增至 2022 年的 564.2 万亩，增加了 271.5 万亩，增幅达 92.8%。茶叶产量逐年递增，由 2010 年的 16.4 万吨增至 2022 年的 41.9 万吨，增加了 25.5 万吨，增幅达 155.5%。2012 年，湖北茶叶单产超过 60 千克/亩，2016 年突破 70 千克/亩。

表 6 第 5～11 列显示，2022 年湖北省绿茶、红茶和黑茶三种茶叶产量分别为 29 万吨、4.2 万吨和 7.8 万吨。在各品类茶叶中，除青茶外，其他各品类茶叶产量基本呈增长趋势。尤其黑茶增长速度最快，增加了 8.18 倍，绿茶产量一直领先全省其他品种。

表 6　2010—2022 年湖北省茶叶及主要品类产量情况

年份	茶园面积（万亩）	茶叶产量（万吨）	茶叶单产（千克/亩）	绿茶产量（吨）	青茶产量（吨）	红茶产量（吨）	黑茶产量（吨）	黄茶产量（吨）	白茶产量（吨）	其他茶产量（吨）
2010	292.7	16.4	56.0	137 120	—	15 413	—	17	1	13 176
2011	323.6	18.1	55.9	148 509	3 948	19 374	8 492	—	95	3 747
2012	328.3	20.4	62.1	165 004	4 116	21 746	11 363	10	4	4 604
2013	370.4	21.7	58.6	170 408	4 819	23 757	18 343	12	5	4 384
2014	376.9	24.4	64.7	186 451	3 817	27 467	28 695	—	980	2 906
2015	392.3	26.1	66.5	194 472	3 606	30 863	34 759	325	1 489	3 260
2016	401.3	28.7	71.5	207 378	1 323	29 851	41 293	432	1 183	5 514
2017	424.9	30.3	71.3	211 203	1136	34 243	48 431	247	1477	6 518

（续）

年份	茶园面积（万亩）	茶叶产量（万吨）	茶叶单产（千克/亩）	绿茶产量（吨）	青茶产量（吨）	红茶产量（吨）	黑茶产量（吨）	黄茶产量（吨）	白茶产量（吨）	其他茶产量（吨）
2018	482.3	32.9	68.2	235 352	1163	33 397	50 760	266	2 450	6 443
2019	512.6	36.8	71.8	241 235	8 271	36 957	54 428	720	2 608	8 298
2020	537.6	36.1	67.2	255 677	1 270	42 280	53 879	545	1 947	5 207
2021	553.6	40.4	73.0	284 140	1 227	419 44	67 661	525	2 324	6 594
2022	564.2	41.9	74.3	290 000	1 000	42 000	78 000	1 000	3 000	6 000

数据来源：《湖北省统计年鉴》《中国农业年鉴》、湖北省统计局、国家统计局。

注：本表缺失数据为未统计年份。

（6）生猪养殖规模及产量

图 2 显示，湖北省生猪出栏量可以划分为两个阶段。第一阶段为 2010 年至 2018 年，湖北省生猪出栏量、存栏量和猪肉产量总体上均呈不断上升趋势，其中 2018 年生猪出栏量是 2010 年的 1.14 倍。从三者之前的变化关系来看，生猪出栏量和猪肉产量的变化趋势高度一致。第二阶段是 2019 年至 2022 年，受非洲猪瘟疫情的影响，生猪产能迅速下降，2019 年生猪存栏量为 1 617.86 万头，同比下降了 35.8%，2020 年生猪出栏量直接下降至 12 年内最低，生猪产能从 2021 年开始缓慢恢复。

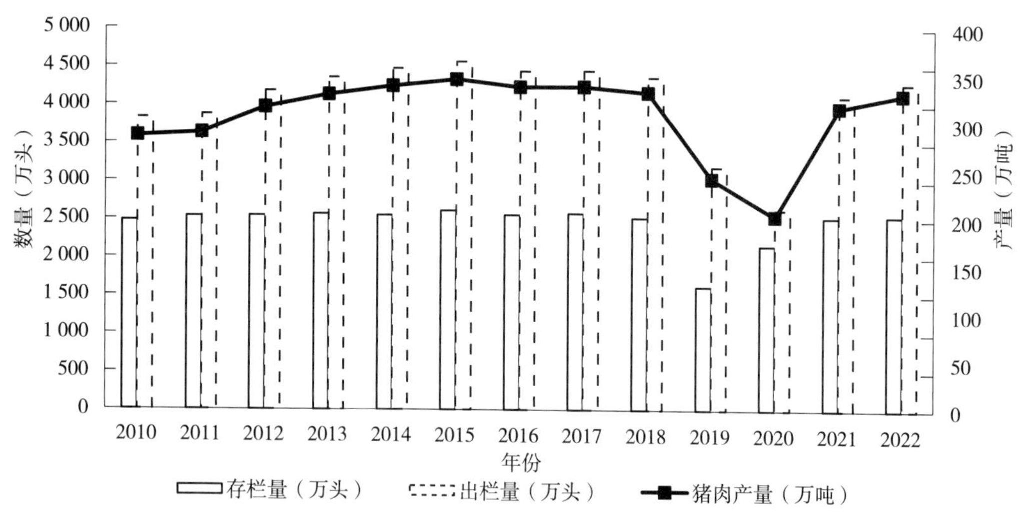

图 2　2010—2022 年湖北省生猪生产情况

数据来源：《湖北省统计年鉴》及国家统计局

（7）水产品养殖规模及产量

表 7 显示，从产量来看，2010—2022 年湖北省水产品产量逐年增长，由

2010 年的 353.1 万吨增加至 2022 年的 500.4 万吨，年均增长率为 41.7%。从养殖面积来看，呈现先增后减的趋势，2016 年最高达到 853.1 千公顷，2017 年后逐年减少。从单产角度来看，2022 年水产品单产为 9 502.5 千克/公顷，约是 2010 年的 1.8 倍。

表 7　2010—2022 年湖北省水产品生产情况

年份	水产品产量（万吨）	养殖面积（千公顷）	单产（千克/公顷）	按来源分		按类别分			
				捕捞产量（万吨）	养殖产量（万吨）	鱼类产量（万吨）	甲壳类产量（万吨）	贝类产量（万吨）	其他类产量（万吨）
2010	353.1	656.7	5 376.7	26.4	326.7	299.2	47.3	3.3	3.2
2011	356.2	666.7	5 343.0	20.6	335.6	308.7	40.0	4.1	3.4
2012	388.9	680.1	5 719.0	21.3	367.6	330.2	50.7	4.1	3.9
2013	410.4	683.5	6 004.0	21.3	389.1	345.0	57.0	4.1	4.2
2014	433.3	688.0	6 298.0	20.8	412.5	359.7	65.1	4.1	4.5
2015	455.9	688.7	6 619.5	19.1	436.8	377.9	69.7	3.7	4.7
2016	470.8	853.1	5 519.2	19.0	451.8	387.3	74.9	3.5	5.1
2017	465.4	797.6	5 835.3	29.3	436.1	369.5	86.9	2.2	6.7
2018	458.4	535.1	8 566.7	18.1	440.3	349.3	101.7	0.8	6.6
2019	469.5	531.6	8 832.6	16.2	453.4	349.5	112.6	0.7	6.7
2020	467.9	525.9	8 897.7	7.5	460.4	343.5	116.2	0.6	7.5
2021	483.2	516.3	9 359.1	2.6	480.6	349.4	124.8	0.5	8.5
2022	500.4	526.6	9 502.5	2.4	498.0	358.5	132.0	0.4	9.6

数据来源：《湖北省统计年鉴》、国家统计局。

2. 农业科技创新现状

（1）农业技术创新情况

2020 年武汉国家现代农业产业科技创新中心正式揭牌，成为全国第五家国家级农业科创中心。在建设该中心的过程中提出了“双水双绿”关键技术、特色水果生态高效栽培与采后处理技术、油菜绿色高质高效生产关键技术、水稻产业绿色高质高效技术、畜禽优质增效与绿色养殖技术、池塘绿色生态养殖技术、丘陵山区主要农作物机械化生产关键技术、生态循环农业示范区关键技术，其中池塘绿色生态养殖技术连续两年被农业农村部遴选为全国十大引领性技术。

（2）农作物及生猪育种情况

湖北省在水稻、生猪等农作物育种方面具有较强优势。截至 2022 年，湖北省农业科学院先后培育出 16 个优质水稻新品种，累计推广 5 000 多万亩，增产粮食超过 30 亿斤。在生猪育种方面，湖北省是全国生猪育种强省，是全国种猪引进的首选省份之一。

（3）农业机械拥有情况

图 3 显示，2010 年以来湖北省主要农业机械年末拥有量逐年增加，2013 年全省农用机械总动力已经突破 4 000 万千瓦，农业机械化水平不断提升。2022 年，湖北省农机总动力 4 878.7 万千瓦，亩均农机动力 0.66 千瓦，高于全国平均水平。

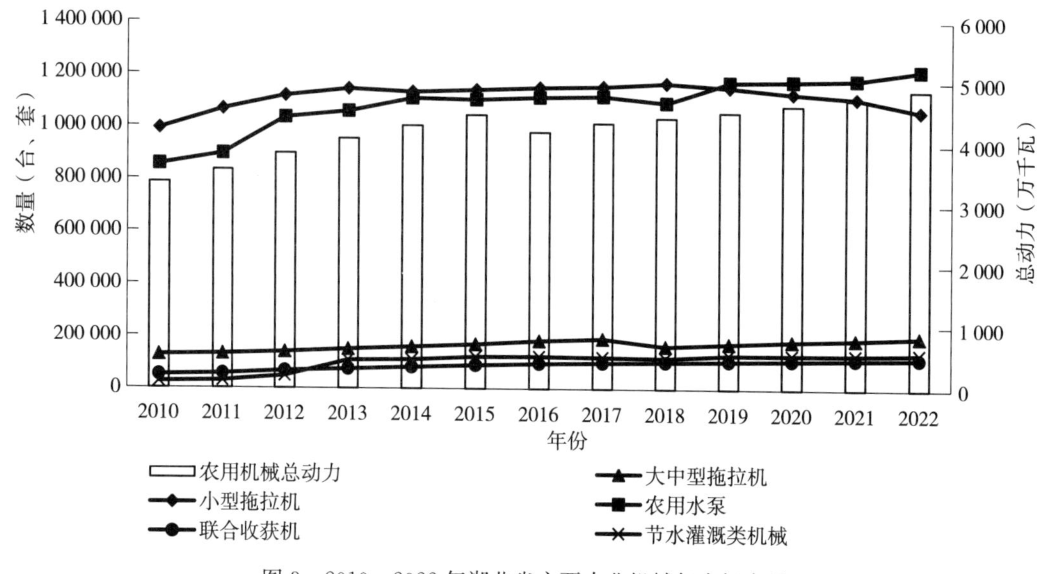

图 3　2010—2022 年湖北省主要农业机械年末拥有量

数据来源：《湖北统计年鉴》《中国农村统计年鉴》

3. 农产品成本收益现状

（1）水稻成本收益现状

表 8 显示，湖北省早籼稻、中籼稻和晚籼稻的生产成本与收益呈现不同发展趋势。2010 年以来，稻谷每亩产值均有所提升，但每亩总成本均保持上升态势，其中，生产成本的上升幅度远大于土地成本。从收益角度来看，尽管中籼稻的净利润高于早籼稻和晚籼稻，但整体上来看稻谷的净利润均呈现逐年下降的趋势。

表 8　2010—2022 年湖北省水稻每亩成本收益情况

单位：元

年份	早籼稻					中籼稻					晚籼稻				
	产值	总成本	生产成本	土地成本	净利润	产值	总成本	生产成本	土地成本	净利润	产值	总成本	生产成本	土地成本	净利润
2010	793.9	667.3	573.3	93.9	126.6	1 219.5	711.1	605.2	105.9	508	1 066.5	711.3	618.5	92.8	355.1
2011	958.5	781.9	677.4	104.6	176.5	1 560	856.8	741.4	115.3	703.1	1 257	822.3	719	103.3	434.6
2012	1 108.1	939.4	827.7	111.8	168.7	1 590.4	995.8	875.6	120.1	594.5	1 302.5	963	849.7	113.2	339.5
2013	1 045.9	1 025	902.4	122.6	20.9	1 409.8	1 052.7	922.1	130.5	357	1 249.5	1 061	936.7	124.3	188.5
2014	1 117.9	1 035.2	908.6	126.6	82.7	1 607.5	1 086.6	949.8	136.7	520.9	1 331.6	1 083.4	953.5	129.9	248.1
2015	1 088	1 032.8	892.6	140.2	55.2	1 643.1	1 110.4	968.5	141.8	532.7	1 345	1 072.8	929.6	143.2	272.1
2016	992.9	974.9	837.4	137.6	18	1 365.4	1 098.4	953.9	144.4	267	1 343.1	1 055.8	918.9	136.9	287.2
2017	1 085.2	1 060.6	912.5	148.1	24.6	1 485.7	1 141.4	991.6	149.7	344.3	1 302.9	1 109.9	963.2	146.6	193
2018	995.9	1 067.1	923.1	143.9	−71.1	1 381.3	1 173.8	1 019.6	154.1	207.5	1 240.3	1 131.1	969.5	161.5	109.1
2019	1 002.8	1 058.1	914.4	143.7	−55.3	1 420.5	1 187.5	1 038.6	148.9	233	1 354.2	1 128.2	971.1	157.1	225.9
2020	791.9	1 034.1	903.6	130.5	−242.2	1 520.1	1 136	993.1	142.8	384.1	1 346.8	1 103.6	952.4	151.1	243.1
2021	1 029.1	1 072.4	932.7	139.7	−43.3	1 532.4	1 172.7	1 027.8	144.8	359.7	1 257.9	1 146.2	970.7	175.5	111.7
2022	1 124.7	1 134.5	980.7	153.5	−9.7	1 381.9	1 319.9	1 139.5	180.5	61.95	1 316.9	1 266.8	1 087.4	179.4	50.2

数据来源：历年《全国农产品成本收益资料汇编》。

(2) 小麦成本收益现状

图 4 显示，2010 年以来，湖北省小麦每亩产值有一定幅度的波动，小麦生产成本逐年攀升，利润逐渐下降。2022 年小麦每亩成本达 775.9 元，约是 2010 年的 1.6 倍。结合在湖北省襄阳市小麦主产区的调研，近些年化肥、农药等农用物资价格上涨，导致生产成本不断上升，加之小麦收购价格有所下降，2022 年老河口市有农户以 0.8 元/斤的价格出售小麦，与往年的 1.2～1.5 元/斤相比，利润空间明显收窄。

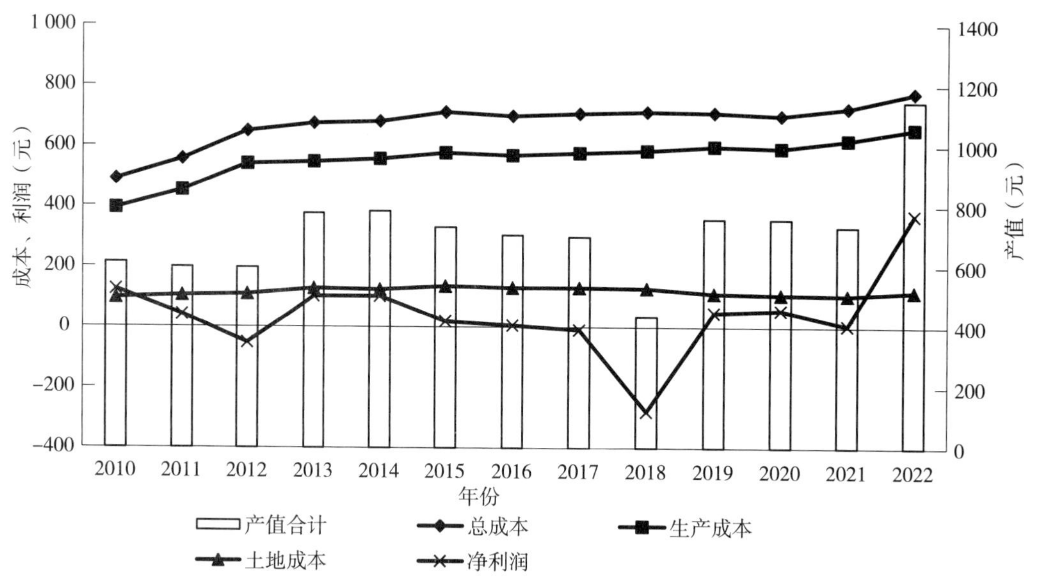

图 4　2010—2022 年湖北省小麦每亩成本收益情况

数据来源：历年《全国农产品成本收益资料汇编》

(3) 油料作物成本收益现状

图 5 显示，2022 年湖北省油菜籽每亩产值为 965.6 元，为近年最高水平，整体上呈现增长态势。随着总成本的上升，湖北油菜籽每亩净利润也在逐渐下降，甚至在 2014—2018 年均为负值，油菜籽每亩最高亏损达 258.7 元，导致种植油菜籽的农民入不敷出。

(4) 水果成本收益现状

2010—2022 年湖北省柑和橘的每亩产值均呈增长趋势。从成本来看，柑的每亩总成本大于橘的每亩总成本，但橘的每亩总成本增长幅度高于柑的每亩总成本增长幅度。2022 年柑的每亩总成本为 3 108.6 元，橘的每亩总成

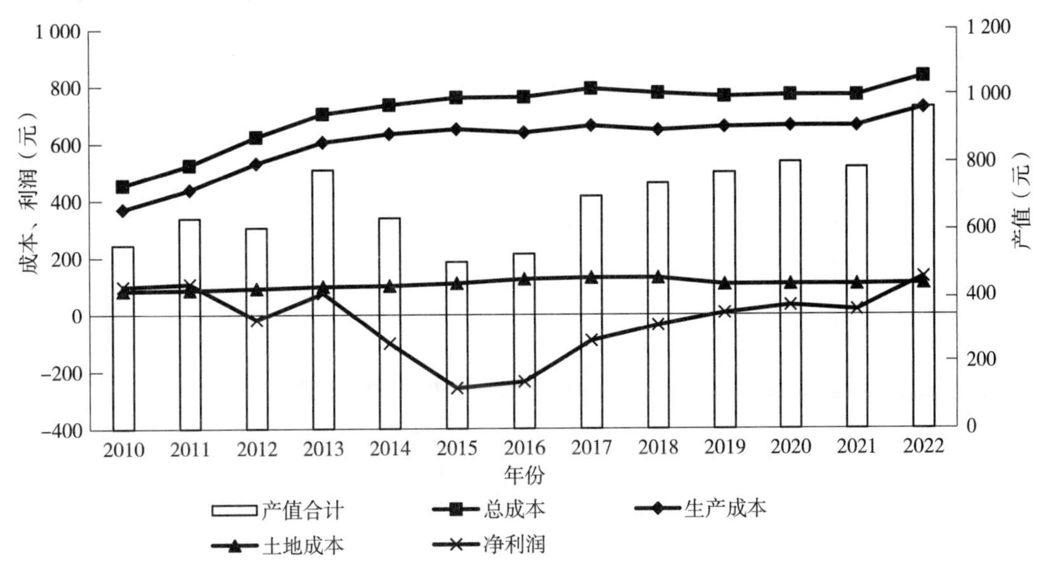

图 5　2010—2022 年湖北省油菜籽每亩成本收益情况

数据来源：历年《全国农产品成本收益资料汇编》

本为 2 290.1 元，分别约是 2010 年的 1.8 倍和 2.4 倍。从利润来看，柑的每亩净利润不如橘的每亩净利润，并在 2016 年之后均为负值，2022 年柑的每亩净利润为－593.2 元，橘的每亩净利润为 932.2 元。

4. 绿色发展现状

（1）农用物资使用现状

图 6 显示，湖北省农用物资使用量基本呈现下降趋势。2022 年湖北省农用化肥施用量为 258.0 万吨，比 2010 年减少了 92.8 万吨，下降幅度为 26.5%；2022 年农用塑料薄膜使用量为 5.7 万吨，比 2010 年减少了 0.7 万吨，下降幅度为 10.9%；2022 年农药使用量为 8.5 万吨，比 2010 年减少了 5.5 万吨，下降幅度为 39.3%。

（2）农产品质量安全现状

2022 年湖北省已有 56 个县（市、区）获得省级农产品质量安全县授牌，其中 20 个县（市、区）获得国家级农产品质量安全县授牌。与此同时，全省加强农产品抽检和产地环境检测，落实监测结果通报制度，建立农产品质量安全追溯信息平台，实行市、县（区）、乡镇信息三级追溯管理，产品质量安全监测合格率达到 98%以上，并实现了与国家追溯平台有效对接。连续多年，

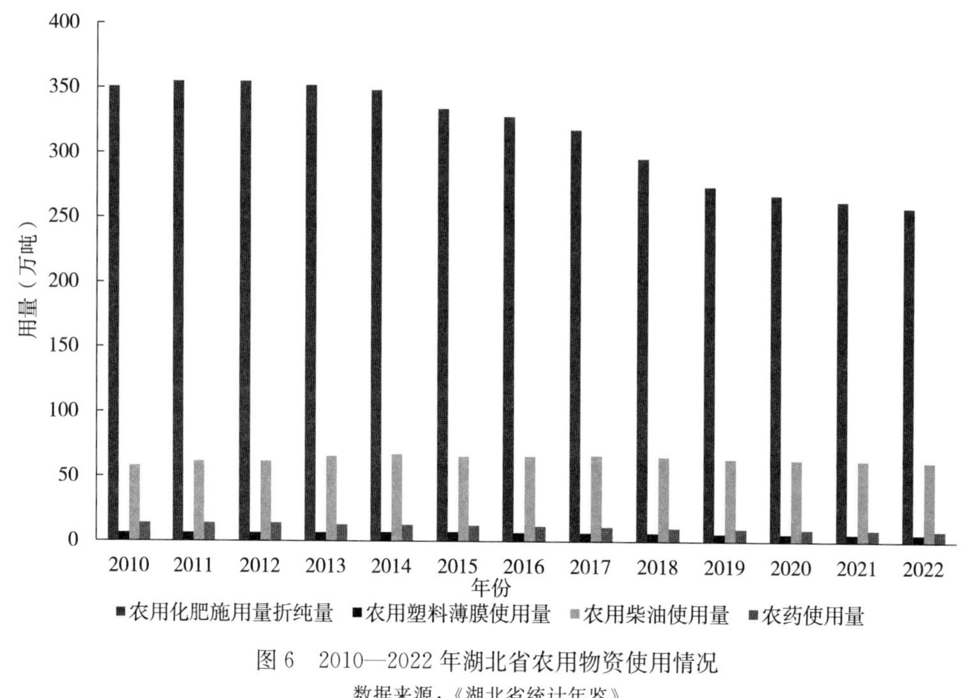

图 6　2010—2022 年湖北省农用物资使用情况

数据来源：《湖北省统计年鉴》

湖北省农产品质量安全监测合格率保持较高水平，农产品质量安全形势保持持续向好态势。

（3）农业生态环境与自然灾害现状

2022 年湖北省除涝面积为 1 385.4 千公顷，水土流失治理面积为 6 731.0 千公顷，2020 年退耕还林工程建设面积为 7.5 万公顷，通过对易涝耕地和水土流失地的治理，为农业生产提供了更加良好的环境。

自 2010 年以来，湖北省农业自然灾害发生整体呈减少趋势。在气象灾害方面，受灾面积有所下降，成灾面积和绝收面积呈减少趋势，2022 年受灾面积、成灾面积和绝收面积分别为 1 174.0 千公顷、338.9 千公顷和 112.2 千公顷，相较 2010 年分别下降了约 52.4%、74.8%和 43.9%。在农田病虫、草、鼠害方面，2018 年农田病虫害发生面积 15 767.0 千公顷，防治面积 22 361.0 千公顷，较 2010 年下降约 6.9%和 10.8%；2018 年农田草害发生面积 4 156.0 千公顷，防治面积 4 715 千公顷，分别较 2010 年增长约 5.0%和 9.2%；2018 年农田鼠害发生面积 534.0 千公顷，防治面积 422 千公顷，分别较 2010 年下降约 24.7%和 16.8%。整体来看，农田病虫草鼠害防控措施得当，防控效果比较明显。

（二）湖北省粮食和重要农产品稳产保供能力分析

1. 粮食和重要农产品稳产保供能力评价指标及研究方法

本报告根据粮食和重要农产品稳产保供能力的概念与内涵，采用定性分析的思路和方法，围绕综合生产能力、供给保障能力、收储调控应急保供能力和节粮减损能力，兼顾“硬件”和“软件”指标，构建了包括 4 个一级指标、16 个二级指标、34 个三级指标在内的湖北省粮食和重要农产品稳产保供能力评价指标体系（表 9），并采用熵值法对粮食和重要农产品稳产保供能力进行综合评价分析。

本报告指标数据主要来自历年《湖北省统计年鉴》《湖北省农村统计年鉴》《中国农村统计年鉴》《中国统计年鉴》和国家统计局、北大法宝网、湖北省政府官网，部分数据来自湖北省历年统计公报，极少数年份或个别缺失数据采用插值法补齐。

表 9　湖北省粮食和重要农产品稳产保供能力评价指标体系

一级指标	二级指标	三级指标	方向	权重（%）
综合生产能力	土地资源	人均耕地面积 x_1	+	5.54
	劳动力资源	农业从业人员 x_2	+	2.38
	资本投入	农用化肥施用量 x_3	−	5.83
		农用薄膜使用量 x_4	−	2.22
		农药使用量 x_5	−	3.97
	科技支撑	农业机械总动力 x_6	+	1.77
		有效灌溉面积 x_7	+	1.70
	种粮积极性	粮食播种面积/农作物种植面积 x_8	+	3.36
供给保障能力	农产品产出	人均粮食占有量 x_9	+	2.20
		人均油料占有量 x_{10}	+	3.45
		人均蔬菜占有量 x_{11}	+	1.90
		人均茶叶占有量 x_{12}	+	2.72
		人均水果占有量 x_{13}	+	1.74
		人均肉类占有量 x_{14}	+	1.43
		人均水产品占有量 x_{15}	+	2.43

（续）

一级指标	二级指标	三级指标	方向	权重（%）
供给保障能力	供需匹配度	粮食产量/消费量 x_{16}	+	1.68
	农业制度保障	农林水事务支出/财政支出 x_{17}	+	2.56
节粮减损能力	加工转化	稻谷加工生产能力 x_{18}	+	1.46
		小麦加工生产能力 x_{19}	+	1.90
		油料加工生产能力 x_{20}	+	2.66
		粮机设备产量 x_{21}	+	2.66
	产后损失	粮食产后损失量 x_{22}	−	4.18
	灾害减损	农作物病虫害粮油挽回损失 x_{23}	+	2.68
		农田草害粮油挽回损失 x_{24}	+	1.43
		农田鼠害粮食挽回损失 x_{25}	+	4.39
	政策关注度	地方政府节粮减损政策发文量 x_{26}	+	4.18
收储调控应急保供能力	粮食储备	财政中粮油物资储备支出 x_{27}	+	1.58
	流通保障	农村投递路线 x_{28}	+	2.74
		已通邮的行政村比重 x_{29}	+	1.25
	宏观调控水平	国有粮食企业原粮购销差 x_{30}	+	1.56
	市场调控水平	粮食类商品零售价格稳定 x_{31}	+	7.18
		水产品类商品零售价格稳定 x_{32}	+	5.56
		干鲜瓜果类商品零售价格稳定 x_{33}	+	4.89
		蔬菜类商品零售价格稳定 x_{34}	+	2.85

2. 湖北省粮食和重要农产品稳产保供能力评价结果分析

图 7 展示了基于表 9 的计算结果。总体来看，2010—2021 年湖北省粮食和重要农产品稳产保供能力持续增强，综合指数由 0.321 3 提升到了 0.544 6，增长了 69.49%；其中在 2016 年后，综合指数经历 3 年小幅下降，但整体保持稳中有升态势。具体来看，与 2010 年相比，除收储调控应急保供能力呈波动下降趋势外，农业综合生产能力、供给保障能力和节粮减损能力都有较大的提升，尤其是综合生产能力和供给保障能力提升幅度较大。

从综合生产能力指数看，2010—2021 年呈上升趋势，在 2015 年突破 0.500 0 后，一直保持在较高水平，且明显高于其他维度的能力指数。分析结

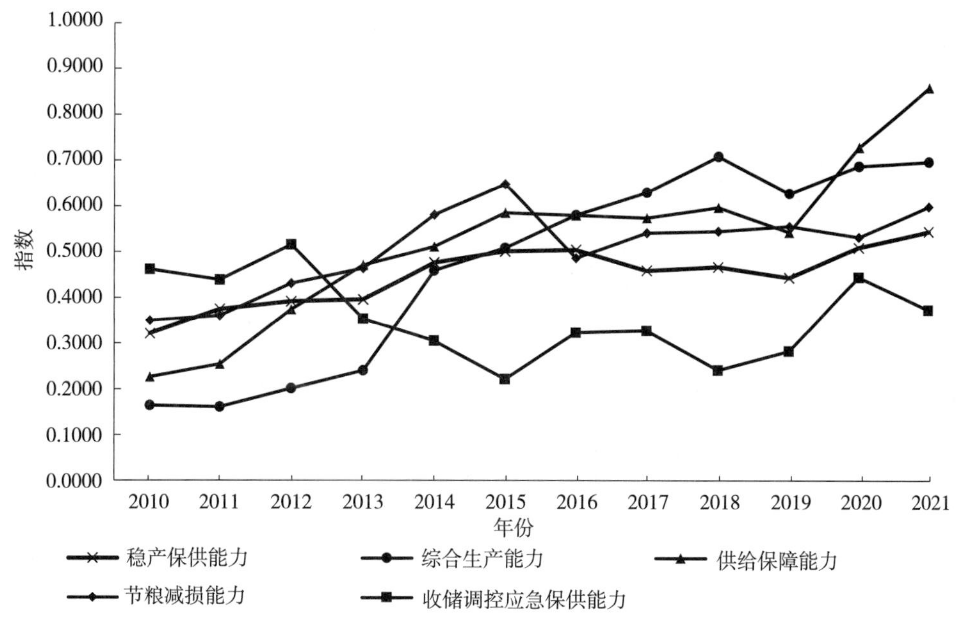

图 7　2010—2021 年湖北省粮食和重要农产品稳产保供能力指数变化情况

果表明，当前湖北省农业综合生产能力状况良好，但与其他发达省份相比仍有一定差距，还需要进一步提升农业综合生产能力。

从供给保障能力指数看，与 2010 年相比，2021 年有了大幅度的提升，增加了 0.632 6。在 2019 年之前呈波动上升态势，在 2019 年之后有了较大幅度的提升，还需要稳定提升供给保障能力。

从节粮减损能力指数看，从 2010 年该指数逐年提升，并在 2015 年达到 0.647 8 的最高值，但 2015 年后该指数呈现波动下降趋势，由此看来首先需要止跌回稳，加大减少粮食损失浪费工作力度，进一步提升节粮减损能力。

从收储调控应急保供能力指数看，2010—2021 年该指数稳定性较差，且 2015 年指数仅为 0.221 4，不足 2011 年的 1/2，说明该指数仍有较大提升空间，还需要加大收储调控应急保障能力建设力度。

三、湖北省增强粮食和重要农产品稳产保供能力的目标任务

（一）主要目标

根据湖北省《关于全面推进乡村振兴和农业产业强省建设加快农业农村

现代化的实施意见》《湖北省推进农业农村现代化“十四五”规划》《湖北省种植业发展“十四五”规划》《湖北省畜牧业和兽医事业“十四五”发展规划》《湖北省渔业“十四五”规划》等部署和要求，参考借鉴已有研究成果，围绕综合生产能力、供给保障能力、收储调控应急保供能力和节粮减损能力四个方面，研究提出增强粮食和重要农产品稳产保供能力的阶段性目标任务（表10）。到2025年，湖北省粮食和重要农产品稳产保供能力得到明显提升，在综合生产、供给保障、收储调控应急保供和节粮减损等方面的能力取得重要进展。到2030年，湖北省粮食和重要农产品稳产保供能力显著提升，在综合生产、供给保障、收储调控应急保供和节粮减损等方面的能力取得决定性进展。到2035年，湖北省粮食和重要农产品稳产保供能力得到进一步提升，在综合生产、供给保障、收储调控应急保供和节粮减损等方面的能力取得跨越式发展。

表10　湖北省粮食和重要农产品稳产保供能力的阶段性目标

一级指标	二级指标	三级指标	2025年目标值	2030年目标值	2035年目标值
粮食和重要农产品稳产保供能力	综合生产能力	高标准农田保有量	4 689万亩	5 309万亩	5 950万亩
		农作物耕种收综合机械化率	75%	80%	85%
		农业科技进步贡献率	64%	68%	72%
		农田灌溉用水有效利用系数	0.58	0.62	0.65
		主要农作物化肥利用率	44%	48%	52%
		主要农作物农药利用率	42%	45%	48%
	供给保障能力	粮食总产量	≥500亿斤	≥500亿斤	≥500亿斤
		油菜籽产量	≥260万吨	≥260万吨	≥260万吨
		蔬菜产量	≥4 200万吨	≥4 200万吨	≥4 200万吨
		水果产量	≥680万吨	≥680万吨	≥680万吨
		茶叶产量	≥30万吨	≥30万吨	≥30万吨
		淡水产品总产量	504万吨	514万吨	524万吨
		生猪出栏量	4 200万头	4 500万头	4 800万头
	收储调控应急保供能力	三级粮食应急储备保障中心	80个	≥80个	≥80个
		国有粮食企业完好仓容	300亿斤	≥300亿斤	≥300亿斤
		应急供应网点数量	2 070个	≥2 300个	≥2 500个
		国家城乡交通运输一体化示范县	10个	≥10个	≥10个
		高速公路里程	8 000公里	≥8 000公里	≥8 000公里
	节粮减损能力	粮食减损量	100亿斤	120亿斤	150亿斤
		粮食产地机械烘干率	68%	75%	85%
		农产品加工转化率	80%	85%	90%

1. 综合生产能力进一步提升

贯彻落实“藏粮于地、藏粮于技”战略举措，进一步提高粮食和重要农产品稳产保供能力。到2025年，累计建成4 689万亩高标准农田，农作物自主创新品种覆盖率和农作物良种覆盖率在2020年基础上提高5%以上，农作物耕种收综合机械化水平达到75%以上，农业科技进步贡献率达到64%，农田灌溉用水有效利用系数达到0.58，主要农作物化肥利用率达到44%，主要农作物农药利用率达到42%。到2030年，累计建成5 309万亩高标准农田，农作物自主创新品种覆盖率和农作物良种覆盖率进一步提高，农作物耕种收综合机械化水平达到80%以上，农业科技进步贡献率达到68%，农田灌溉用水有效利用系数达到0.62，主要农作物化肥利用率达到48%，主要农作物农药利用率达到45%。到2035年，将5 950万亩永久基本农田全部建成高标准农田，基本实现农作物良种全覆盖，农作物耕种收综合机械化水平达到85%以上，农业科技进步贡献率达到72%，农田灌溉用水有效利用系数达到0.65，主要农作物化肥利用率达到52%，主要农作物农药利用率达到48%。

2. 供给保障能力进一步强化

落实粮食安全“党政同责”要求，贯彻落实稳产保供“八条措施”。到2025年，全省粮食综合生产能力稳定在500亿斤以上，生猪年出栏量稳定在4 200万头左右，淡水产品总量达到504万吨。到2030年，生猪年出栏量稳定在4 500万头左右，淡水产品总量达到514万吨，茶叶、柑橘、蔬菜等特色农产品产量位居全国前列。到2035年，生猪年出栏量稳定在4 800万头左右，淡水产品总量达到524万吨，全省渔业养殖总面积稳定在800万亩左右，茶叶、柑橘、蔬菜等特色农产品产量保持全国前列，油菜籽产量突破260万吨，为提高国家油料自给率作出更大贡献。

3. 收储调控应急保障能力进一步优化

按照健全地方粮食储备体制机制，形成权责清晰、管理科学、运转高效、保障有力的粮食储备体系，建成协同高效的省、市、县三级粮食应急储备保障体系，大力推进绿色仓储、智能仓储改造升级。到 2025 年，三级粮食应急储备保障中心达到 80 个，国有粮食企业完好仓容达到 300 亿斤，建成应急供应网点数量 2 070 个，建成 10 个国家城乡交通运输一体化示范县，高速公路里程达到 8 000 公里。到 2030 年，三级粮食应急储备保障中心达到 80 个以上，国有粮食企业完好仓容达到 300 亿斤以上，建成应急供应网点数量2 300个，建成 10 个以上国家城乡交通运输一体化示范县，高速公路里程达到 8 000 公里以上。到 2035 年，三级粮食应急储备保障中心保持 80 个以上，国有粮食企业完好仓容保持 300 亿斤以上，建成应急供应网点数量 2 500 个，保持 10 个以上国家城乡交通运输一体化示范县，高速公路里程保持 8 000 公里以上。

4. 节粮减损能力进一步提高

按照高标准粮仓建设要求，加快升级改造粮食仓储设施，开发智能高效、环保节能粮食储备装备，提升仓储设施功能；增加全省粮食烘干中心数量，提升粮食烘干能力。到 2025 年，粮食产地机械化烘干率达到 68%，农产品加工转化率达到 80%，粮食减损量达到 100 亿斤。到 2030 年，粮食产地机械化烘干率达到 75%，农产品加工转化率达到 85%，粮食减损量达到 120 亿斤。到 2035 年，粮食产地机械化烘干率达到 85%，农产品加工转化率达到 90%，粮食减损量达到 150 亿斤。

（二）重点任务

1. 夯实粮食和重要农产品生产基础

要持续稳定水稻、小麦等粮食作物的播种面积，稳定茶叶、蔬菜、水果等经济作物种植面积，稳定畜禽类、水产品类的养殖规模和养殖面积，进一步挖掘粮食和重要农产品的扩种潜力、扩养潜力。

2. 加快粮食和重要农产品科技创新

（1）推动种业创新与良繁基地建设

以水稻、小麦、油菜、蔬菜等作物为重点，建设省级以上种业科技创新中心，培育一批具有创新优势的高新技术种业企业和具有全国先进水平的种业创新人才团队，打造种业生产优势区，在江汉平原及鄂中北重点建设一批良种繁育基地和新品种生产示范基地。

(2) 加强农业技术集成创新与推广

一方面，加强关键共性技术创新研究，在节本降耗、节水灌溉、农机装备、绿色投入品、重大生物灾害防治、农业综合种养、废弃物综合利用等方面取得一批重大实用技术成果。另一方面，加强农业生物技术的应用研究与推广，形成一批栽培技术规范、农机农艺融合、科学施肥用药、适期采收加工相配套的全过程、全环节标准化绿色生产技术模式。

(3) 促进农机农艺农信融合发展

深入推进全程全面机械化示范县创建，推进智能感知、智能分析、智能控制技术与装备在大田种植和设施园艺上的集成应用，有针对性地开展农机作业规范、农艺技术标准和机艺融合模式研究推广，形成全程机械化解决方案和技术体系。

3. 优化粮食和重要农产品品种结构

一方面，推进优质稻、小麦、油菜保护区建设，扩大高档优质稻、富硒稻等特色功能稻种植面积。加强早、晚熟优良水果品种选育推广，调整品种结构，缓解集中上市压力。实施茶树良种工程，提高夏秋茶资源利用率。另一方面，进一步发展小龙虾、黄鳝、黄颡鱼、河蟹、鳜鱼等特色品种，科学规划建设生猪、肉牛、山羊、鸡、鸭良种繁育基地，打造种业生产优势区，逐步形成花色品种丰富、上市供应均衡、区域特色鲜明的粮食和重要农产品品种结构。

4. 加强粮食和重要农产品生产社会化服务

一方面，推进农民合作社、家庭农场等新型农业经营主体健康规范有序发展，支持实施农民合作社规范提升行动和家庭农场培育计划。引导农业产业化龙头企业发挥产业组织优势，以“公司＋农民合作社＋家庭农场”“公司＋家庭农场”等形式，组建农业产业化联合体，实行产加销一体化经营。另一方面，优先发展农资供应、土地托管、统防统治、烘干收储、质量检测等农业生产服务，推行托管式、订单式、平台式、站点式等综合性服务模式。发挥专业化服务组织的作用，加快推进面向小农户的产销服务、数字化服务，促进小农户和现代农业发展有机衔接。

5. 完善粮食和重要农产品收储调控体系建设

（1）优化粮食储备布局

结合落实新增储备计划，着力优化地方储备粮布局，重组整合不合格的市（县）储备库，提升粮食储备总仓容、罐容，合理调整承储省级储备粮、储备油，统筹口粮供应和粮油产业发展，支持就地加工转化。

（2）实行承储主体多元化

发展储备经营与支持粮油产业，完善民营粮油加工龙头企业承储。支持粮油加工龙头企业发展，促进储备粮承储主体多元化，鼓励农户适度存储。

（3）促进储备管理现代化

积极推广应用粮库“四合一”新技术，改造“危仓老库”。统一规划、分期分批对市（县）中心粮库和收纳库进行信息化改造升级，制定不同仓容规模的粮库信息化建设标准，加强大型仓容的中心储备库信息化建设。进一步提升地方储备粮企业人员素质、管理水平。

（4）搭建体系化物流网络

鼓励龙头企业、新型经营主体和农户建设通风贮藏库、机械冷库、超低温贮运、气调贮藏库等设施，提高农产品商品化处理和错峰销售能力。鼓励建设农产品产地市场、骨干冷链物流基地、区域物流中心、直销配送中心、电商交易中心，提升农产品产地集散分销能力。创新发展新业态，开发推广“原料基地＋中央厨房＋物流配送”“中央厨房＋餐饮门店”等模式。

6. 推动粮食和重要农产品绿色安全生产

（1）全面推行绿色技术模式

持续推进化肥减量增效、农药减量控害，加大精准施肥施药技术和高效施肥施药机械推广力度，集成应用以物理防治、生物防治、生态调控为主的病虫害绿色防控技术模式。加强重大病虫害监测与信息发布，推进病虫害统防统治。推广高效低毒低残留及生物农药替代高毒高残留农药等新技术和新模式。深入推进绿色种养循环试点工作，推进农业节水增效，发展节水农业，重点推广水肥一体化技术。

（2）强化农业废弃物综合利用

建立农业废弃物肥料化、饲料化、能源化、基料化、原料化“五化”综合利用体系，推进农业废弃物就地就近还田利用。持续推进农药包装废弃物回收利用、资源化和无害化处理，继续开展肥料包装废弃物回收处理试点，建立健全农业废弃物收储运服务体系。

（3）加强安全生产保障体系建设

加强农业生产投入品监管，构建投入品销售监管追溯平台，建立健全农业投入品生产环节与流通环节的质量监测制度和执法抽查制度。加强农产品质量安全检验检测体系建设和管理，进一步完善县、镇、村三级农产品质量安全监管体系。加强农产品质量安全科普宣传工作，为农产品质量安全工作营造良好的社会氛围。

7. 推进粮食和重要农产品防灾减灾工作

（1）完善农业灾害信息共享机制

深入开展农业灾害普查工作，进一步摸清自然灾害风险隐患底数，建立农业灾害风险分析和评估机制，健全农业自然灾害快速响应机制，分作物、分灾种制定完善抗灾救灾技术指导意见。

（2）推进农业灾害综合治理

完善防洪抗旱工程体系和农田水利基础设施，强化防灾减灾与应急管理技术支撑，加强现代生物技术、信息技术在增强抗灾能力等方面的研究与应用。强化农业防灾减灾的组织、物资、技术等保障。加强农业防灾救灾知识的宣传普及，提高群众生产自救能力。健全农作物病虫害防治体系，推动植保公共服务和社会化服务体系建设。

四、湖北省增强粮食和重要农产品稳产保供能力的问题挑战

（一）主要问题

1. 农业生产基础依然薄弱

（1）高标准农田建设资金落实困难

湖北省高标准农田的建设标准为每亩不低于2 000元，加上建设任务量大、资金来源有限，导致县级财政压力较大，资金落实已然成为高标准农田项目建设的一大难题。同时，也存在资金挪用、扣留等现象，甚至还存在贪污腐败问题，影响了高标准农田建设的综合效益。

（2）农田水利基础设施建设有待加强

一方面，湖北省农田水利设施标准偏低，只能解决基本灌溉条件，不能很好地提档升级，虽然多个部门都有涉及农田水利建设的大量资金，但由于投入渠道分散，投入对象、建设标准难以统一协调，运行环节繁多，重复建设和管理主体缺位的情形并存。另一方面，湖北省普遍采取的是硬化渠道的防渗漏技术，而采取喷（滴）灌等高效节水灌溉模式的地方较少，高效节水灌溉技术发展滞后。

（3）部分区域耕地数量下降质量降低

2022年湖北省耕地面积为7 046.97万亩，比2012年减少888.03万亩，降幅达11.19%，人均耕地面积从1.39亩下降到1.24亩，人地关系日益紧张。在耕地数量减少的同时，耕地质量也在下降，长期靠增加化肥投入来提高粮食产量，使土壤受到侵蚀，土壤酸化和盐碱化严重，不但损耗了基础地力，而且在一定程度上影响了农作物的产量和质量（金子薇，2020）。此外，土壤pH和耕作层厚度也有下降趋势，局部土壤中锌、硼等微量元素缺乏，土壤酸化，耕作层变浅，部分区域耕地地力较低（陈萍 等，2019）。

2. 科技创新能力有待加强

（1）创新成果多但转化利用效率低

全省每年产出千余项涉农科技成果，但由于部分农业科技成果熟化度不

够、需求与供给不能有效对接、企业成果承接能力弱、成果转化效益低等多方面原因，导致湖北省农业科技成果真正投入农业生产推广应用的不足50%。

(2) 农业机械化发展不平衡不充分

一方面，丘陵山区农田宜机化改造实施范围尚未全面铺开，部分以丘陵山地为主的县农业机械化水平低于50%。农机“下田难”“维修难”和“停放难”等问题依然严峻。另一方面，湖北省仅有100多家农机生产企业，农机产值不到全国的1/100。农机企业分布散、规模小，创新能力不强，农机装备产业弱小，所生产的农机装备产品无法满足湖北省“七山一水两分田”复杂地形地貌的需要。

3. 农业产业链供应链短板突出

(1) 农业生产要素价格上涨

一方面，化肥、农药等农资价格大幅上涨，导致种植成本刚性上扬，种粮现金收益甚微。据湖北相关部门发布数据显示，2022年湖北早籼稻亩均物资与服务费用601.19元，同比增长23.36%。受国内国际大宗商品价格与石油、电力、煤炭等能源价格全面上涨影响，机械作业费用同比增长0.92%。另一方面，2022年，湖北省土地成本达171.93元/亩，同比增长23.06%。土地流转市场价格随之上涨，导致土地成本逐步提升，进一步收窄农户利益空间。

(2) 农产品产后处理能力较弱

一方面，部分农户储粮设施简陋，缺少科学储粮知识，“地趴粮”问题仍未解决，导致农户储粮损失仍然突出。另一方面，湖北省粮食烘干设备主要集中在江汉平原和鄂北岗地，黄冈、十堰等丘陵山区占比很小，现有粮食烘干设备中高能耗烘干机占比过半，加装智能装置的仍不足30%。

(3) 农产品流通重点设施资源配置不合理

一方面，冷链基础设施分布倒置，城市对冷链物流的建设投入多，冷库与冷链车的数量和容量大；农村对冷链物流的投入较少，冷库与冷链车数量和容量明显不足。另一方面，冷库结构不合理，肉类冷库分布多，蔬菜水果冷库布局少；城市经营式冷库被重视，产地加工冷库被轻视；储藏型冷库建设富裕，批发零售冷库建设滞后。

4. 农业产业化服务支撑不足

（1）新型农业经营主体多而不强

一方面，湖北新型农业经营主体发展的总体质量还不高，功能定位不明确、内部管理不规范、自身实力不强、带动农户不够等问题还比较突出。另一方面，尽管湖北省一直在支持鼓励新型农业经营主体发展，但部分政策未能很好落地。产业用地落实难、发展资金缺口大、保险保障水平低，是新型农业经营主体普遍反映较多的问题。

（2）现代农业经营体系尚需健全

2021年湖北托管服务组织数量仅占全国的2.9%，且主要集中在粮食作物耕种防收环节。部分合作社与社员没有建立真正意义上的合作机制。社会化服务体系不健全，社会化服务组织总数偏少、规模不大、服务领域拓展不够、服务带动能力不强。

5. 农业绿色安全生产水平不够

湖北省畜禽粪污、农作物秸秆、农膜有效利用率偏低的问题尚未得到根本性解决。畜牧业养殖每年产生的畜禽粪污总量在1亿吨左右，由此带来的环境压力与日俱增；畜禽粪污综合利用率（超过77%）与河南省（82%）、江西省（>80%）等相比还存在一定差距。农业污染责任主体不明确，监管机制不健全，污染成本偏低，农业绿色发展压力仍然较大。

（二）压力挑战

1. 劳动力短缺与土地流转困难

一方面，随着城镇化进程推进，大量青壮劳动力进城务工、非农化流失日趋严重，农村剩余劳动力年龄较大，接受和使用新技术、新知识、新信息能力较弱。另一方面，大部分农户群众恋土情结较重，仍存在小农经济意识，顾忌土地流转后劳作和温饱保障、设施投入大、产品难销等一系列问题，加大了土地流转阻力。

2. 优质农产品需求不断增加

人口增长对粮食的刚性需求进一步增加，粮食供求紧平衡状态会越来越紧，结构性矛盾将长期存在。人民群众对美好生活的向往更加强烈，食物消费升级加快，更加重视食物质量、食品安全和营养健康，绿色优质农产品需求不断扩大，多样化、个性化、定制化、便利化消费渐成趋势，对农产品流通发展和食物安全保障水平提出了更高要求。

3. 进口产品竞争日趋激烈

随着消费者的收入水平不断提升，电商贸易的飞速发展也带动了进口农产品的热销，高端化、多样化的消费升级需求也推动了农产品消费结构的改变，进口产品的增加对湖北农产品的消费无疑将带来明显冲击。

4. 农业生态环境约束加剧

近年来，湖北省粮食和重要农产品生产面临的极端天气和耕地资源约束日益趋紧。湖北属于亚热带季风气候，被东、西、北三面山陵包围，天气变化频繁，大部分地区气温持续不断上升，由此导致生态环境改变，对农作物熟制、布局和种植结构都产生了影响，给农业生产造成了巨大影响（郭兴旭，2018）。

5. 自然灾害多发频发

一方面，湖北省地处中国中部，夏季常常遭受洪涝灾害的困扰。洪水带来的暴雨导致河流、湖泊、水库等水体水位快速上升，超出容量范围后发生溢流，导致大面积的农田被淹，土壤质量下降，有的地区甚至因此无法再种植农作物。另一方面，湖北省还面临干旱和台风等自然灾害的威胁，台风则带来强风和暴雨，可能会引发山洪、泥石流等次生灾害，对农村地区的基础设施和农田造成严重破坏，给农田的耕作和农作物的生长带来了极大的不确定性和风险。

五、湖北省增强粮食和重要农产品稳产保供能力的对策措施

（一）对策建议

1. 巩固农业生产基础

（1）加大高标准农田建设资金投入

一方面，设立专项资金并优化政策引导，同时鼓励金融机构提供优惠贷款和金融产品创新，引导社会资本和农业保险参与投资。另一方面，建立多元化资金来源机制，通过 PPP 等模式吸引私人投资，并加强资金使用的监管与评估，确保投入的资金能够有效、高效地用于高标准农田建设。

（2）加强农田水利基础设施建设

一方面，开展田块整治建设，加快耕作田块修筑，形成一批万亩以上的区域化、规模化、集中连片的高标准农田。另一方面，科学规划建设田间灌排工程，加强田间灌排工程与灌区骨干工程的衔接配套，优化机耕路、生产路布局，合理布设弱电设施，加强高标准农田管护利用。

（3）实施耕地保护和地力提升计划

一方面，推进酸化耕地治理，多方面协调提升土壤的“防酸”能力，合理施用肥料，形成石灰质物质＋有机肥＋配方施肥等土壤酸化综合防治技术模式，综合提升耕地土壤酸缓冲容量和土壤长期抗酸化的能力。另一方面，因地制宜进行中低产田改造，培肥补充耕地，采取综合配套施肥技术措施，增加土壤有机质含量，提高补充耕地质量和耕地生产力。

2. 加强农业科技创新

（1）促进农业科技创新成果转化

一方面，支持新品种、新技术和新产品的区域试验、中间试验和生产性试验，为农业生产大面积应用和工业化生产提供技术支撑。另一方面，加强以国家公益性农技推广机构为主导，农业科研院校、龙头企业、农民专业合作社等广泛参与的多元农技推广体系建设。

（2）加快农业机械化发展

一方面，对丘陵山区农田进行宜机化改造，适度平整农田，修建机耕道、作业道等基础设施，推广使用适合丘陵山区作业的农业机械，如小型拖拉机、山地收割机等。另一方面，推动农机生产企业与科研院所、高校等合作，共同开发适合湖北省农业生产特点的先进农机具，加强农机市场的监管和规范，防止低质、劣质农机产品流入市场，保障农民的合法权益。

3. 补齐农业产业链供应链短板

（1）稳定农业生产要素价格

一方面，加强与省内外优质肥料生产厂家对接合作，确保货源充足，不脱销、不断档、不误农时，做好化肥、复合肥、农药等储备，完善氮肥、磷肥、钾肥、复合肥等各种肥料库存。严格农资商品进货、销售等环节质量管理，坚决杜绝假冒伪劣化肥等农资商品经由供销社渠道流入市场。另一方面，稳定农资市场价格，加强与国内大型优质肥生产厂家的产销对接，提前锁定采购价格，保持合理购销差价。

（2）加强农产品产后处理能力建设

一方面，推广科学储粮知识和技术，通过组织专家讲座、发放宣传资料、开展实地指导等方式，普及储粮技术，提高农户的储粮意识，建立农产品储粮技术培训体系，使农户掌握科学的储粮方法。另一方面，加强烘干技术的研发和推广，针对不同作物和区域特点，研发适合本地使用的烘干设备和技术，通过试验示范和现场指导等方式，推广先进的烘干技术和设备。

（3）提升农产品加工业增值增效能力

一方面，提高农产品产地初加工能力，减少产后贮运损失，发展稻米、小麦、油料等粮油精细加工和深度加工能力，推进副产物综合利用。另一方面，引导大型农业企业开发营养均衡、食药同源的加工食品和质优价廉、物美实用的非食用加工产品，发展“中央厨房＋冷链配送＋物流终端”“中央厨房＋快餐门店”“健康数据＋营养配餐＋私人订制”等新型加工业态。

（4）加快物流网络体系化建设

一方面，招引实力雄厚的物流企业进驻，进一步完善功能区分，总结现代数字化物流园建设经验，让“荆楚”优质粮食和重要农产品上行，城市工业品下行。另一方面，加强冷链物流基础设施及标准化建设，以市场为导向，培育龙头企业，加快形成布局合理、功能完备、优质高效的冷链物流服务体系。

(5) 实施“互联网+”农产品出村进城工程

一方面，设立特色农产品销售市场、品牌专营店、电商交易平台及农产品基地，打造全产业链现代农业园区，实现产供销一体化。另一方面，建设商超直采基地与平价农产品销售体系，完善连锁便利店布局，发挥电商平台作用，创新线上营销方式，拓展农产品线上销售渠道。

4. 培育壮大新型农业经营主体

(1) 提高新型农业经营主体发展质量

加强对新型农业经营主体的规范化管理，明确其功能定位，强化内部管理，增强其经济实力和带动农户的能力，鼓励新型农业经营主体之间进行合作与联合，形成更加紧密的产业链和供应链。开展“百家典范千家示范万家规范行动”，有序推进农民合作社质量提升整县推进试点，发展壮大单体农民合作社，提高农民合作社联合社比例和农户入社率。深入实施家庭农场培育计划，推动有长期稳定务农意愿的农户适度扩大经营规模，形成高质量家庭农场。

(2) 健全农业社会化服务体系

发展多元化、多层次、多类型的农业社会化服务，促进服务带动型规模经营快速发展。推广“服务主体+农村集体经济组织+农户”“服务主体+各类新型经营主体+农户”等组织形式，支持服务主体加强与科技深度融合。围绕农业全产业链探索建设多种类型的农业综合服务中心，实现更大范围的服务资源整合利用。

5. 提升农业绿色安全生产水平

(1) 推行农业绿色生产方式

加强绿色生产关键共性技术创新研究，在节本降耗、节水灌溉、绿色投入品、农业综合种养等方面取得一批重大实用技术成果，建设一批省级以上农业科技试验基地。大力推广稳粮增效、水产健康生态养殖、畜禽标准化养殖等高效生态模式。

推行农业灌溉用水总量控制和节水农业，推进化肥、农药使用量零增长行动。

（2）实施绿色防控防治行动

推广有机肥替代化肥、测土配方施肥，强化病虫害统防统治、农药“处方制”和全程绿色防控。重点推广健康栽培、生态控制、生物防治、理化诱控、蜜蜂授粉等化学农药替代和促增产技术。发挥植保科技创新联盟的优势，综合采用农业防治、理化诱控、生物防治、生态调控和科学用药等技术措施，分区域、分作物集成组装绿色防控技术模式。规范饲料和饲料添加剂生产使用，推进兽用抗菌药使用减量化。

（3）加强农业废弃物资源化利用

加快农业绿色种养循环试点增点扩面，整县推进畜禽粪污资源化利用，支持建设区域农业废弃物综合处理中心，持续推进粪肥还田利用。加快普及标准地膜，加强可降解农膜研发，推广废旧农膜机械化捡拾和专业化回收，进一步提高农膜回收率。建立健全回收处理体系，创建一批国家级农业面源污染综合治理示范县。

6. 优化农业人才与土地资源配置

（1）提高农民劳动力素质

一方面，要建立技术服务机构，提供农业技术培训，提高农民的专业技能和农业经营能力，为农民提供技术咨询和指导。另一方面，要提供创业资金支持、税收优惠政策或农业领域相关的专业人才计划等，以吸引优秀人才回到农村从事农业生产工作。

（2）推动土地合理有序流转

进一步完善土地流转政策，加强土地流转的法规宣传，同时建立土地流转服务平台，为农户提供土地流转的信息发布、交易撮合等服务，降低土地流转的阻力和成本。

7. 提升农产品质量和附加值

（1）强化农产品质量监管

建立健全农产品质量安全追溯体系，确保农产品从田间到餐桌的全程可追湖。同时，加强农产品质量安全检测力度，提高检测技术的准确性和可靠性，确保农产品符合质量标准。

（2）完善农产品质量标准体系

建立健全科学合理的农产品质量标准体系，制定更加严格的农产品质量标准，提高农产品的质量门槛。加强农产品质量标准的宣传和普及，提高农民对质量标准的认识和重视程度。

（3）提高农产品附加值

持续鼓励农产品加工企业增强精深加工能力，开发具有高附加值的新产品，满足市场需求，并加强农产品品牌建设，制定明确的品牌定位与规划，通过差异化策略打造独特的品牌形象，提升湖北农产品的知名度和美誉度。

（4）拓展农产品市场

通过品牌营销、渠道拓展等方式，提高本土农产品在国内市场的占有率，同时开拓新的市场领域和销售渠道，加大农产品出口力度，提高农产品的国际竞争力。

8. 构建高效灾害防控体系

（1）加强灾害监测预警体系建设

加强自然灾害实时监测预警，通过利用现代科技手段，如卫星遥感、气象监测、地质灾害监测等进行监测预警。构建完善的信息共享和发布机制，建立多部门协同工作的平台，实现灾害信息的快速共享和传递，提高灾害预警信息发布的准确性、时效性和社会公众覆盖率。

（2）完善应急救援体系

提高应急救援能力，扩充应急救援队伍规模，加强应急救援队伍建设和培训，加强与其他省份、地区以及国际救援组织的协作。建立高效、快速的应急物资调运机制，确保在灾害发生后能够及时调运所需的物资和装备。加强灾后恢复和重建工作，制定科学的灾后恢复方案，采取有效措施促进农业生产的恢复和发展。

（二）保障措施

1. 加强组织领导

贯彻落实国家“保障粮食和重要农产品稳产保供”的重要指示要求，成立由政府主导，农业农村局、林业局等部门协调的农业高质量发展协调机制，重点突出政府在农业产业链长制发展中的领导作用，省、市、县（区）、乡镇四级政府要高度重视“米袋子”“菜篮子”“果盘子”等工程建设，继续大力推行粮食、水果、蔬菜等重要农产品产业链“链长制”，由省领导领衔，院士挂帅，分管领导具体负责，成立专家团队和工作专班来进行强链、补链，领导小组统筹协调“米袋子”“菜篮子”“果盘子”等工程建设工作，部门间密切配合，共同推动解决工作中的各类问题和困难，保障全省粮食和重要农产品生产、供应平稳有序。

2. 开展绩效评价

制定粮食和重要农产品稳产保供发展评价指标体系，进一步完善综合评价方法，科学运用统计数据、长期固定观测试验数据和重要农业资源台账等数据资源，开展粮食和重要农产品稳产保供效果评价。强化效果评价结果应用，探索将粮食产量、耕地保护、节约用水、化肥农药减量、废弃物资源化利用等任务完成情况，纳入领导干部任期实绩考核范畴。

3. 强化政策保障

健全农业可持续发展投入保障体系，在认真落实国家各项惠农支农富农政策的前提下，积极争取各级地方政府研究出台扶持政策，加大对发展现代农业的支持力度，以农业项目为抓手、财政资金为杠杆，全面落实重点工程建设。完善财政激励政策，落实税收优惠政策，推行政府购买服务等，吸引社会资本投向农业领域。完善乡村金融服务体系，健全农业信贷担保体系，推进农业保险提标扩面增品。

4. 增强科技服务

加强农业领域人才队伍建设，强化科技人才支撑，做好人才衔接。深入实施院士专家服务农业产业链发展“515”行动，探索农业技术协同推广“高端服务”机制。深化基层农技推广体系改革，强化农技推广队伍建设。积极开拓人才培养新路径，加强培育种养业领域懂经营、善管理、有技术的复合型专业人才。围绕重点产业组建一批农业科技创新团队，建设一批农业科技示范基地，完善产学研一体化服务体系。

5. 强化项目支撑

对接国家粮食与重要农产品生产基地建设、乡村产业融合升级建设、农业科技创新支撑提升建设、农业绿色发展引领示范建设、农业安全生产保障建设、智慧农业建设等重大工程项目，积极谋划实施种养业提质增效发展建设子项目。扎实做好项目建设管理，强化专款专用，强化项目督查检查，发现问题及时整改，确保项目规范实施、取得实效。

专题报告二

提升种子、饲料供应和农机装备保障水平

实现科技装备强是加快建设农业强国的基础支撑，加快推进农业科技创新和推广应用是湖北建设农业强省的驱动力量。本报告在分析湖北省种子、饲料和农机装备发展现状和问题挑战的基础上，研究提出了提高种子、饲料供应和农机装备保障水平的对策建议。

一、湖北省种子、饲料和农机装备发展现状

（一）湖北省种子行业发展现状

1. 种质资源保护

湖北省生态类型多样、物种资源丰富，是农业种质资源大省，现已建立了中央、地方和社会三方协同的种质资源保护体系，确保种质资源的长期保存和有效利用。2022 年，湖北省共有 5 家单位入选第一批国家农作物种质资源库(圃)，涉及油料、水生蔬菜等多个品种；有 26 个地方畜禽品种和 5 个培育品种入选国家畜禽遗传资源名录；建有 5 个国家级畜禽遗传资源保种场（区、库）和 20 个省级保种场（区、库），畜禽核心种源自给率达 70%以上；建有

70 个渔业种质资源保护区，国家级保护区达 66 个[①]。

2. 优良品种选育

湖北省初步建立了以市场为导向、企业为主体、产学研相结合的商业化育种体系。2018—2022 年，湖北省共引种备案了 4 种作物 687 个品种，引种品种已成为农业生产用种的重要补充。湖北省在非主要农作物品种方面也取得重要进展，已累计登记 18 种 683 个非主要农作物品种（郑洪林 等，2023）。此外，湖北省成功培育了一大批适宜种植结构调整的高档优质稻、夏玉米、油菜、生猪、蛋鸡等优良品种。

3. 良种繁育与推广

湖北省初步建立了涵盖国家级区域性农作物良种繁育基地、畜禽核心育种场、水产原良种场的良种繁育体系。

种植业方面，基本形成了以江汉平原水稻制种，鄂北小麦、油菜制种，鄂西南玉米、马铃薯制种为重点的区域性制种格局，建成了 3 个国家级制种大县和 10 个国家级区域性良种繁育基地，约占全国的 6%，油菜、茶叶、食用菌、柑橘等良繁基地数量居全国第 1[②]。2023 年湖北省启动了首批良种繁育基地认定工作，确定罗田县等 10 个制（繁）种基地县，覆盖水稻、玉米、小麦等 5 类作物[③]。目前，湖北省常年主要农作物种子繁育面积已超过 35 万亩，良种覆盖率已达到 96%。

畜禽业方面，湖北省建有 165 个种猪场、119 个种禽场和 1 个蛋鸡良种扩繁推广基地，同时还拥有 8 个国家级生猪核心育种场和 2 个国家级肉牛核心育种场，位居全国前列。

---

① 湖北省农业农村厅.《省人民政府办公厅关于加强农业种质资源保护与利用的实施意见》政策解读［EB/OL］.［2021-04-30］. https://nyt.hubei.gov.cn/bmdt/yw/ywdt/tzyglc/202112/t20211211_3908815.shtml。

② 农业农村部.农业农村部关于公布国家级制种大县和区域性良种繁育基地认定结果的通知［EB/OL］.［2022-04-07］. http://www.zys.moa.gov.cn/gzdt/202204/t20220407_6395684.htm。

③ 湖北省农业农村厅.首批省级区域性良种繁育基地认定结果公示［EB/OL］.［2023-09-15］. https://nyt.hubei.gov.cn/bmdt/yw/ywtz/szzglj_9002/202309/t20230915_4840641.shtml。

渔业方面，水产原（良）种繁育体系已形成由 12 家国家级原（良）种场、14 家全国现代渔业种业示范场、84 家省级原（良）种场、70 个国家级水产种质资源保护区、全国首个小龙虾良种选育中心和 384 家种苗生产企业组成的种苗繁育体系。2020 年全省水产苗种产量居全国第 2，水产苗种良种覆盖率近 90%（夏艳阳 等，2022）。

4. 种业企业发展

湖北省地处长江中游，九省通衢，向来是我国商贸中心之一，同时也是科教资源大省，区位、市场、政策、科技和人才优势明显。2021 年起湖北省每年安排 5 000 万元专项资金和 5 000 万元贷款贴息资金，扶持种业企业发展壮大和品牌宣传推介。2023 年将种业企业纳入制造业高质量发展专项资金重点支持范围，鼓励种业企业走“专精特新”之路[①]。目前，湖北省拥有省级及以上农作物种子生产经营许可证企业优化整合至 41 家，全国“育繁推一体化”企业 5 家，年销售收入过亿元企业 6 家，“新三板”挂牌种子企业 4 家，获种子进出口资质企业 14 家，年种子出口量位居全国前列[②]。湖北省种子集团有限公司等 12 家企业和专业化平台入选 2022 年国家种业阵型企业（乔金亮，2022），种业企业正在稳步壮大。

5. 发展面临的问题和挑战

（1）生产环节

湖北省制种基地规模呈现萎缩，种子供应不稳定，难以满足省内种子需求。湖北省杂交水稻种子八成来自外省，制种基地从鼎盛时期的 30 多万亩萎缩至 3 万多亩，与粮食大省、种子消费大省、科研大省的地位极不匹配。湖北省自然灾害频发，繁育基地全环节设施不完善，抗击自然灾害的能力不足。

① 湖北省人民政府．湖北省种业领域省级专精特新企业达 18 家［EB/OL］．［2023-08-21］．https：//www.hubei.gov.cn/hbfb/bmdt/202308/t20230821_4804066.shtml。

② 湖北省农业农村厅．湖北省现代种业发展“十四五”规划［EB/OL］．［2021-11-08］．https：//www.hubei.gov.cn/xxgk/ghjh/145gh/145zxgh/202111/t20211108_3851306.shtml。

（2）研发环节

湖北省种子品种研发定位不精准，管理上缺乏行业规范。当前种子同质化现象较为严重，特色品种研发面临困难。究其原因，一是研究力量、科研技术不强，缺乏影响力较大的制种知名专家；二是品种研发协同不够深入，省内种企研发队伍未建立；三是科学评价不健全，品种审定标准、科技创新能力评价和项目绩效评价等有待完善；四是种子市场监管困难，繁种和种子销售门槛较低，执法部门取证、鉴定和打击不到位。

（3）推销环节

湖北省种企对外拓展不够，品牌不响，与下游产业链衔接不紧密，发展后劲不足。湖北省种企多为中小规模企业，在科技研发、生产能力、市场拓展方面投入有限，难以形成规模效应和竞争优势，企业知名度不高、品牌影响力有限、囿于本地发展等问题突出。同时，大多数种企为家族式企业，缺少长期规划和品牌战略，在企业生产、经营管理方面人才储备不足。

（二）湖北省饲料行业发展现状

1. 饲料产量与质量

湖北省是农业大省、畜牧大省，饲料需求量大，饲料的供应质量和稳定性至关重要。如图 1 所示，除 2019—2020 年受疫情影响产量下降外，2012—2020 年全省饲料产量稳步增加，2022 年达到 1 408 万吨，约占全国饲料产量的 4.36%；长期来看，湖北饲料产量发展趋势与全国大体一致。在饲料质量方面，饲料原料主要来源于水稻、小麦和玉米等主要农作物副产品，为满足养殖业对高质量饲料的需求，还加强了对蛋白质饲料原料（如豆粕、鱼粉、虾粉等）的生产和供应。

2. 饲料产业结构

湖北省饲料产业中存在较高比例的低附加值产品，近年来依托省内科技、人才和资源优势，大力发展微生物、维生素、矿物元素等 10 多类高附加值、高效无公害添加剂，奠定了生物饲料产业发展基础。同时，充分发挥油菜、棉

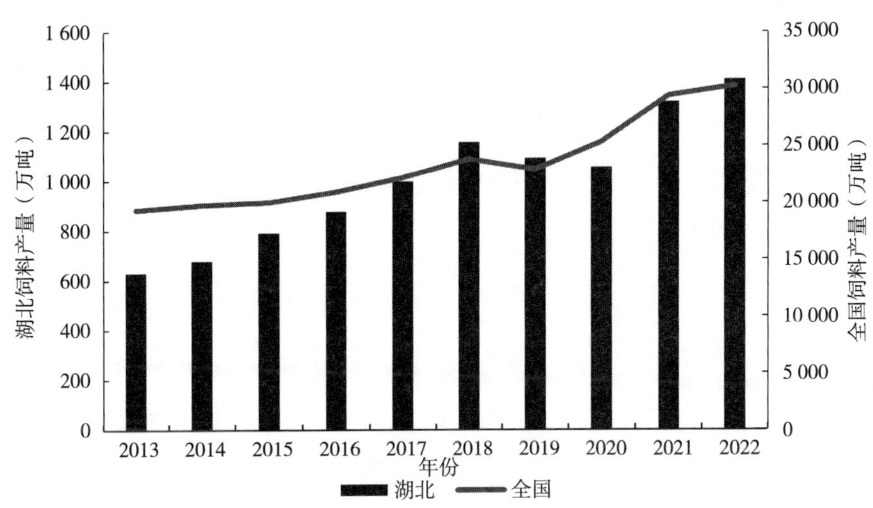

图 1　2013—2022 年湖北和全国饲料产量

数据来源：2013—2022 年《全国饲料工业发展概况》

花主产区资源优势，发展以菜粕、棉粕为主的蛋白原料；开发利用动物加工副产品饲料资源，形成了包括饲料加工、原料、添加剂及饲料机械在内的产业结构。为了适应市场需求，众多企业逐步从注重生产数量向“质量+个性化”需求转变，种类和品牌的多样化满足了不同养殖户的饲料需求。

3. 饲料企业发展

近十年，一批大型饲料企业在湖北省布局设厂，不仅迅速扩大了产能，还增加了规模企业的数量。2021 年，湖北省饲料行业企业达 947 家，形成了以大中企业为主、特色企业为辅的产业格局。其中，大企业积极进行产业化经营，走“苗种—饲料—养殖—畜禽水产品屠宰深加工”的道路，提高经营效益；中小饲料企业多以参股养殖企业、成立合作社、“公司+农户”等形式向下游延伸产业链。然而，受饲料产能快速增长、养殖增长回落等影响，市场竞争越来越激烈，饲料企业普遍采取让利促销手段，使得饲料加工利润越来越低。

4. 发展面临的问题和挑战

（1）饲料原料供应不足

一方面，国内外市场形势变化。受国际市场变化影响，饲料原料进口受到限制，价格波动大；国内市场上，由于粮食供需紧平衡，玉米等饲料原料价格持续上涨，饲料成本走高。另一方面，饲料原料结构不合理。我国饲料原料中，能量供给有余，蛋白含量偏低，进口依赖度高。湖北省作为内陆省份，对外部市场的高度依赖导致饲料原料的调运成本较高。

（2）饲料质量安全问题频发

一是生产企业管理不规范。2020 年农业农村部共抽查湖北省 17 家饲料生产企业，不合格率为 64.7%，远高于全国平均水平①。二是原料质量不可靠。2015—2019 年，湖北省饲料产品质量合格率起伏变化，饲料原料查验检验制度不到位。三是监管不力。湖北省不合格样品较多②，主要来源于本省生产的饲料和饲料添加剂，饲料经营门店的质量管理不强。此外，养殖场自配饲料的质量也存在隐患，譬如，使用不合格的原料和添加剂以及添加违禁物质等。

（3）饲料行业技术创新能力偏弱

一是科技创新投入不足。2015—2019 年，湖北省饲料行业研发经费投入占销售收入的 0.3%～0.4%，低于全国平均水平，研发人员和设施设备也不充足③。二是科技创新能力不强。湖北省饲料行业的技术创新主要集中在饲料配方、工艺和设备的改进，缺乏原创性技术创新。三是科技创新体系不完善。协作机制和联合创新平台不健全，资源整合和共享不够有效，科技创新效率不明显。

（三）湖北省农机装备行业发展现状

1. 农机装备

湖北省农机产品涵盖 22 个大类、40 个小类、82 个品目，覆盖耕地、播

① 湖北省农业农村厅．“十四五”湖北畜牧业和兽医事业发展规划［EB/OL］．［2021-11-08］．https：//zycpzs. mofcom. gov. cn/html/quweicunzhen/2021/1/1611217175809. html。

② 农业农村部．农业农村部办公厅关于印发《2021 年饲料质量安全监管工作方案》的通知［EB/OL］．［2021-10-20］．https：//www. moa. gov. cn/nybgb/2021/202103/202110/t20211020＿6379809. htm? eqid＝ee0f0fe。

③ 湖北省农业农村厅．湖北省“十三五”饲料工业发展规划［EB/OL］．［2021-10-20］．http：//nyt. hubei. gov. cn/bmdt/ztzl/wqzt/sswgh/201910/t20191029＿105844. shtml。

种、植保、收割、加工等环节。2012—2021 年，除 2016 年略有下降外，湖北省农机总动力稳步提升，与全国水平保持一致（图 2）。2021 年湖北省农机总动力达到 4 731.46 万千瓦，在全国处于中等水平（图 3），农业机械化总动力相对于山东、河南等省份而言较为欠缺。

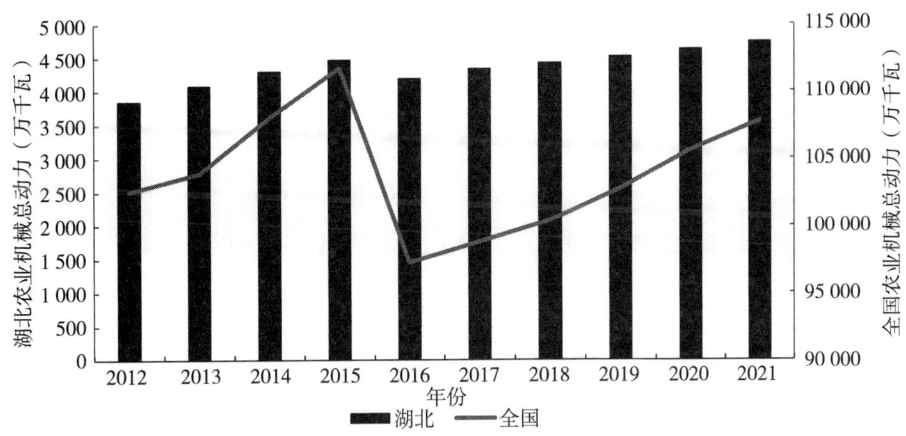

图 2　2012—2021 年湖北省和全国农业机械总动力
数据来源：2013—2022 年《中国农村统计年鉴》

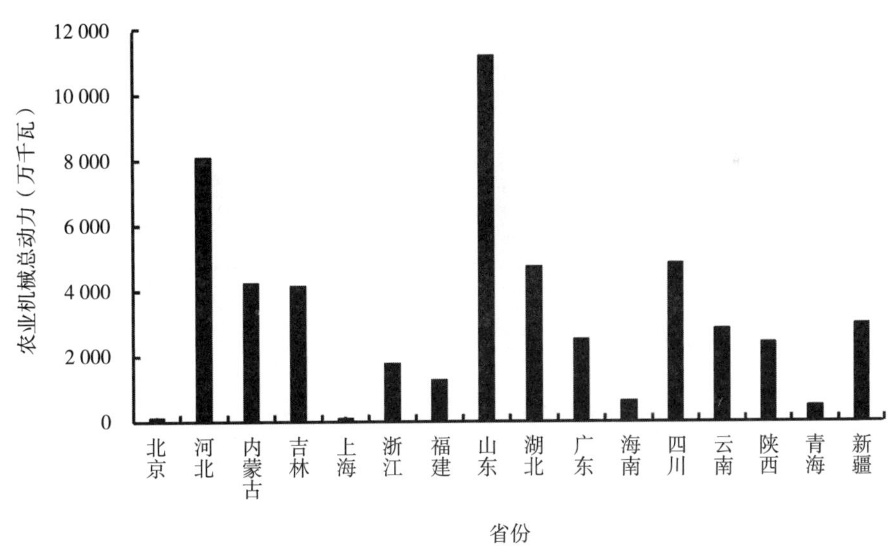

图 3　2021 年全国部分地区农业机械总动力
数据来源：2022 年《中国农村统计年鉴》

2021 年湖北省各类农业机械保有量约 1 300 余万台（套）。如图 4 和图 5 所示，谷物联合收割机、大中型拖拉机、农产品初加工作业机械、畜牧养殖机械和水产机械分别达 11.3 万、18.9 万、98 万、53.08 万和 47.48 万台

（套）。2012—2021年，除耕整机和畜牧养殖机械略有下降外，湖北省各类农机保有量基本呈稳步上升态势（刘胜，2023）。

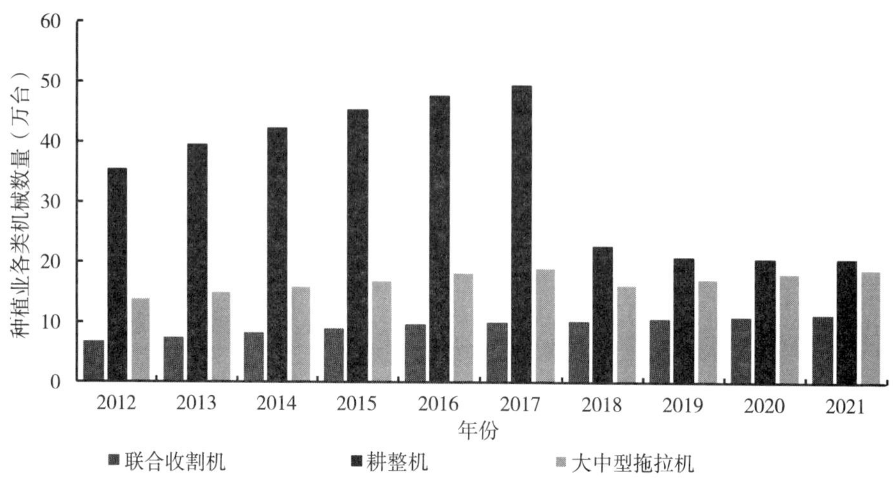

图4　2012—2021年湖北省种植业各类机械情况

数据来源：2013—2022年《湖北统计年鉴》

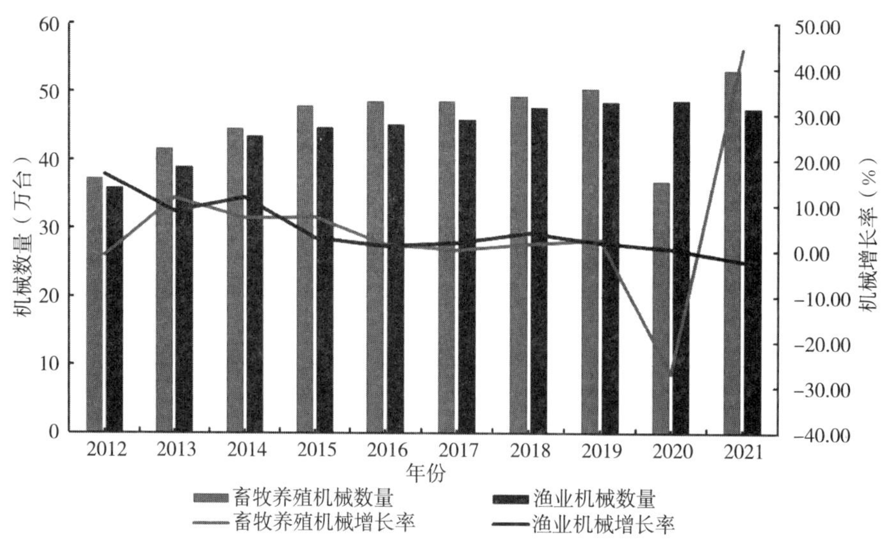

图5　2012—2021年湖北省畜牧养殖机械和渔业机械情况

数据来源：2013—2022年《中国农业机械工业年鉴》

2. 农机装备研发

湖北省积极推进农机装备产业转型，形成了以企业为主体、市场为导向的农机装备创新体系。依托华中农业大学建立了农业农村部长江中下游农业装备重点实验室、农业农村部油菜全程机械化科研基地和柑橘全程机械化科研基地。联合高校、科研院所和制造企业承担了多项农业机械化科研课题和技术推广项目，推动农机科技自主创新。目前，湖北省积极推广北斗终端等信息化技术应用于种植业生产全环节，累计推广安装北斗终端 44 769 台（套），累计监测作业 11 525.56 多万亩。

3. 农机作业

截至 2023 年，湖北省已建成 39 个国家级主要农作物生产全程机械化示范县，为湖北省打造农业强省奠定了坚实基础。2018—2022 年湖北省农业机械化率呈逐年增长趋势，从 69.28%增长到 73.50%，与全国农业机械化率变动趋势基本一致，但持续高于全国平均水平（图 6）。

具体来看，2020 年湖北省农作物耕种收综合机械化率达 71.3%，较“十二五”末增加了 5.5 个百分点。其中水稻、油菜分别为 86%、69%①，2022 年再提高 2.2 个百分点，高于 73%的全国平均水平（高敬 等，2023），主要粮食作物机械化率超过 84%。畜牧养殖、水产养殖、农产品初加工等机械化率分别为 28%、31%、50%。随着农业机械化的推广，2012—2021 年湖北省机播、机耕、机收面积均逐年递增，平均增长率分别为 5.9%、2.46%和 5.13%。其中，机耕环节面积最大，播种和收割环节提升速度较快（图 7）。

4. 农机社会化服务

湖北省推动农机服务体制机制创新，统筹整合资金，扶持新型农机经营主体。“十三五”期间累计投入 3 800 多万元，共扶持 265 个农机专业合作社，帮助其完善基础设施、扩大服务规模和提升服务能力②。2020 年湖北省农机服务组织达 8 079 个，从业人员达 14 万人，农机作业服务收入达 257 亿元③。

① 湖北省农业农村厅．湖北省农业机械化发展“十四五”规划［EB/OL］．［2021-11-08］．http://nyt.hubei.gov.cn/zfxxgk/fdzdgknr_GK2020/ghxx_GK2020/fzgh_GK2020/202111/t20211108_3851337.shtml。

② 湖北农业信息网．铁牛声声奔小康——湖北省“十三五”农机化事业发展回眸［EB/OL］．［2020-12-16］．https://www.moa.gov.cn/xw/qg/202012/t20201216_6358214.html。

③ 湖北省农业农村厅．湖北省农业机械化发展“十四五”规划［EB/OL］．［2021-11-08］．http://nyt.hubei.gov.cn/zfxxgk/fdzdgknr_GK2020/ghxx_GK2020/fzgh_GK2020/202111/t20211108_3851337.shtm。

2023 年湖北省正式注册的农机合作社达 3 084 家，每个乡镇平均拥有2～3 个农机合作社，拥有 16.8 万台新型高效农业机械（崔逾瑜，2023），“全程机械化+综合农事”服务中心的建设，推进了农机社会化服务发展。

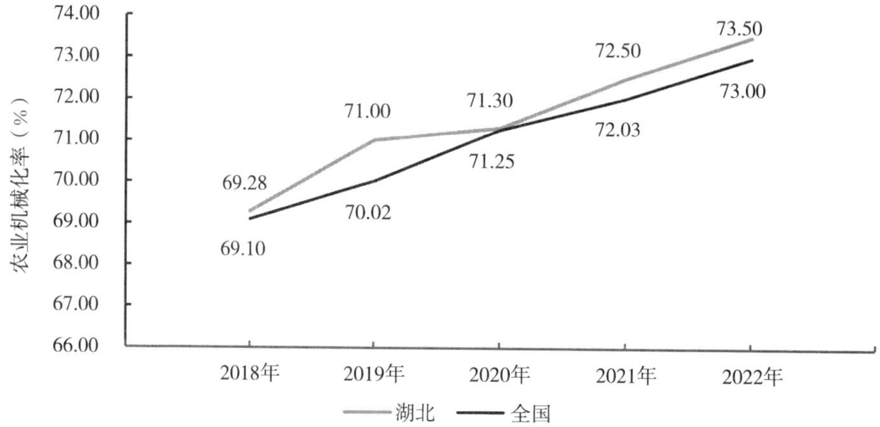

图 6　2018—2022 年湖北和全国农业机械化率变动情况

数据来源：2018—2022 年《全国农业机械化发展统计公报》

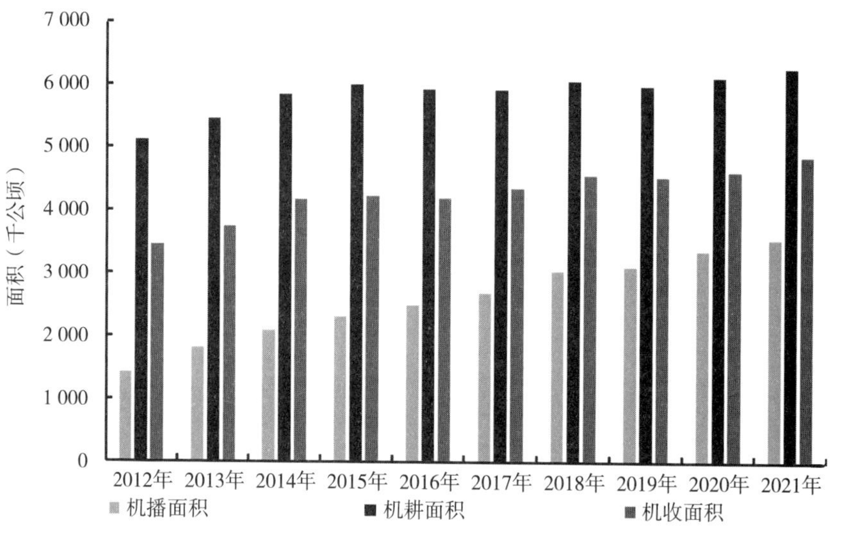

图 7　2012—2021 年湖北省农作物机播、机耕、机收面积

数据来源：2013—2022 年《湖北统计年鉴》

5. 农机企业发展

湖北省已建成 4 个农机装备产业园，为企业提供平台支持，促进了农机产业的集聚和协同发展。湖北省共有 143 家农机装备制造企业，其中 42 家为规

模企业，5 家企业年产值超过亿元。近年来，湖北农机企业的创新能力和知识产权基本保持稳定增长。2022 年，湖北省农机装备制造企业的科研总投入达到 4.36 亿元，比上年增长 8.74%。同时，政府研发资金的扶持，提升了产品技术含量和竞争力。企业与高校、科研机构的产学研合作关系也得到了加强，在发明和应用新型专利方面取得了一定的成果。

6. 发展面临的问题和挑战

（1）服务机构、人员配置不合理

一是农机服务机构不科学不全面，基层管理服务难以得到保障，农机科研和教育培训机构较为缺乏。二是农机服务人员数量不足，服务质量参差不齐。在农业机械化的培训群体中，操作人员最多，技术人员次之，管理人员较少。此外，农机维修工的数量也与农机拥有量不匹配。

（2）服务结构、区域发展不均衡

湖北省地形复杂多样，催生了多元化的农机服务需求，导致各地农机服务发展方向和水平不协调。虽然湖北省农机设备数量持续增长，但仍呈现以小型、低端以及燃油机械为主，大中型以及高效设备不足；主要集中于粮食作物，经济作物和畜禽养殖设备较少。另外，偏远贫困山地丘陵地区存在农机设备数量缺乏、管理服务范围较窄、农机管理水平以及服务水平不高的问题。

（3）服务体系不健全不完善

湖北省农机服务市场体系发展较为迟缓，无法满足农机服务的社会化需求。首先，专业化使用和社会化服务的农机市场运营模式尚未完全形成，管理服务平台和中介机构亟待完善。其次，农机管理服务偏重于管理和安全监控，缺乏教育培训、科研开发、实验评定和技术推广等多元服务，安全管理尚未做到从源头到终点的全链条监管。最后，机械化推广依旧以科研机构为主导，组织、企业和农户各方协同合作尚未形成体系，农机农艺融合程度有待提高。

二、湖北省种子、饲料供应与使用问题分析

（一）湖北省种子供应现状分析

湖北省作为农业种质资源大省之一，初步建立了以市场为导向、企业为主体、产学研相结合的商业化育种体系，在育种与种子供应方面取得了显著成效（付玲 等，2020）。然而，从微观农户视角来看，农户的新品种采纳率仍有待提升。由调研数据可知，水稻种植户主要通过在农资店购买水稻种子。尽管市场新品种供应率达到65%，但农户对新品种的采纳率仅为40.3%，主要原因是政府推广新品种的措施不够。家庭农场对新品种的采纳率最高（13.9%），而合作社、企业和社会化服务组织的新品种采纳率均不到5%。油菜种植户更倾向于使用本地品种，这也得益于本地油菜籽榨油高品质特点。在受访的油菜种植户中，对新品种的采纳率仅为33.6%。家庭农场对新品种的采纳率为10.8%，合作社和社会化服务组织为8.1%，而企业不到5%。总体来看，种植业农户对新品种的采纳率不高。

（二）湖北省饲料供应现状分析

湖北省是我国重要的养殖大省，每年需要消耗大量的饲料原料和饲料产品（朱润 等，2021）。湖北省的饲料企业主要聚集在荆州、黄冈、武汉、襄阳、荆门、孝感、宜昌等地，这些地区的饲料生产主要供应周边的养殖场，形成了饲料企业与养殖企业的“厂场对接”模式（文静静 等，2020）。然而，目前的供应量并不足以满足全省需求。以生猪和小龙虾为例，养殖户的饲料来源多样，主要包括自配饲料、畜牧站、养殖企业、饲料厂和合作社等。由调研数据可知，生猪养殖户主要选择自配饲料或从饲料厂获取饲料，分别占比20.3%和28.8%；其余来源（畜牧站、养殖企业和合作社）占比很小，均不足5%。小龙虾养殖户中，43%从饲料厂购买饲料，其他来源包括自配饲料、畜牧场、养殖企业和合作社等，分别占比为9.2%、12%、6.4%和2.7%。饲料业和养

殖业相互交织，紧密融合，区域内的饲料供应和销售紧密衔接。大型饲料企业的产能发展带来的释放性增长，商品饲料的替代性增长填补了自配饲料市场的萎缩。同时，高质量饲料生产工艺的改进、新产品开发也推动了商品饲料市场的蓬勃发展。当前，湖北省生猪养殖存在两种模式。一种是“公司＋农户”的育肥猪养殖模式，即由双胞胎、正大等企业供种，农户负责栏舍提供、生产管理。该模式下生猪品种并非完全属于湖北特色生猪品种。另一种是农户散养，养殖规模通常较小，养殖风险高、收益差。从调查数据来看，特色猪种的养殖占比为38.9％。其中，家庭农场、合作社、企业和社会化服务组织分别占比8.6％、13％、4.3％和8.6％，家庭农场、合作社及社会化服务组织是特色猪种养殖的主力军。小龙虾新品种的采纳率仅为20.3％。在经营主体方面，家庭农场是经营小龙虾养殖的主要类型，其采纳率达到40.9％。而合作社、企业和社会化服务组织的小龙虾新品种采纳率分别为4.5％、9.0％和13.6％。小龙虾养殖业中新品种采纳率较低，特别是合作社和企业的新品种小龙虾采纳率明显不足，这可能会导致其产品在市场竞争中处于弱势地位。

（三）农户种子、饲料采纳行为分析

1. 数据来源

（1）调研对象与内容

2023年7—8月，课题组对湖北省武汉、襄阳、宜昌、荆州、孝感多地开展实地调研，主要包括种植业和养殖业种子和饲料的使用情况。样本选取严格按照分层逐级抽样和随机抽样相结合的方式进行，共选取12个县（市）40个乡（镇）53个村645份调查问卷，其中水稻种植户588份、油菜种植户110份、生猪养殖户59份、小龙虾养殖户108份。调研问卷主要内容包括农户的农业生产条件、种子使用现状、环境感知、政策认知等。

（2）样本农户基本特征

在种植业方面，39.97％的水稻种植户采用新品种，33.64％的油菜种植户采用新品种。在养殖业方面，38.33％的生猪养殖户采用生猪新品种，87.96％的小龙虾养殖户采用小龙虾新品种。在饲料使用方面，样本农户中86.44％的生猪养殖户与96.30%的小龙虾养殖户选择购买饲料进行养殖，但仍有少部分农户选择自配饲料，生猪与小龙虾养殖饲料产品发展潜力较大。

2. 模型构建与变量设定

（1）模型构建

在种子采纳行为方面，本研究拟选择农户新品种采纳行为以及采纳程度为因变量，农户个体特征、农户家庭特征、农业生产经营特征为自变量。参考姚佳妤等（2023）的研究，分别构建农户的新品种采纳行为决策模型和新品种采纳程度模型，并通过二元 Logit 回归和 OLS 回归估计分析。

（2）变量设定

被解释变量：二元 Logit 回归估计的因变量为“是否采纳新品种”，若选“是”则赋值为 1，反之赋值为 0。OLS 回归估计的因变量为“采纳新品种的程度”，以新品种采纳规模测度。

解释变量：本研究基于农户行为认知理论和已有研究（潘勇辉，张宁宁，2011），从户主个人特征、家庭经营特征、农业生产经营特征三个方面选取指标，作为影响农户种子和饲料采纳行为的待检验因素。

3. 农户新品种采纳行为的影响因素分析

（1）农户新品种采纳行为的影响因素分析

本报告通过二元 Logit 回归和 OLS 回归来探究农户新品种采纳行为的影响因素。实证结果见表 1 和表 2。在水稻种植户中，受教育年限、家庭总收入、农机购置补贴、技术指导、种子满意度对农户新品种采纳行为呈现显著正相关，而互联网使用对其新品种采纳行为存在负向影响。受教育年限、家庭总收入、生产组织形式、农机购置补贴、技术指导对其新品种采纳程度存在显著正向影响，互联网使用、环境认知存在显著负向影响。在油菜种植户中，受教育年限、家庭总收入、家庭劳动力、种子满意度对农户新品种采纳行为呈现显著正相关，而年龄、政策认知对其新品种采纳行为存在负向影响。新品种的使用能够改善作物品质，但农户对于新技术的采纳呈现风险规避的特征，因此农户的受教育年限越高、家庭总收入越高，其抵抗风险的能力越强（蔡书凯，李靖，2011)，则采纳新品种的可能性越高。

表 1　农户种植业品种采纳行为的实证结果分析

变量	水稻新品种采纳				油菜新品种采纳			
	水稻新品种采纳行为		水稻新品种采纳程度		油菜新品种采纳行为		油菜新品种采纳程度	
	系数	标准误	系数	标准误	系数	标准误	系数	标准误
年龄	0.149	0.122	−0.286	0.332	−0.485*	0.285	−4.463	3.423
受教育年限	0.021***	0.006	0.035**	0.017	0.031**	0.015	0.423	0.313
互联网使用	−0.056***	0.016	−0.104***	0.040	−0.028	0.045	−0.318	0.506
家庭总收入	0.078***	0.018	0.269***	0.055	0.096**	0.045	1.039	1.011
农业劳动力	0.017	0.024	−0.003	0.060	0.108*	0.058	1.593**	0.691
生产组织形式	0.045	0.088	0.669**	0.335	0.180	0.133	4.877	3.544
技术培训	0.055	0.042	0.099	0.122	0.020	0.092	1.265	1.740
市场距离	0.001	0.001	0.003	0.003	−0.000	0.003	0.038	0.032
环境认知	−0.029	0.022	−0.130**	0.057	0.010	0.036	0.301	0.402
政策认知	−0.047	0.048	0.070	0.146	−0.240**	0.093	−2.532*	1.413
农机购置补贴	0.128**	0.063	0.717***	0.228	0.267	0.184	3.199	4.016
技术指导	0.072***	0.017	0.182***	0.050	−0.022	0.037	0.251	0.486
种子满意度	0.037**	0.016	−0.052	0.045	0.107***	0.041	1.235**	0.582
常数项	—	—	1.368	1.413	—	—	18.394	15.157
观测值	588		588		110		110	
R^2	—		0.181 9		—		0.188 5	
Pseudo R^2	0.101 9		—		0.217 7		—	
对数似然值	−356.055		—		−54.956		—	

数据来源：2023 年课题组调研数据。

注：*、**、***分别表示系数通过 10%、5%、1%显著性水平检验。下同。

在生猪养殖户中，农业劳动力对农户新品种采纳行为呈现显著正相关，而农业保险对其生猪新品种采纳行为存在显著负向影响。互联网使用、家庭总收入对其生猪新品种采纳程度存在显著正向影响。在小龙虾养殖户中，农业劳动力对农户小龙虾新品种采纳行为呈现显著正向影响。家庭总收入对其小龙虾新品种采纳程度存在显著正向影响，而年龄对其新品种采纳行为存在负向影响。生猪新品种与小龙虾新品种的采纳能够促进自繁自养，有利于均衡生产，提高养殖收益，但需要较高的劳动力投入与生产成本。因此，农户的家庭劳动力越多、家庭总收入越高，则生猪新品种与小龙虾新品种的采纳行为越会受到促进，采纳程度亦更高。

表 2　农户养殖业新品种采纳行为的实证结果分析

变量	生猪养殖户生猪新品种采纳				小龙虾养殖户小龙虾新品种采纳			
	生猪新品种采纳行为		生猪新品种采纳程度		小龙虾新品种采纳行为		小龙虾新品种采纳程度	
	系数	标准误	系数	标准误	系数	标准误	系数	标准误
年龄	−0.399	0.399	−2.173	1.383	−0.034	0.236	−2.316***	0.549
受教育年限	−0.005	0.021	−0.107	0.085	0.003	0.015	−0.035	0.030
互联网使用	0.043	0.027	0.350***	0.113	0.015	0.028	0.041	0.060
家庭总收入	−0.008	0.058	0.817***	0.259	−0.008	0.025	0.370***	0.084
农业劳动力	0.213***	0.052	0.260	0.302	0.169**	0.067	0.119	0.106
农业保险	−0.269*	0.144	0.382	0.722	0.083	0.075	0.098	0.180
地形	−0.136*	0.074	−0.178	0.340	−0.141	0.129	0.028	0.267
技术培训	0.025	0.121	−0.100	0.529	0.028	0.080	0.044	0.191
常数项	—	—	9.495	5.868	—	—	11.381***	2.577
观测值	59		59		108		108	
R^2	—		0.432 5		—		0.389 7	
Pseudo R^2	0.237 6		—		0.309 4		—	
对数似然值	−30.078		—		−46.868		—	

数据来源：2023 年课题组调研数据。

（2）不同规模视角下农户新品种采纳行为结果分析

进一步讨论不同规模视角下农户新品种采纳行为。本报告借鉴黄炎忠等（2020）的做法，以种植规模为划分标准，分别对种植规模 0～30 亩和 30 亩及以上的水稻种植户和油菜种植户进行估计，将种植规模不足 30 亩的农户定义为小农户，超过 30 亩的农户为规模户。由表 3 估计结果可知，在水稻种植户中，受教育年限、技术指导显著正向影响小农户的新品种采纳行为，而对规模户无显著影响。可能的原因是小农户对于新品种的认知程度不足，技术指导与受教育年限能够提高其对新品种的认知，显著提升其新品种采纳行为。技术培训对规模户的新品种采纳行为存在显著影响。这可能是由于农业生产技术培训对于规模户的生产技术提升有较大的促进作用，从而进一步推动其采纳新品种进行水稻生产。在油菜种植户中，农业劳动力投入对小农户的新品种采纳行为存在促进作用，对规模户则存在负向影响。其原因可能是油菜规模户多采用农业机械化生产，能够节约家庭劳动投入。因此，随着规模的扩大，农业劳动力对油菜新品种采纳行为的影响先正后负。

表3　不同种植规模下种植业新品种采纳行为

变量	水稻新品种采纳行为				油菜新品种采纳行为			
	小农户		规模户		小农户		规模户	
	系数	标准误	系数	标准误	系数	标准误	系数	标准误
年龄	0.241*	0.140	−0.099	0.253	−0.288	0.336	−1.101	0.904
受教育年限	0.025***	0.007	0.013	0.013	−0.023	0.017	−0.064*	0.035
互联网使用	−0.059***	0.023	−0.067***	0.025	−0.033	0.060	−0.070	0.088
家庭总收入	0.064***	0.022	0.084***	0.028	−0.118**	0.059	−0.178*	0.101
农业劳动力	0.041*	0.024	−0.139*	0.077	−0.042	0.054	−2.308*	1.236
生产组织形式	0.047	0.252	0.015	0.109	0.101	0.150	0.309	0.265
技术培训	0.014	0.050	0.173**	0.081	0.016	0.109	0.291	0.336
市场距离	0.001	0.001	0.002	0.002	0.038	0.054	0.168**	0.080
环境认知	−0.011	0.025	−0.047	0.043	0.004	0.041	0.117	0.090
政策认知	−0.076	0.059	−0.029	0.089	−0.265**	0.111	−2.119*	1.138
农机购置补贴	0.038	0.088	0.176*	0.098	—	—	1.663**	0.650
技术指导	0.085***	0.020	0.044	0.034	−0.046	0.043	—	—
种子满意度	−0.035*	0.020	−0.049**	0.022	0.072*	0.040	0.288***	0.057
观测值	429		159		84		26	
Pseudo R^2	0.0970		0.1790		0.2165		0.5807	
对数似然值	−255.861		−90.417		−41.329		−7.263	

数据来源：2023年课题组调研数据。

从不同规模视角探究农户的生猪新品种与小龙虾新品种的采纳行为。本报告结合调研地区实际养殖情况，以养殖规模为划分标准，借鉴杨少华和王凯（2022）和王晓等（2020）的研究，分别对小农户与规模户进行估计。由表 4 估计结果可知，家庭总收入、技术培训对生猪养殖规模户的生猪新品种采纳行为存在显著正向影响。可能的解释是，农业生产技术培训对于规模户的养殖技术提升有较大的促进作用，从而进一步推动其采纳生猪新品种进行生猪养殖。而年龄对于规模户的生猪新品种采纳行为存在显著负向影响。可能是由于对于规模户而言，年长农户更倾向于维持已有的农业生产方式而规避风险，因此其生猪新品种采纳行为随年龄增加而受到抑制。在小龙虾养殖户中，农业保险的购买对于小龙虾规模养殖户的小龙虾新品种采纳行为存在显著正向影响。这可能是由于大规模养殖户更倾向于采用多样化的养殖模式，而农业保险则降低了其采纳小龙虾新品种的风险，促进了农户对于小龙虾新品种的采纳。

表 4　不同养殖规模下养殖业新品种采纳行为

变量	生猪新品种采纳行为				小龙虾新品种采纳行为			
	小农户		规模户		小农户		规模户	
	系数	标准误	系数	标准误	系数	标准误	系数	标准误
年龄	−0.568	0.512	−19.124**	9.155	−0.169	0.567	0.103	0.325
受教育年限	0.006	0.026	−2.537**	1.195	0.040*	0.023	−0.019	0.016
互联网使用	−0.109**	0.055	2.655**	1.243	−0.008	0.046	0.005	0.043
家庭总收入	0.113	0.106	3.413**	1.587	0.034	0.089	−0.018	0.034
农业劳动力	0.218**	0.109	6.688**	3.179	0.082	0.087	0.217	0.135
农业保险	−0.335*	0.185	−8.138**	3.879	−0.016	0.103	0.178*	0.102
地形	—	—	4.643**	2.217	−0.110	0.134	−0.258	0.179
技术培训	−0.033	0.182	13.399**	6.421	−0.030	0.121	0.083	0.123
观测值	38		21		54		54	
Pseudo R^2	0.186 3		0.660 1		0.163 4		0.249 5	
对数似然值	−18.604		−4.875		−18.952		−23.192	

数据来源：2023 年课题组调研数据。

4. 农户饲料购买行为影响因素分析

采用二元 Logit 回归分析生猪与小龙虾养殖户饲料购买行为的影响因素，

实证结果见表5。在生猪养殖户中，农业劳动力、饲料售后保障对农户饲料购买行为呈现显著正相关，而年龄对其饲料购买行为存在显著负向影响。饲料售后保障完善时，农户则会倾向于购买饲料代替自配料，而年龄较大的农户更倾向于依靠其务农经验与养殖习惯进行自配饲料而非购买。在小龙虾养殖户中，家庭总收入、饲料售后保障对其小龙虾饲料购买存在显著正向影响。配合饲料营养全面，能够提高生产性能，缩短饲养周期。但阻碍饲料推广的重要因素，是其相对于自配饲料而言具有更高的投入成本，且农户对于饲料购买的风险存在规避态度。因此家庭总收入较高、购买饲料具有售后保障会促进农户的饲料购买。

表5　农户养殖业饲料购买行为的实证结果分析

变量	生猪饲料购买行为		小龙虾饲料购买行为	
	系数	标准误	标准误	标准误
年龄	−0.541*	0.317	0.037	0.085
受教育年限	−0.019	0.018	−0.004	0.005
互联网使用	−0.002	0.021	−0.026	0.021
家庭总收入	−0.019	0.044	0.025*	0.015
农业劳动力	0.153*	0.085	0.064	0.048
农业保险	0.119	0.182	−0.011	0.051
市场距离	0.002	0.005	0.002*	0.001
村域经济	0.033	0.044	−0.019*	0.011
基础设施	−0.004	0.031	−0.027	0.019
饲料售后保障	0.021**	0.034	0.002**	0.019
观测值	59		108	
Pseudo R^2	0.193 6		0.361 6	
对数似然值	−18.882		−10.922	

数据来源：2023年课题组调研数据。

（四）小结

湖北省作为粮食生产和畜牧大省，在供给种子和饲料方面发挥着举足轻重的作用。随着生产技术和市场需求的变化，湖北省种子和饲料供应发展呈现以下特点。在种子供应方面，产量逐年增长，有效地满足了农民的需求，湖北省的种子品种不断多元化，提高了种子供给的质量和效益；在饲料供应方面，饲料企业集中的区域能够满足周边农户的需求，但对外购保障供应依赖性仍较强。然而，湖北省种子和饲料供应面临着一系列的现实困境。从种子供应方面来看，存在着农户新品种采纳意愿较低、相关农业技术培训不足、农户对新品种推广相关政策认知程度不够、农业保险覆盖率较低与新品种满意度有待提升等现实问题，导致新品种使用的推广受到阻碍，种业与下游产业链衔接不紧密。从饲料供应方面来看，面临着饲料售后保障不足、饲料技术创新力度偏弱等问题，造成了饲料成本高昂，饲料安全隐患大，饲料行业竞争力不强。

本部分从微观农户层面探究养殖业与种植业农户的种子和饲料购买行为，主要分为以下两个方面：一方面，探讨了农户采纳新品种行为及其采纳程度的影响因素，分别探究了种植业（水稻和油菜）以及养殖业（生猪和小龙虾）新品种采纳程度的影响因素以及规模异质性；另一方面，分别探究了农户生猪与小龙虾养殖中饲料购买行为的影响因素。得到如下结论。

第一，农户新品种采纳行为及其采纳程度的影响因素。对于水稻种植户而言，受教育年限、家庭总收入、农机购置补贴、技术指导、种子满意度、互联网使用影响其种子采纳行为。对于油菜种植户而言，年龄、受教育年限、家庭总收入、家庭劳动力、种子满意度、政策认知影响其种子采纳行为。在探讨生猪与小龙虾养殖户新品种采纳行为的影响因素中，主要包括农业劳动力与农业保险。

第二，农户新品种采纳行为存在规模异质性。对于水稻种植户而言，相比规模户，技术指导对小农户的新品种采纳行为存在显著影响。而技术培训对于规模户的新品种采纳行为存在显著影响，对小农户则无显著作用。对于油菜种植户而言，农业劳动力投入对小农户的新品种采纳行为存在促进作用，对规模户则存在负向影响。家庭总收入、技术培训对生猪养殖规模户的新品种采纳行为存在显著正向影响。对于小龙虾养殖户而言，农业保险的购买对于新品种购买行为存在显著正向影响，对小农户的影响不明显。

第三，农户饲料购买行为的影响因素。对于生猪养殖户而言，农业劳动力、饲料售后保障对农户饲料购买行为呈现显著正相关，而年龄对其饲料购买行为存在负向影响。家庭总收入、农业保险、饲料售后保障对其饲料购买量存在显著正向影响。对于小龙虾养殖户而言，家庭总收入、饲料售后保障对其小龙虾饲料购买行为存在显著正向影响。

三、湖北省农机装备保障与使用问题分析

（一）湖北省农机装备使用现状分析

1. 湖北省种植业农机装备使用现状

如表 6 所示，种植业农机装备总体使用水平较高。从机械服务来源来看，种植业农机装备整体服务外包水平远高于自有机械水平。从各环节装备使用情况来看，现阶段耕地、播种、田间管理和收割四个环节中，农户在耕地环节和收割环节具有较高的机械化水平，播种环节和田间管理环节的机械化水平还有待提升（崔宁波 等，2023）。

2. 养殖业农机装备使用现状

如表 6 所示，养殖业农机装备总体使用水平不高，农机装备自有水平远高于租赁水平。从农机装备使用情况和机械化水平来看，在受访生猪养殖户中，由高到低依次为饲喂、通风、清洗粪便、消毒、饮水、无害化处理。在受访小龙虾养殖户中，由高到低依次为小龙虾防逃、增氧机、投喂机、水体监测、尾水处理。小龙虾农机装备水平整体高于生猪农机装备机械化水平，养殖业农机装备租赁市场的发展缓慢。

表 6　种植业与养殖业农机装备使用情况

单位:%

水稻农机装备使用情况				
生产环节	耕地	播种	田间管理	收割
自有机械	10.71	6.29	10.03	5.61
服务外包	62.59	34.18	26.02	70.07
总计	73.30	40.47	36.05	75.68

（续）

油菜农机装备使用情况				
生产环节	耕地	播种	田间管理	收割
自有机械	6.36	2.73	18.18	2.73
服务外包	71.82	46.36	46.36	78.18
总计	78.18	49.09	64.54	80.91

生猪农机装备使用情况						
养殖设备	饲喂	饮水	清洗粪便	消毒	通风	无害化处理
自有	15.25	6.78	11.86	11.86	11.86	8.47
租赁	1.69	1.69	1.69	0.00	1.69	0.00
总计	16.94	8.47	13.55	11.86	13.55	8.47

小龙虾农机装备使用情况					
养殖设备	投喂机	增氧机	小龙虾防逃	尾水处理	水体监测
自有	40.74	51.85	55.56	24.07	24.07
租赁	0.00	0.00	0.00	0.93	8.33
总计	40.74	51.85	55.56	25.00	32.40

数据来源：2023 年课题组调研数据。

3. 不同主体农机装备使用现状

（1）种植业不同主体农机装备使用现状

如表 7 所示，种植业新型经营主体农机装备水平高于普通农户，但二者均以服务外包为主，且普通农户的服务外包水平较新型经营主体略高。说明相较新型经营主体，普通农户自购机械并不划算，还会增加农业生产成本，故更倾向于服务外包的形式。

（2）养殖业不同主体农机装备使用现状

如表 7 所示，养殖业新型经营主体农机装备水平高于普通农户。在受访的生猪和小龙虾养殖户中，新型经营主体农机装备水平高于平均水平，普通农户农机装备水平低于平均水平，均以自有农机装备为主。

表7　种植业与养殖业不同主体农机装备使用情况

单位：%

不同主体水稻农机装备使用情况						
生产环节		耕地	播种	田间管理	收割	
新型经营主体	自有机械	26.47	17.65	19.12	22.06	
	服务外包	57.35	33.82	32.35	66.18	
	总计	83.82	51.47	51.47	88.24	
普通农户	自有机械	8.65	4.81	8.85	3.46	
	服务外包	63.27	34.23	25.19	70.78	
	总计	71.92	39.04	34.04	74.04	
不同主体油菜农机装备使用情况						
生产环节		耕地	播种	田间管理	收割	
新型经营主体	自有机械	22.22	5.56	27.78	11.11	
	服务外包	66.67	38.89	44.44	72.22	
	总计	88.89	44.45	72.22	83.33	
普通农户	自有机械	3.26	2.17	16.30	1.09	
	服务外包	72.83	47.83	46.74	79.35	
	总计	76.09	50.00	63.04	80.44	
不同主体生猪农机装备使用情况						
养殖设备		饲喂	饮水	清洗粪便	消毒	通风	无害化处理
新型经营主体	自有	20.00	20.00	20.00	10.00	20.00	30.00
	租赁	10.00	10.00	10.00	0.00	10.00	0.00
	总计	30.00	30.00	30.00	10.00	30.00	30.00
普通农户	自有	14.29	4.08	10.20	10.20	10.20	4.08
	租赁	0.00	0.00	0.00	0.00	0.00	0.00
	总计	14.29	4.08	10.20	10.20	10.20	4.08
不同主体小龙虾农机装备使用情况						
养殖设备		投喂机	增氧机	小龙虾防逃	尾水处理	水体监测
新型经营主体	自有	67.86	75.00	71.43	46.43	46.43
	租赁	0.00	0.00	0.00	0.00	7.14
	总计	67.86	75.00	71.43	46.43	53.57
普通农户	自有	83.33	43.75	50.00	16.25	16.25
	租赁	0.00	0.00	0.00	1.25	8.75
	总计	31.25	43.75	50.00	17.5	25.00

数据来源：2023年课题组调研数据。

（二）湖北省农机装备使用行为影响因素分析

1. 数据来源

（1）调研对象与内容

2023 年 7—8 月，课题组对湖北省开展实地调研，涵盖鄂州、谷城、洪湖等 12 县（市）。调研问卷主要内容包括农户的农业生产条件、土地基本信息、农机装备使用、环境认知、政策了解情况等。

（2）样本农户的基本特征

在种植业方面，水稻和油菜种植户对联合收割机的采纳率最高，分别占比 73.30%和 80.91%，而水稻种植户对喷灌设备采纳最少，仅为 36.05%，油菜种植户对播种机采纳最少，仅为 49.09%。在养殖业方面，生猪养殖户对饲喂设备的采纳率最高，仅为 16.95%，小龙虾养殖户对尾水处理设备的采纳率最低，仅为 25.00%，农机装备推广普及仍具有较大的提升空间。

2. 变量设定与模型构建

（1）变量设定

被解释变量：农户种植业农机装备使用行为，在水稻和油菜种植方面，根据张安然等（2022）的研究，考虑耕地、播种、田间管理、收割 4 个农业生产环节，分别在每一环节选取比较具有代表性的 1 种农机装备，分别为旋耕机、播种机、喷灌设备、联合收割机；农户养殖业农机装备使用行为，对于生猪养殖户，参照沈明霞等（2022）的做法，选取饲喂设备、饮水设备、清洗粪便设备、消毒设备、通风设备、无害化处理设备 6 种农机装备；对于小龙虾养殖户，选取投喂机、增氧机、小龙虾防逃设备、尾水处理设备、水体监测设备 5 种农机装备。同时，参照杜三峡等（2021）的做法，将农户所使用的种植业和养殖业农机装备数量作为其使用行为的表征指标。

解释变量：借鉴已有研究（唐林 等，2019；谢花林 等，2023），从个体特征、家庭特征、外部环境、认知特征等方面选取影响农户农机装备使用行为的解释变量。

（2）Ordered Probit 模型

本研究拟选择的被解释变量分别为农户种植业使用农机装备的具体数量以及农户养殖业使用农机装备的具体数量，均属于存在递进关系的有序多分类变量。因此，采用 Ordered Probit 模型分析农户种植业和养殖业农机装备使用行为的影响因素。

3. 农户农机装备使用行为影响因素分析

（1）农户种植业农机装备使用行为实证结果分析

本报告通过构建 Ordered Probit 模型来探究种植业农机装备使用行为的影响因素，实证结果见表 8。在种植业中，对于水稻种植户，户主健康程度、地形、市场距离对农户种植业农机装备使用行为存在显著正向作用，可能的解释是，农机装备的操作对农户的体力和精力要求较高，健康程度较差的农户其人力资本较弱（鲍莹莹，2020）。越平坦的地区，农机装备的适用性更强，而且操作更为便捷。距离市场越远的农户难以雇佣工人而选择应用机械装备来提高生产经营的效率。对于油菜种植户，农业劳动力对农户种植业农机装备使用行为存在显著正向作用，可能是因为农业劳动力增加可以缓解劳动力约束（李韬，罗剑朝，2020），从而更好地进行农业生产，进而提高农户使用农机装备的积极性。环境认知正向作用于农户种植业农机装备使用行为，表明农户对农机使用对环境影响的正确认知，会促使他们在生产中更积极地使用农机。可能的原因在于，机械装备的投入能够弥补劳动力的不足，优化家庭资源配置，进而提高生产绩效。

（2）农户养殖业农机装备使用行为实证结果分析

本报告通过构建 Ordered Probit 模型来探究养殖业农机装备使用行为的影响因素，分析结果见表 8。在养殖业中，对于生猪养殖户，年龄和效益认知对农户养殖业农机装备使用行为呈现显著负向作用，原因可能是老龄农户农机操作技能薄弱和身体素质相对低下（储怡菲，吴方卫，2023），其使用农机装备的可能性更低。一般来说，当农机装备购买和维护的成本过高时，农户预期效益降低，会降低使用农机装备的可能性。对于小龙虾养殖户，农业劳动力、技术培训、市场距离对农户农机装备使用行为呈现显著正向作用。原因可能是小龙虾养殖作为劳动密集型产业，劳动投入的增加能够引起农机设备需求，并且接受技术培训能够激发机械装备应用效益认知以及养殖效率认知（毛慧，曹光乔，2020）。同时，距离市场越远的农户更倾向于应用机械装备来缓解信息劣势（蔡荣 等，2018），提高经营稳定性和养殖效率。

表 8　农户种植业与养殖业农机装备使用行为实证结果分析

变量	农户种植业农机装备使用行为			
	水稻农机装备		油菜农机装备	
	系数	标准误	系数	标准误
年龄	−0.007	0.005	0.010	0.016
健康程度	0.257**	0.100	−0.029	0.260
受教育年限	0.010	0.015	0.070	0.044
家庭总收入	−0.000	0.001	0.019	0.014
农业劳动力	0.098	0.060	0.454**	0.207
生产组织形式	0.171	0.220	−0.389	0.402
地形	0.310***	0.078	0.960***	0.199
技术培训	0.121	0.098	0.125	0.260
市场距离	0.014***	0.003	0.015*	0.008
环境认知	−0.003	0.052	0.393***	0.132
政策认知	0.091	0.113	−0.123	0.282
效益认知	−0.212***	0.058	0.162	0.161
地区虚拟变量	已控制		已控制	
观测值	588		110	
Pseudo R^2	0.044		0.208	
对数似然值	−858.197		−118.637	
变量	农户养殖业农机装备使用行为			
	生猪农机装备		小龙虾农机装备	
	系数	标准误	系数	标准误
年龄	−0.045*	0.018	−0.009	0.014
受教育年限	0.024	0.063	−0.059	0.039
家庭总收入	−0.004	0.012	0.009	0.008
农业劳动力	0.230	0.233	0.354*	0.186
技术培训	−0.572	0.459	0.865***	0.251
市场距离	0.014	0.019	0.016**	0.007
政策认知	−0.183	0.380	0.249	0.247
效益认知	−0.536*	0.268	−0.136	0.159
地区虚拟变量	已控制		已控制	

（续）

变量	农户种植业农机装备使用行为			
	水稻农机装备		油菜农机装备	
	系数	标准误	系数	标准误
观测值	59		108	
Pseudo R^2	0.118		0.103	
对数似然值	−42.353		−162.564	

数据来源：2023年课题组调研数据。

（3）不同种植规模下农户农机装备使用行为

随着土地规模化程度的提升，农户可以获得机械采用的规模经济效益，增强农户使用农机装备的可能性（周建华 等，2012）。因此，分别对小农户和规模户进行估计分析。实证结果见表9。对于小农户，地形对水稻和油菜种植户农机装备使用行为存在显著正向作用，这是由于农机装备在平原地区的适用性较高。健康程度对水稻种植户的农机装备使用行为存在显著正向作用，可能是农户在具备较好体力和精力的情况下，使用农机装备的积极性更高（王全忠，周宏，2019）。对于规模户，年龄对水稻种植户农机装备使用行为存在显著负向作用。老龄农户长期以传统方式从事农业生产（魏佳朔，宋洪远，2022），在一定程度上形成路径依赖，往往更信任人力劳动的作业质量。

表9　不同种植规模下农户种植业农机设备使用行为

变量	水稻农机装备 小农户		水稻农机装备 规模户		油菜农机装备 小农户		油菜农机装备 规模户	
	系数	标准误	系数	标准误	系数	标准误	系数	标准误
年龄	0.000	0.006	−0.024**	0.011	0.018	0.018	−0.274	0.169
健康程度	0.283**	0.116	0.289	0.212	0.030	0.030	3.294	2.054
受教育年限	0.011	0.017	0.020	0.031	0.080	0.080	−0.068	0.131
家庭总收入	0.009	0.008	−0.001	0.001	0.027	0.027	−0.120	0.091
农业劳动力	0.068	0.066	0.260*	0.158	0.490**	0.490	0.512	1.080
生产组织形式	1.206	0.748	−0.194	0.249	−0.605	−0.605	0.166	1.053
地形	0.293***	0.088	0.341*	0.181	0.797***	0.797	2.607*	1.571
技术培训	0.178	0.116	−0.041	0.194	0.309	0.309	−0.236	0.812
市场距离	0.017***	0.003	−0.004	0.006	0.015	0.015	0.012	0.033

（续）

变量	水稻农机装备小农户		水稻农机装备规模户		油菜农机装备小农户		油菜农机装备规模户	
	系数	标准误	系数	标准误	系数	标准误	系数	标准误
环境认知	−0.006	0.061	0.050	0.104	0.380**	0.151	−0.187	0.559
政策认知	0.034	0.143	0.038	0.192	−0.131	0.338	−0.246	0.957
效益认知	0.166**	0.071	−0.161	0.115	0.179	0.197	1.526	0.986
地区虚拟变量	已控制		已控制		已控制		已控制	
观测值	429		159		84		26	
Pseudo R^2	0.051		0.046		0.205		0.501	
对数似然值	−620.479		−220.021		−93.471		−14.285	

数据来源：2023年课题组调研数据。

农户的养殖规模直接关系着经济效益，农户行为也会因养殖规模的不同存在差异（刘余 等，2023）。因此，分别对小农户和规模户进行估计，实证结果见表10。对于小农户而言，年龄对生猪养殖户农机装备使用行为存在显著负向作用。而家庭总收入对其存在显著正向作用，可能是家庭总收入较高的农户更愿意使用农机装备提高生猪养殖质量。技术培训对小龙虾养殖户农机装备使用行为存在显著正向作用，可能是技术培训会提升小农户使用农机装备预期效益的认知，激发农户农机装备动力。对于规模户，农业劳动力对生猪和小龙虾养殖户农机装备使用行为存在显著正向作用，这是由于规模户更注重经济效益（徐志刚 等，2018），而充足的农业劳动力能够较好地完成农机装备操作和维护工作。

表10　不同养殖规模下农户养殖业农机装备使用行为

变量	生猪农机装备小农户		生猪农机装备规模户		小龙虾农机装备小农户		小龙虾农机装备规模户	
	系数	标准误	系数	标准误	系数	标准误	系数	标准误
年龄	−0.086**	0.039	0.090	0.119	0.003	0.024	−0.004	0.022
受教育年限	−0.113	0.129	0.230	0.180	−0.054	0.057	−0.074	0.062
家庭总收入	0.142**	0.070	−0.007	0.020	−0.040	0.026	0.016	0.010
农业劳动力	0.162	0.338	1.636*	0.888	0.158	0.301	0.657**	0.287
技术培训	−0.461	0.871	−1.291	1.074	0.701*	0.375	1.197***	0.392

（续）

变量	生猪农机装备小农户		生猪农机装备规模户		小龙虾农机装备小农户		小龙虾农机装备规模户	
	系数	标准误	系数	标准误	系数	标准误	系数	标准误
市场距离	0.030	0.032	0.106	0.113	0.003	0.013	0.034***	0.011
政策认知	0.370	0.732	−0.111	0.672	−0.009	0.398	0.917**	0.369
效益认知	0.249	0.440	−0.281	1.542	0.043	0.214	−0.234	0.263
地区虚拟变量	已控制		已控制		已控制		已控制	
观测值	38		21		54		54	
Pseudo R^2	0.267		0.291		0.053		0.230	
对数似然值	−19.236		−11.919		−82.370		−69.226	

数据来源：2023年课题组调研数据。

4. 湖北省农机装备保障与使用困境

（1）湖北省种植业农机装备保障与使用困境

首先，部分生产环节农机装备机械化水平较低。农户播种和田间管理环节机械化水平较低，难以保证种子数量、播种深度、播种间距的精确性，也增加了人工成本以及降低了播种效率，不利于农田的标准化管理和高质量精确作业。其次，农机装备创新性不足，配套产业发展滞后。小农户家庭经营是我国农业的基本面（袁鹏 等，2023），小型多功能农机更易被农户接受和使用。但是目前小型多功能农机研发生产落后，不能有效适应这一需求。最后，农机装备技术培训较为匮乏。农户参与农机装备技术的相关宣传和培训较少，对农机装备的了解较少，阻碍了高效农机装备的推广以及应用。

（2）湖北省养殖业农机装备保障与使用困境

首先，养殖业农户规模普遍较小。养殖业主体较为分散，大部分是小型分散式农户，购买大型农机设备需求较低。养殖业机械化起步较晚，配套农机产品种类较少，市场化程度不高。同时养殖环节繁多，涉及多个专业领域，对设备多样化和系统集成的要求很高，这增加了农机装备规模化应用的难度。其次，养殖业农机装备租赁市场发展缓慢。政府支持方面，目前农机装备租赁市场还缺乏政府的金融补贴等政策扶持，租赁企业的运营成本较高。市场发展水平方面，养殖业农机装备租赁市场存在农机装备质量参差不齐的问题，制约了农机装备租赁服务的推广。租赁服务方面，高昂的初始投入资金提高了企业和个人的进入门槛，而且服务体系（包括定期维护、应急维修等）的不完善也抑制了租赁模式的发展。最后，养殖业绿色农机装备水平较低。农户在养殖过程中绿色农机装备的使用处在较低水平，环境意识仍较弱。农户养殖废弃物处理较为低效，采用直接排放或简单堆放会污染土壤和水体，废弃物资源化利用率偏低。

（三）小结

本部分探讨了种植业和养殖业农机装备的发展现状及现实困境，主要分为三个方面：一是分析了种植业和养殖业农机装备的发展现状，二是分析了农户采纳种植业和养殖业农机装备的影响因素以及规模异质性，三是探讨了湖北省农机装备发展的现实困境。得到如下结论。

第一，在农机装备发展现状方面，种植业机械化水平总体高于养殖业机械化水平，且种植业以服务外包为主，养殖业以自有农机装备为主。首先，种植业农机装备总体使用水平较高，收割和耕地环节高于播种和田间管理环节，新型经营主体农机装备水平高于普通农户。其次，养殖业农机装备总体使用水平不高。新型经营主体农机装备水平高于普通农户。

第二，在农户农机装备使用行为的影响因素方面，首先，健康程度、地形、市场距离、效益认知均会显著影响水稻种植户农机装备使用行为，农业劳动力、地形、环境认知均会显著影响油菜种植户农机装备使用行为，年龄、效益认知均会显著影响生猪养殖户农机装备使用行为，农业劳动力、技术培训、市场距离均会显著影响小龙虾养殖户农机装备使用行为。其次，规模异质性方面，年龄对水稻种植规模户农机装备使用行为会产生重要影响，而油菜种植规模户农机装备使用行为受到地形的影响；年龄、家庭总收入和技术培训会显著影响生猪和小龙虾养殖小农户农机装备使用行为，农业劳动力会显著影响生猪养殖规模户农机装备使用行为，农业劳动力、技术培训、市场距离、政策认知会显著影响小龙虾养殖规模户农机装备使用行为。

第三，在农机装备发展的现实困境方面，部分生产环节农机装备机械化水平低、农机装备的创新性不足和配套产业发展滞后、技术培训匮乏是种植业农机装备发展的现实阻碍；租赁市场发展缓慢、绿色农机装备使用机械化水平低、养殖规模小是养殖业农机装备发展的现实阻碍。

四、湖北省提升种子、饲料供应和农机装备保障水平的总体要求

（一）指导思想

要坚持以习近平新时代中国特色社会主义思想为指导，全面贯彻落实党的二十大精神，深刻理解把握新发展阶段、新发展理念、新发展格局，贯彻落实习近平总书记关于“三农”工作的重要论述和视察湖北的重要讲话精神，加强党对“三农”工作的领导，深入推进农业供给侧结构性改革，以《“十四五”现代种业提升工程建设规划》《“十四五”全国饲草产业发展规划》《“十四五”全国农业机械化发展规划》等重要规划为基础，立足湖北农业重大需求和特色优势，以建设农业强省、满足农民对种子、饲料和农机装备的实际需求为目标，以加快推进种子和饲料提质增效、高端农机装备升级为主线，聚焦关键核心环节，着力破难题、补短板、强优势、促协调，在人才、科技和制度环境上下功夫，持续推动湖北现代种业、饲料产业高质量发展，农业机械化高质高效发展，为湖北省加快推进农业农村现代化、全面推进乡村振兴和农业强省建设提供战略支撑。

（二）基本原则

要坚持政府扶持、市场导向。充分发挥政府在规划引导、政策激励、宣传培训和市场监管等方面的作用。整合产学研推用各方优势资源，营造湖北省农业高质量发展良好环境。以市场需求为导向，充分发挥市场在资源配置中的决定性作用。激发农业企业活力，鼓励多元主体发力。做到建设协同推进、管理共同参与、成果共同分享。

要坚持创新驱动、重点突出。持续推进种业技术创新、饲料新产品研发、农机装备产业升级，强化集成创新、自主创新的有效手段，提升核心竞争力。突出重点环节与核心领域，着力突破生物育种等前沿关键技术攻关，聚力蛋白饲料供应能力保障，实现高端农业机械装备自主可控。重点培育龙头企业，在优势领域保持全国领跑地位并扩大市场占有率。

要坚持因地制宜、统筹推进。立足湖北省地理区位和经济条件，综合考虑资源禀赋、产业基础、科技实力和市场需求等因素，因地制宜、分类施策，加快补齐各地发展短板。坚持系统观念，实现全省各区域、各品种、各生产环节全面发展。

要坚持以人为本、服务大局。尊重农民的主体地位和首创精神，始终把农民需求放在第一位，加快科研成果转化和推广。立足湖北省高质量发展的需求，提高政治站位，围绕粮食安全、农业供给侧结构性改革，从产业全局谋划种子、饲料供应和农机装备产业发展。

（三）目标任务

1. 总体目标

围绕制约湖北省种子、饲料供应和农机装备发展的瓶颈问题，着力创新一批关键核心技术，集成应用一批实用科技成果，培育一批专精特新中小企业和知名品牌，建立健全一揽子政策保障。力争经过一段时间的努力和建设，湖北省育种创新取得新突破、供种保障取得新进展、饲料供应质量实现新提升、农业全程机械化取得新成效、农机装备智能化迈上新台阶，加快推进农业强省建设进程。

2. 具体目标

第一，全面提升种业科技创新能力。打造种业科技创新平台，完善主体多元、社会参与、资源共享的种业科研创新体系，围绕农作物和畜禽实施种源关键核心技术攻关。有序推进以水稻、小麦、玉米为主的粮食作物，以油菜、柑橘、水生蔬菜为主的经济作物，以生猪、小龙虾为主的畜禽水产良种重大科研联合攻关，突破“卡脖子”技术，力争创制一批具有自主知识产权的优质特色多抗高效新品种。

第二，稳步提高良种供应保障能力。以“合理布局、运转高效”为原则，引导良种繁育基地向省内优势区域集中，加强国家级、省级制种大县、良种繁育基地、核心育种场打造。严格品种管理，建立全省种子监测预警预报系统，准确分析市场供需形势、及时发布种情信息，做好短缺应急预案，健全良种供应保障体系。

第三，构建高效安全的饲料供应保障体系。以国家粮食安全战略为导向，围绕饲料资源高效利用，加快引导企业研发专用型、环保型、高效型饲料产品。优化饲料质量监管工作，加强风险预警、常规检查和专项检查，落实企业安全生产主体责任，推进饲料行业规范有序发展。

第四，基本实现农作物全程机械化。围绕突破薄弱环节，在水稻、小麦、油菜等作物的机械化播栽、高效植保、低损收获、产地烘干、秸秆处理等环节开展集成示范，加大推广力度，构建粮食等主要农作物全程机械化生产体系。充分发挥农机专业合作社等服务主体的优势，制定全程机械化生产技术标准，提供多方位的农机社会化服务，带动提高全省农作物全程机械化水平。

第五，基本实现农机装备智能化绿色化。将物联网、大数据、智能控制等信息化技术融入到农机装备的管理和应用中，将北斗技术运用到农机作业环节。搭建全省农业大数据信息化平台，探索符合湖北省农业发展的智慧型农机管理服务模式。

五、湖北省提升种子、饲料供应和农机装备保障水平的对策建议

（一）湖北省种子、饲料供应和农机装备保障的经验及启示

1. 湖北省种子、饲料供应的经验及启示

（1）典型案例分析——湖北省种子集团有限公司

湖北省种子集团有限公司成立于20世纪80年代，拥有“禾盛”“鄂丰”

等中国种业知名名牌，是湖北省重要的农业产业化国家重点龙头企业、国家高新技术企业以及农业农村部认定的“育、繁、推”一体化国际化现代种子企业。下面以该企业为例，从科技创新、市场开拓、实地推广三个维度总结种子供应的成功经验。

科技创新方面，该公司注重推动持续科技创新，研发优良品种。该公司拥有专业技术人才100余人，涉及包括育种、繁种、制种、加工、推销、国际贸易、农技服务与推广等多个领域。公司所属研究院拥有500余亩育种基地、100多个新品种生态测试鉴定点以及10个海外新品种展示筛选试验站；所属生物实验室全方位开展分子育种，被农业农村部评定为“籼稻新品种创制与种子技术重点实验室”。

市场开拓方面，该公司自1999年开始实施种子“走出去”战略，2002年获得《进出口企业资格证书》，种子出口量连续多年位居我国单个企业出口数量第一。目前已有数十个杂交水稻品种在孟加拉国、印度尼西亚等国家注册，在海外建立了5个试验站和育种中心。该公司依托科技部“发展中国家农作物种子技术培训班”项目，积极与国外专家学者、种子公司互联互通，对本土种子产品进行持续改良。

实地推广方面，该公司长期市场调研后发现，种子市场品牌繁多、质量杂乱、农民认可度不高。因此，该公司积极牵头举办“良种良法，配套送货”下乡活动，宣传农业技术和优良品种，积极为农民答疑解惑，实地深入田间指导农民科学耕作，为有意向购种的农户专车免费送种到家。这种“面对面”实地推广宣传的做法，实现了优良品种以及种植技术的快速推广。

（2）典型案例分析——湖北省共富牧业有限公司

湖北共富牧业有限公司是一家集现代养殖、有机种植、饲料加工、生猪屠宰、农牧装备制造、冷链配送为一体的新型生猪养殖企业。该企业通过引进全球先进的饲料生产技术，实现生猪饲料的绿色、安全及营养高效。因此，下面以该企业为例，从饲料研发和生产制造解析饲料供应的成功经验。

饲料研发方面，该企业积极聘请国内外知名养殖专家，根据企业内生猪情况以及未来发展计划，组建相应的饲料研发小组，运用先进知识理论并结合省内生猪现状进行改良，以微生物代谢为核心理念，采用多种微生物先将饲料内糖类、蛋白质、脂肪等大分子代谢为小分子，提高饲料营养价值，进而更易被动物吸收，为企业的生猪成长发育奠定了良好的基础。

生产制造方面，从饲料原料开始，坚持层层把关、次次检验，雇佣专业检测人员，搭配先进检测设备，对饲料原料严格把控。在饲料加工环节，企业采购国外先进设备，利用高精度电子秤对原料进行称量，精准按照饲料研发小组制定的原料比例进行调配，并根据不同原料的属性、比例，设置科学的投料顺序，搭配高级搅拌仪器进行混合。在饲料出厂环节，企业采用无菌分装技术，严格按照企业标准，保障饲料无污染无菌，确保出品即良品。

2. 湖北省农机装备保障的经验及启示

（1）典型案例分析——农机装备制造业高质量发展助推荆门产业经济

荆门市作为全国重要的优质粮、棉、油生产基地，水稻、棉花、油料、水果、生猪和水产品产量均居湖北省前列，是全国现代农业示范区，具有“中国农谷”之称。荆门市正奋力打造湖北现代农业产业转型升级示范区，其农机装备产业发展极具代表性，下面从人才创新、市场开拓、信息化平台搭建三个维度解析农机装备制造高质量发展的成功经验。

人才创新方面，目前荆门市成立规模以上农机装备制造企业近20家，相关企业先后与中国农业机械化科学研究院、武汉大学等省内外知名科研院所、高校建立责任共同体、利益共同体，共同推动农机装备制造业数字化改造进程。推动联合大专院所和农业合作社，组织各类农机、农技培训，统一培训制度、培训要求及考核标准，培养了一批具有高素质、高技能的农机服务人员。

市场开拓方面，荆门市积极拓展省外市场，为全国各地带去“荆门农机服务”。荆门市年均外出跨区作业机械2 000台（次）以上，从南到北，涵盖耕整、插秧、飞播、防治、收获等多个生产环节，实现年均400万亩以上的服务面积，极大地提升了荆门农机的知名度和美誉度，带动农民创收。

信息化平台搭建方面，荆门市积极发挥信息化优势，将“让种田更轻松、更简单”作为主旨，提升全区农机信息化、智能化水平。荆门市掇刀区积极引进北斗农机信息化智能管理系统，成立农机信息共享服务中心，并运用互联网和数字化技术优化全区农机装备结构。信息化平台的建立，实现了农机远程智能调度、农机作业费用在线核算、实时监测工作进度和作业质量以及提供售后服务。

（2）典型案例分析——农机合作社助力潜江小龙虾产业发展

潜江市作为全国闻名的小龙虾产地，具有“中国小龙虾之乡”的美誉。潜江小龙虾产业的高质量发展离不开当地先进的配套农机支持。本研究以潜江市小龙虾农机合作社为例，从配套设施和高效装备两方面介绍潜江小龙虾配套农机发展的成功实践。

配套设施方面，潜江市发挥小龙虾产业优势，积极投产小龙虾生产基地。生产基地配备了生产厂房，可以实现短期贮存和初步包装，方便企业运送和后续加工。基地内配备了太阳能杀虫灯、高效率排管渠以及生产监控装置等现代化农业配套设施，实现水、肥料、农药以及饲料成本节约，减少了农田环境污染，提高了经济效益和生态效益。

高效装备方面，潜江市农机部门积极联合多家农机合作社，推广农业无人机、分拣机械以及收割机等先进装备，为农户提供丰富的社会化服务。农业无人机的推广应用，可实现快速施肥、播撒饲料、喷洒农药，不仅缩短作业时间，而且可以对多片稻田进行同时作业。先进分拣机械的投入应用，能够高效实现小龙虾品级分类，增加产品附加值，减少人力浪费，降低用工成本。此外，采用改进后的宽履带收割机，极大程度上解决了虾沟导致的农机通行困难和作业效率低下的问题。

（二）湖北省提升种子、饲料供应和农机装备保障水平的对策建议

1. 提升湖北省种子、饲料供应水平的对策建议

（1）加强农作物种质资源和畜禽遗传资源的保护开发利用

依托湖北省国家油料作物种质资源中期库等 7 家国家级农业种质资源库（圃）以及中蜂（华中中蜂）国家保护区等 5 家国家级畜禽遗传资源保种场（保护区），强化种质资源保护体系建设，加强农作物种质资源普查、收集、登记、入库、保存和选育工作，持续推进湖北省农作物种质资源中期库、地方猪种质资源库、地方鸡种质资源库、柑橘种质资源库、药用植物种质资源库等种质资源库和保护区建设，加强湖北省农作物原种基地和核心资源群育种基地建设。

（2）加快现代种业创新发展，推进农作物和畜禽优良品种选育联合攻关

加大优良品种应用推广力度，提高农业良种化和供种保障水平。实施新一轮畜禽遗传改良计划和现代种业提升工程，统筹分子育种技术体系、种业大数据信息等共享服务平台以及区域创新中心，建设一批国内领先的协同创新育种平台。探索建立以企业为主体、市场为导向、科研院所为技术后盾，产学研协同、育繁推一体的育种创新体系，聚焦水稻、小麦、油菜等主要农作物以及生猪、小龙虾、地方鸡等畜禽水产新品种培育和产业化建设中亟须解决的重大问题，实施农作物和良禽育种重大科研联合攻关，突破创新育种“卡脖子”技术。

（3）调整饲料配方结构，逐步优化饲料精准营养体系

优化饲料蛋白质结构，合理开发非常规蛋白质资源。积极推进落实《饲料中玉米豆粕减量替代工作方案》，推广生物饲料、精料补充料和饲料添加剂，调整优化饲料配方结构。鼓励推进饲料营养研究，逐步优化饲料精准营养体系。加快研发绿色安全促生长添加剂，降低全链条抗菌药物的使用；推进营养免疫技术与生物发酵技术研发，稳步提升生猪、小龙虾等畜禽养殖抗病能力；突破饲料营养免疫技术，以精准供给养分和适当调控免疫为基础，构建免疫力营养技术提升体系。

（4）优化农作物和畜禽良种补贴，完善畜禽饲料补贴

落实农作物和畜禽良种补贴，稳定支持农作物种质资源和畜禽遗传资源保护，开展种质资源评价和生产性能测定，持续提高品种选育水平，提升农作物和畜禽种业核心竞争力。加大对开展植物类蛋白质饲料、农作物秸秆、秕壳类、酒糟、菌糠等饲料加工企业的补贴扶持力度，积极推动形成本地非豆粕类饲料配方。加强对中小规模养殖户购买非豆粕类饲料的贴息补贴，降低养殖户的养殖成本，提高养殖效益。

2. 提升湖北省农机装备保障水平的对策建议

（1）优化农机装备产业结构布局，实现产业综合发展

立足湖北省大宗农产品和特色农产品种植布局，打造以精细化、智能化、信息化为特色的农业机械应用布局，推动农机装备均衡协调发展。种植业方面，实现水稻等大宗农作物在育秧、插秧、耕地、植保、收割、灌溉等环节，油菜等特色农作物在机械化耕作、储藏保鲜、设施农业、节水灌溉、高效精准施肥施药等环节，实现机械化全覆盖。养殖业方面，加强生猪饲喂、通风、清洗消毒、饮水，以及小龙虾投喂、防逃、增氧、水体监测、尾水处理等方面机械发展，升级开发符合区域特色作物种植、畜禽水产养殖及农产品加工需求的适用机械。

（2）加快农机新技术推广应用，促进产业全程机械化应用

聚焦湖北省重点产业结构调整和产业链重点任务，优先布局水稻、油菜、生猪、小龙虾等产业的全程机械化应用。首先，在大面积普及推广成熟技术和机械的基础上，重点抓好主要农作物生产关键环节的新技术、新机具的应用和开发，重点培育发展适用于丘陵山区的小型机械和园艺机械的研发推广。在重点保障粮食作物机械需求的同时，也要注重发展经济作物、特色养殖生产所需要的农机装备。其次，要加强农机操作培训与农业生产服务相结合，对农民开展北斗智慧终端应用、无人驾驶航空器等新农机职业技能培训，不断提高农民应用新技术、新农机的能力。最后，积极培育新型农机社会化服务组织，强化服务模式创新，加强耕地整备建设和宜机化改造，促进生产全程机械化。

（3）强化农机服务组织创新，提升农机综合服务能力

各级农机管理部门要加强引导和支持，推动农机服务组织创新。重点着力锻长板、补短板、优机制、守底线，打造智能、智慧农业装备制造高地，全面优化农业机械服务体系，提升高端农机装备水平和综合服务能力。首先，加强农机服务组织基础配套设施建设，重点围绕破解粮食、生猪等重要农畜产品全程机械化生产薄弱环节的瓶颈问题，提升农机综合服务能力。其次，推动农机服务组织通过提供社会化服务、土地托管等形式，开展适度规模种植。鼓励农机服务组织开展关键环节机械化作业服务，实现服务带动周边中小农户和家庭农场提升农机装备水平。最后，推动农机服务组织积极创新农机培训方式、扩大培训范围，锻造一支农机服务骨干队伍，组织条件适宜地区创建全国“全程机械化＋综合农事”服务中心。

（4）完善农机购置和应用补贴政策，提高农机装备水平

积极实施农机装备强农。优化农机购置和应用补贴，重点提升产业薄弱环节，提高智能化农机装备水平。首先，积极落实农机购置与应用补贴项目，重点保障粮食、生猪等重要农畜产品、丘陵山区特色农业生产以及支持农业绿色发展和智能化发展所需农具的补贴需要，实现应补尽补，着力提升粮食种植机械化水平。其次，大力开展新型农机专项鉴定，适当扩大农机补贴范围，加快实现农机创新产品取得补贴资质。再次，探索创新以机具应用为前提的补贴资金兑付方式。开展农机研发制造推广应用一体化试点，加快大型高端智能农机、小型丘陵山区适用机械等短板弱项机具的创制，以及北斗智能监测终端及辅助驾驶系统集成应用，促进农机产业安全、自主、可控和高质量发展。重点支持粮食烘干、粮食耕整种收、高效植保、油菜及柑橘等经济作物收获等专用机具和丘陵山区小型适用机具开发，大力推广“稻渔”现代种养业和智慧农业发展亟须的成套设施装备。最后，积极探索规模农户的农机购买信贷服务，构建综合性农技扶持政策体系，缓解农户的流动性约束，提升农民购机用机能力，推动农机购置补贴政策顺利实施。

专题报告三

提高农业经营主体能力和社会化服务水平

依托双层经营发展农业是农业强国建设的中国特色，构建现代农业经营体系是湖北加快农业强省建设的重要抓手。本报告聚焦湖北省农业经营主体与社会化服务组织，分析讨论农户、家庭农场、农民合作社、农业企业与社会化服务组织发展的现状与面临的问题，研究提出提高农业经营主体能力和社会化服务水平的对策建议。

一、小农户的经营现状、问题挑战及对策建议

（一）小农户的经营现状与问题挑战

1. 小农户经营现状

（1）小农户农地规模经营情况

土地资源是农业发展的核心要素，直接影响农户的经济收入。从表 1 可见，2021 年全国范围内和湖北省耕地经营面积不足 10 亩的农户占比均达到了 74%左右。相比之下，达到国家规模经营标准，即经营面积在 50 亩以上的农户比例不足 3%，表明户均土地经营规模普遍偏小。湖北省在 50 亩以上规模经营的农户比例一直低于全国平均水平，这可能与该省地形以山地丘陵为主，耕地分散细碎有关。

表 1　2017—2021 年全国和湖北省农户农地规模经营情况

年份		未经营耕地的农户	经营耕地10 亩以下的农户	经营耕地10～<30 亩的农户	经营耕地30～<50 亩的农户	经营耕地50～<100 亩的农户	经营耕地100～<200 亩的农户	经营耕地200 亩及以上的农户
2017	全国（万户）	2 011.2	23 098.0	2 864.0	722.8	267.5	93.3	41.3
	占比（%）	7.4	85.2	10.6	2.7	1.0	0.3	0.2
2018	全国（万户）	2 150.5	23 313.6	2 867.9	730.0	272.6	97.9	43.3
	占比（%）	7.9	85.2	10.5	2.7	1.0	0.4	0.2
2019	全国（万户）	2 506.1	23 661.7	2 966.7	706.5	283.6	104.9	47.2
	占比（%）	9.0	85.2	10.7	2.5	1.0	0.4	0.2
2020	全国（万户）	3 209.6	23 210.3	2 922.9	700.8	291.7	109.4	50.6
	占比（%）	11.8	85.1	10.7	2.6	1.1	0.4	0.2
2021	全国（万户）	3 783.9	23 227.7	2 883.9	692.4	293.4	109.2	50.0
	占比（%）	12.2	74.8	9.3	2.2	0.9	0.4	0.2
2017	湖北（万户）	71.6	953.3	108.5	27.4	6.1	3.0	0.9
	占比（%）	6.1	81.4	9.3	2.3	0.5	0.3	0.1
2018	湖北（万户）	75.8	950.1	122.8	29.1	6.1	2.4	1.0
	占比（%）	6.4	80.0	10.3	2.5	0.5	0.2	0.1
2019	湖北（万户）	102.2	936.7	139.9	23.1	5.0	3.1	0.5
	占比（%）	8.4	77.4	11.6	1.9	0.4	0.26	0.04
2020	湖北（万户）	126.9	904.5	143.0	22.0	5.9	1.3	0.5
	占比（%）	10.5	75.12	11.9	1.83	0.5	0.11	0.04
2021	湖北（万户）	120.8	888.4	150.1	24.5	6.0	1.4	0.5
	占比（%）	10.1	74.5	12.6	2.1	0.5	0.15	0.05

数据来源：《中国农村政策与改革统计年报》。

（2）小农户户主教育水平

从表 2 可见，2015—2021 年，未上过学和小学文化程度的户主占比总体呈下降趋势，分别下降了 43.6％和 13.7％，年均降幅为 7.3％和 2.3％；初高中文化程度的户主占比显著增加，较 2015 年分别增长了 10.8％和 11.0％，年均增长率分别为 1.8％和 1.8％。

从文化程度整体增速和高中及以上文化程度户主的占比来看，2021 年，全国小学和初中文化程度的户主占比为 83.5％，高中及以上文化程度的占比为 12.7％，湖北则分别为 82.8％和 15％。表明湖北省农村居民家庭户主文化程度提升速度和整体水平略优于全国平均水平。

表 2　2015—2021 年湖北农村居民家庭户主文化程度

单位：％

年份	未上过学	小学	初中	高中	大学专科	大学本科及以上
2015	3.9	32.9	49.1	12.7	1.1	0.2
2016	4.6	32.5	49.3	12.3	0.9	0.2
2017	4.5	32.8	49.1	12.4	1.0	0.2
2018	3.4	30.5	50.8	13.8	1.4	0.1
2019	3.3	30.1	50.6	14.4	1.5	0.2
2020	2.9	30.1	51.5	14.1	1.1	0.2
2021	2.2	28.4	54.4	14.1	0.7	0.2

数据来源：国家统计局湖北调查总队农村住户抽样调查。

（3）小农户家庭劳动人口

从表 3 可见，农村劳动力从事第一产业的比例相对较低，且非农就业趋势日益明显。2017—2021 年，全国从事第一产业的农村劳动力数量逐年下降，2021 年较 2017 年减少了 1 012.3 万人，年均下降 0.9％。相较之下，湖北省从事第一产业的人数经历了先减后增的过程，总体保持稳定，2021 年较 2017 年增长了 1.1％。然而，从占比来看，湖北省农村劳动力从事第一产业的意愿低于全国平均水平，显示出更强的非农就业倾向。

表 3　2017—2021 年全国和湖北省农村劳动力数量及其从业分布与占比

	年份	劳动力总数（万人）	从事家庭经营劳动力数量与占比（%）	从事第一产业劳动力数量与占比（%）
全国	2017	57 631.7	31 279.2 54.3	21 543.8 37.4
	2018	57 943.1	31 028.1 53.5	21 186.0 36.6
	2019	58 537.84	30 493.7 52.1	20 692.3 35.3
	2020	57 489.9	30 330.1 52.8	20 752.1 36.1
	2021	57 636.1	29 833.9 51.8	20 531.5 35.6
湖北	2017	2 404.6	1 142.1 47.5	785.6 32.7
	2018	2 434.6	1 138.9 46.8	784.1 32.2
	2019	2 505.52	1 122.1 44.8	710.5 28.4
	2020	2 289.7	1 176.2 51.4	782.0 34.2
	2021	2 302.3	1 228.8 53.4	794.3 34.5

数据来源：《中国农村政策与改革统计年报》。

另外，结合湖北省统计局、《中国统计年鉴》《中国人口和就业统计年鉴》多方数据来看，2017—2021 年，湖北省农村户均常住人口增加了 0.18 人，户均劳动力增加了 0.65 人，平均劳动力负担人口在 2017—2019 年保持在 1.6 人/户。但在 2020—2021 年有所减少，2021 年较 2017 年减少了 0.38 人/户，这可能与疫情影响下老年人口的减少有关。相比之下，2017—2021 年，全国户均常住人口减少了 0.48 人，户均劳动力减少了 0.37 人，平均劳动力负担人口稳定在 1.7 人/户。总体而言，小农户家庭规模保持稳定，湖北省的户均农村劳动力状况略优于全国平均水平。

2. 小农户发展面临的问题和挑战

随着农业发展政策不断调整，我国农业经营主体格局发生了巨大变化，但分散化的小农户仍将是未来农业经营体系的主体。从发展趋势看，湖北省小农户发展面临的主要问题和挑战是，农业劳动力短缺与素质不均、文化素质与信息获取能力有限、生产经营规模小与成本偏高等。

(1) 农业劳动力短缺与素质不均

随着城镇化和工业化的推进，大量青壮年劳动力选择外出从事非农工作，导致农业劳动力老龄化问题日益严重。有关研究显示（魏佳朔，高鸣，2023），农业劳动力的平均年龄自 2014 年起已超过 50 岁，并持续上升至 2020 年的 56.03 岁，其中 55 岁以上的老年劳动力占比高达 60.21%。表明农业劳动力老龄化已成为不容忽视的影响农业发展的负面因素，限制了农户扩大经营规模或更新生产技术的意愿。由于大多数农户难以靠务农收入维持基本生活水准，农业劳动力在劳动时间配置上往往倾向于报酬更高的非农就业，导致季节性劳动供给不足（李谷成 等，2008）。

(2) 文化素质与信息获取能力有限

农户所产农产品必须通过市场交易才能转化为农业收益，生产符合市场需求的农产品，才能实现农业经营收入的最大化。农户自身文化素质的高低和信息获得的情况，对农业生产决策有着直接影响。湖北省小农户家庭成员的受教育水平普遍较低，主要依赖经验进行农业生产决策，缺乏对市场趋势的准确把握。农户往往通过熟人或种粮大户获取市场信息，导致跟风现象普遍，难以主动适应市场需求变化。农户对技术更新的态度也受到知识储备的限制，信息获取的局限性影响了技术扩散和应用。

(3) 农业生产经营规模小、成本偏高

从现有数据和实际调研情况看，耕地的规模小和分散性高是限制湖北省小农户扩大经营、提高收入的主要障碍。小规模耕地限制了农户购买农用机械的意愿，分散的土地位置也影响了农机服务的市场化，制约了生产效率的提升。以中老年夫妻为主的家庭经营模式难以应对市场风险，也限制了农业生产的积极性。以夫妻为单位的小家庭经营，经营成本和经营风险只停留在家庭内，由家庭承担，经营成本高，经营风险重。

（二）提升小农户经营能力的对策建议

基于小农户现有的资源禀赋和其所处的区位条件，针对小农户发展面临的问题和挑战，本报告提出如下对策建议。

1. 鼓励小农户发展适度规模经营

农户家庭经营能力不强是导致经营规模小、耕地细碎化的主要影响因素。要继续采取有力有效措施促进小农户发展适度规模经营。2022 年 12 月，习近平总书记在中央农村工作会议上的讲话提出①，发展适度规模经营是现代农业的方向，要支持有条件的小农户成长为家庭农场，支持家庭农场组建农民合作社、合作社根据发展需要办企业，加快健全农业社会化服务体系，把小农户服务好、带动好。贯彻落实习近平总书记重要讲话精神，要进一步稳定家庭承包制度，完善土地经营权流转机制，加力落实农业支持保护政策，发展农业社会化服务，促进农业适度规模经营。

2. 加大小农户农业技术和技能培训力度

农业劳动力素质不高是制约农户经营能力提升的重要原因。要加大农业技术培训力度，提高知识转化和获取资源程度，帮助农民及时更新和掌握先进的农业技术，获取相关农业知识和农业市场信息，提高小农户的农业生产经营能力和农业生产效率。对于不同的农户要采取差别化的培训方式，按照其农业生产经营需求和产业发展要求，开展农业技术和技能培训。对于生产经营能力弱的小农户，加大农业技术培训力度，加快提升农业生产技能，促进小农户和现代农业发展有机衔接。

3. 提升农业社会化服务能力与水平

加快发展农业社会化服务是解决农业生产经营规模小、成本高问题的重要

① 习近平：加快建设农业强国 推进农业农村现代化，https：//www.gov.cn/xinwen/2023-03/15/content_5746861.htm。

途径。要聚焦小农户在生产中的薄弱环节，提供专业化的社会化服务，有效降低小农户的生产成本，提高生产效率。不断拓展农业社会化服务范围，从产中向产前、产后等环节及金融保险等配套服务延伸，以政府投资运营、引入市场主体等形式，搭建集成服务供给载体，进一步整合服务资源、集聚服务要素，为小农户提供便捷高效的社会化服务。

二、家庭农场的经营现状、问题挑战及对策建议

（一）家庭农场的经营现状与问题挑战

1. 家庭农场发展现状

家庭农场以家庭成员为主要劳动力，以家庭为基本经营单元，从事农业规模化、标准化、集约化生产经营，是现代农业的主要经营方式。党的十八大以来，各地积极引导扶持农林牧渔业等各类家庭农场发展，取得了显著成效。家庭农场已成为农民增收、产业振兴和农业供给侧结构性改革的重要力量。

湖北省的家庭农场发展迅速，示范性家庭农场的质量显著提升。截至2021年，湖北省共有家庭农场173 583个，其中国家级示范家庭农场3 451个、县级及以上示范家庭农场6 677个。湖北省通过多方面措施规范和引导示范家庭农场的发展，实现了家庭农场发展质量与经济效益显著提升。

根据湖北省农业部门公布的数据，截至2022年11月1日，湖北省共有省级示范家庭农场1 250个，覆盖全省各地。武汉市、襄阳市、荆州市和宜昌市的家庭农场发展尤为突出，其中钟祥市的家庭农场数量达到3 386个，示范型家庭农场252个。随着湖北省农业的持续发展和农业机械化程度的提升，家庭农场已从传统的手工劳动转向现代机械化生产。通过引进适合种植的机械设备，减少了人工投入，提升了家庭农场的经营规模和利润。

2. 家庭农场发展面临的问题和挑战

本报告通过与山东省、湖南省、河南省、安徽省和黑龙江省的对比分析，发现湖北省家庭农场在发展过程中存在以下几个主要问题。

（1）规模化程度不高

土地资源作为生产要素的核心，其流转政策在湖北省落实情况不佳，难以为家庭农场的发展提供必要的土地资源。与全国平均水平相比，湖北省家庭农场规模较小，土地流转水平较低，导致家庭农场难以获得大块连片的土地资源。

从表4可见，2021年全国家庭农场数量为3 914 233个，湖北省家庭农场数量为173 583个；全国县级及以上农业农村部门评定的示范家庭农场（以下简称示范家庭农场）为169 586个，湖北省为6 677个，湖北省示范家庭农场占比为0.038。湖北省家庭农场数量排全国第5，县级及以上农业农村部门评定的示范家庭农场排第4，示范家庭农场占比排第3。由此可见，湖北省家庭农场数量偏少，但质量与全国平均水平持平，且与其他省份相比，处于中游位置。湖北省家庭农场平均经营土地面积排在全国第5。

表4　2021年全国及部分地区与湖北省家庭农场经营规模对比

地区	家庭农场数量（个）	县级及以上农业农村部门评定的示范家庭农场（个）	示范家庭农场占比（%）	家庭农场平均经营土地面积（亩）
全国	3 914 233	169 586	0.04	172
山东	517 229	7 924	0.02	45
黑龙江	485 450	5 716	0.01	151
河南	254 349	5 450	0.02	75
湖南	179 881	11 390	0.06	93
湖北	173 583	6 677	0.04	62
安徽	168 195	11 475	0.07	161

数据来源：《中国农村合作经济统计年报（2021）》。

《中国农村合作经济统计年报（2021）》数据表明，湖北省家庭农场平均耕地面积为47亩，全国平均为79亩，差距为40.87%。但湖北省家庭农场的平均耕地面积高于山东省的41亩。以湖北省从事经营粮食产业的家庭农场为例，经营土地面积50～100亩的占比为36.21%，高于全国水平（33.81%）。100亩以上经营土地面积占比低于全国平均水平。湖北省经营土地面积达到100亩的家庭农场仅占全部家庭农场的29%，这一比例与山东省基本相同。由此可见，湖北省家庭农场总体规模较小，主要集中在100亩以下。耕地面积分散和土地流转困难，影响了家庭农场的规模化发展。

湖北省家庭农场总体规模较小，可从流转经营面积究其原因。湖北省家庭农场的承包经营面积平均为13亩，全国平均为18亩，差距为28.35%。湖北省家庭农场的流转经营面积平均为34亩，全国平均为52亩，差距为34.64%。湖北省家庭农场耕地规模小，主要原因在于流转经营面积较小。整体来看，湖北省的土地流转水平较低，影响了家庭农场的规模化发展。

（2）经营能力较弱

从表5可见，与全国平均水平相比，湖北省家庭农场年均经营收入和年均净利润均低于全国平均水平。与其他省份相比，湖北省家庭农场收入在10万元以下的比例低于全国水平，10万元以上的比例高于全国水平。

表5　2021年家庭农场收入水平

地区	家庭农场年均经营收入（万元）	10万元以下占比（%）	10万～30万元占比（%）	30万～50万元占比（%）	50万元以上占比（%）	家庭农场年均净利润（万元）
全国	30.52	39.72	41.22	10.00	9.06	12.47
山东	37.79	19.57	66.65	7.78	6.00	17.86
黑龙江	13.30	51.75	36.89	7.13	4.23	3.68
河南	30.23	43.37	37.89	9.10	9.63	12.90
湖南	54.35	40.15	38.74	11.48	9.64	27.28
安徽	59.51	26.08	42.51	16.65	14.75	14.50
湖北	25.04	31.55	42.24	12.87	13.34	10.86

数据来源：《中国农村合作经济统计年报（2021）》。

一般来说，通过农产品质量认证和拥有注册商标的家庭农场占比，在一定程度上反映了家庭农场的经营能力和管理水平。《中国农村合作经济统计年报（2021）》数据显示，2021年湖北省拥有注册商标的家庭农场数量，与全国平均水平相当，在全国排名第3，与山东省和河南省持平。湖北省通过农产品质量认证的家庭农场数量占比低于全国平均水平，在全国排名第5。

（3）劳动力使用效率不高

从表6可见，2021年湖北省家庭农场的平均劳动力数量、平均家庭成员劳动力数量和平均常年雇工劳动力数量均高于全国平均水平，平均劳动力数量位居全国第 1，常年雇工劳动力和家庭成员劳动力数量与全国基本持平。尽管湖北省家庭农场的劳动力资源较为丰富，但湖北省家庭农场经营规模较小，平均每个劳动力经营的耕地数量更少，生产效率较低，反映了湖北省家庭农场劳动力资源效率不高的问题。

表 6　2021 年家庭农场劳动力情况

单位：个

地区	家庭农场平均劳动力数量	家庭农场平均家庭成员劳动力	家庭农场平均常年雇工劳动力
全国	2.70	1.87	0.83
山东	2.90	2.33	0.56
黑龙江	1.81	1.57	0.24
河南	3.11	2.30	0.81
湖南	3.36	2.23	1.14
安徽	2.92	1.79	1.14
湖北	3.36	2.26	1.10

数据来源：《中国农村合作经济统计年报（2021）》。

（4）融资相对困难

湖北省家庭农场获得财政扶持资金、各级平均财政扶持资金、贷款支持和平均贷款资金分别为 0.08 万元、0.68 万元、0.81 万元、1.23 万元，均低于全国平均水平。在各级平均财政扶持资金方面，与山东、黑龙江、河南、湖南、安徽等同等层次或农业大省横向比较，湖北省排名末位，与全国水平差距较大；在平均获得的贷款资金方面，湖北省低于全国水平，在 6 个农业大省中排名第 5。由此可见，湖北省家庭农场融资比较困难。

同时，湖北省购买农业保险的家庭农场数量，全省占比仅 20%，低于全国平均水平的 38%。与山东、黑龙江、河南、湖南、安徽横向对比来看，低于山东占比 49%、黑龙江占比 42%、河南占比 37%、湖南占比 54%、安徽占比 61%，在 6 个农业大省中排名末位，表明湖北省家庭农场抵御风险的能力较弱。

（二）提升家庭农场经营能力的对策建议

1. 完善农村土地流转机制

健全土地流转交易市场，确保土地流转信息的公开和透明。鼓励和支持土地向家庭农场流转，保障家庭农场的土地经营权。建立县、乡两级土地流转服务平台，提供政策咨询、信息发布和纠纷调解服务，确保土地流转过程中的各方权益得到保护。

2. 继续强化示范创建引领

继续加强示范家庭农场创建工作，推动家庭农场高质量发展。加大政策落实力度，支持示范家庭农场加快发展。通过总结和推广示范家庭农场的做法和经验，鼓励和支持多种模式、多种类型的家庭农场发展。对在家庭农场发展中做出突出贡献的单位和个人进行表彰，激励更多农场主积极参与家庭农场建设。

3. 提高劳动力使用效率

建立健全家庭农场经营者培训制度，支持各地依托涉农院校、科研院所和农业产业化龙头企业合作开展多种形式的培训活动，鼓励社会化服务组织为家庭农场提供技术和生产经营服务，发展中介劳动服务组织，解决家庭农场的临时用工需求，提高家庭农场经营者经营管理水平。

4. 建立健全政策支持体系

完善和落实家庭农场的财政税收优惠政策，加大项目资金投入力度，采取以奖代补等方式，积极扶持家庭农场的发展。拓宽家庭农场融资渠道，加大金融支持力度。创新农业保险品种，扩大保险覆盖范围，提高涉农保险标准，推进家庭农场持续稳定发展。探索适合家庭农场的社会保障政策，鼓励家庭农场经营者参加社会保险。

三、农民合作社的经营现状、问题挑战及对策建议

（一）农民合作社的经营现状与问题挑战

1. 农民合作社经营现状

（1）农民合作社持续较快发展

自 2007 年《中华人民共和国农民专业合作社法》施行以来，湖北省农民合作社发展步伐明显加快，取得了显著成效。以合作社经营收入为例，2021 年湖北省农民专业合作社的经营收入总额达到 449.02 亿元，是全国平均水平的 1.4 倍，位列全国第 6。2021 年湖北省农民专业合作社的盈余总额为 104.71 亿元，可分配盈余为 82.07 亿元，均位列全国第 3。2021 年湖北省农民专业合作社上缴税金共 2.61 亿元，仅次于江苏省；平均每个合作社的经营收入为 42.69 万元，位列全国第 8（表 7）。总体来看，湖北省农民专业合作社的经营能力较强。

表 7　2021 年全国农民专业合作社经营收入情况

单位：万元

地区	农民专业合作社经营收入		农民专业合作社上缴税金总额		农民专业合作社盈余	
	总收入	平均收入	总收入	平均收入	总收入	平均收入
全国	62 696 348	30.87	199 832	0.10	11 925 998	5.87
上海	796 300	313.75	0	0.00	40 390	15.91
江苏	5 941 089	114.89	35 513	0.69	1 150 306	22.25
广东	4 913 244	95.24	4 168	0.08	223 588	4.33
浙江	2 932 789	71.51	9 971	0.24	668 699	16.31
安徽	5 526 372	49.99	7 707	0.07	782 465	7.08
宁夏	314 115	49.88	0	0.00	81 963	13.01
北京	350 856	48.46	305	0.04	35 227	4.87
湖北	4 490 219	42.69	26 089	0.25	1 047 134	9.95
湖南	4 239 839	39.19	25 310	0.23	836 648	7.73

数据来源：《中国农村合作经济统计年报（2021）》《湖北统计年鉴（2022）》。

同时，结合《中国农村合作经济统计年报（2021）》和《湖北统计年鉴（2022）》相关数据可知，2021 年湖北省农民专业合作社主要从事种植业和畜牧业生产，两者占比分别为 45%和 21%。在种植业中，从事蔬菜经营的合作社数量最多，达到 10 955 个，位列全国第 5；在畜牧水产行业中，合作社数量为 22 028 个，其中从事生猪、牛羊肉产业的合作社占比最大。2021 年湖北省从事渔业的合作社数量和占比均为全国第 1。

（2）农民合作社类型多样化

2021 年湖北省创办实体的农民合作社数量为 10 069 个，位列全国第 2；开展农村电子商务的合作社数量为 5 008 个，位列全国第 3；开展休闲农业和乡村旅游的合作社数量为 1 079 个，位列全国第 7；从事民间工艺及制品开发经营的合作社数量为 139 个，位列全国第 8。

2. 农民合作社发展面临的问题和挑战

（1）合作社带农能力不强

2021 年湖北省农民专业合作社数量为 105 189 个，位列全国第 7。湖北省农民专业合作社的成员总数为 5 304 345 人，位列全国第 3。其中，普通农户数量为 4 906 413 人，占比 92.50%，全国排名第 26；企业成员数量为 37 395 个，占比及排名均位于全国第 8。相较企业成员数量，普通农户的占比较少，显示出对普通农户的带动能力不强。

（2）规范化建设水平不高

《中国农村合作经济统计年报（2021）》数据显示，2021 年，湖北省农民专业合作社示范社数量为 10 082 个，位列全国第 7，国家级示范社数量为 429 个，位列全国第 6；省级示范社数量为 983 个，位列全国第 17；市级示范社数量为 2 999 个，位列全国第 6；县级示范社数量为 5 671 个，位列全国第 7。总体来看，湖北省农民专业合作社在规范化建设方面仍有较大的提升空间。

（3）财政扶持和融资能力有待提升

数据表明，2021 年，湖北省当年获得财政扶持资金的农民专业合作社数量为 2 688 个，位列全国第 5；获得当年财政扶持资金总额为 25 242 万元，位列全国第 10；平均获得财政扶持资金总额为 9.39 万元，位列全国第 25；当年贷款余额为 117 785 万元，位列全国第 3；平均贷款余额为 43.83 万元，位列全国第 6。总体来看，湖北省农民专业合作社平均获得的财政扶持资金低于全国平均水平，合作社的财政扶持力度和融资能力仍有很大提升空间。

(二) 提升农民合作社经营能力的对策建议

1. 提高合作社经营管理能力

健全农民专业合作社内部治理体制，完善规范化运行机制，提升经营能力和管理水平。通过完善农民合作社章程，明确合作社的组织结构、管理职责和决策程序，提高合作社经营的透明度和公正性。规范财务管理，确保财务透明，合理分配收益，保障成员的利益。通过专业培训和职业技能教育，提高管理人员的专业素质和管理能力。

2. 增强合作社融资筹资能力

合作社应积极拓宽融资渠道，利用银行贷款、社会资本和政府补贴等多种方式筹集资金。可以通过与金融机构合作，获得低息贷款和金融服务，解决资金短缺问题。推广互助保险，提高合作社成员的参与度，增强抗风险能力。通过宣传和培训，提高成员对互助保险的认识和参与积极性。

四、农业企业的经营现状、问题挑战及对策建议

2021 年 12 月 30 日，农业农村部、国家发展和改革委员会等部门联合印发通知，公布第七批 412 家农业产业化国家重点龙头企业名单。湖北有 20 家农业产业化龙头企业进入该名单。截至 2023 年，湖北省农业产业化国家重点龙头企业累计已达 82 家。自 2021 年以来，湖北省积极推进农业产业化，按照规模化、科技化、标准化、品牌化、集群化、多元化、国际化“七化”方向，全力打造十大重点农业产业链，加快提升农业产业化水平①。

① 崔逾瑜，卢同郦：湖北新增 20 家农业产业化国家重点龙头企业，http：//www.hubei.gov.cn/zwgk/hbyw/hbywqb/202201/t20220109_3956826.shtml。

（一）农业企业经营现状与问题挑战

1. 农业企业经营现状

湖北省政府高度重视农业企业的发展。2021 年，省人民政府办公厅印发了《培育壮大农业产业化龙头企业工作方案》，指出要通过科技提升企业核心竞争力，通过品牌增强市场开拓力，通过集群化和多元化促进农业产业的持续发展。2022 年湖北省农业企业新获证农产品 402 个，品牌总数达到 2 851 个，同比增长 13%，品牌规模总量位居全国前列。国家级农业产业化龙头企业新增 20 家，新增销售收入过 100 亿元的龙头企业 3 家，新增上市企业 1 家；农产品加工业产值达到 1.22 万亿元，较 2020 年增长 12.2%①。农林牧渔业市场企业数量合计为 55.71 万户，持续推动湖北省农业发展（张臻盛，2013）。

2. 农业企业发展面临的问题和挑战

（1）企业经营管理人才缺乏

通常来看，农业企业与工业企业相比，专业技术与经营管理人才比较缺乏。部分管理人员文化程度相对较低，专业基础知识比较缺乏，难以及时把握市场动态信息，制约了企业效率和效益的提升，不利于企业的高质量发展。

（2）企业技术创新能力不足

采纳利用优良品种、先进技术和设施装备，对培育农业新质生产力、促进企业高质量发展具有重要意义。从目前的情况看，农业科技信息披露或发布不及时，农业企业技术信息来源渠道缺乏，不利于企业的技术、模式和业态创新，制约了农业企业的创新发展。

（3）企业融资渠道比较单一

据调查（向为丽，2022），目前湖北省中小型农业企业的发展资金，主要依靠个人储蓄或通过民间借贷等方式获取，存在融资渠道单一、发展资金不足、资金周转困难等问题，严重阻碍了企业的可持续发展。

---

① 湖北省人民政府新闻办公室．湖北举行 2022 年省委一号文件新闻发布会，http：//www.scio.gov.cn/xwfbh/gssxwfbh/xwfbh/hubei/Document/1722493/1722493.htm。

(4) 企业效益和带动能力有待提升

据调查，目前湖北省农业龙头企业较少，多数中小农业企业经营规模较小，综合效益不高，带动能力不强，不利于促进农业生产的规模化、集成化和机械化发展，影响了农业龙头企业联农带农能力的提升。

(二) 提升农业企业经营能力的对策建议

1. 建立健全专业的管理团队

人力资源管理是决定企业管理体系运作是否牢靠的重要根基，深刻影响着企业管理水平与效率的高低。农业企业应通过制定规范化的人才招纳机制、奖励机制及专业培训系统，确保企业内部管理人才资源充足。建立人才引进计划，吸引具有现代农业管理知识和经验的专业人才；定期组织管理培训，提高现有管理人员的专业素养和管理能力。构建符合现代社会发展要求的管理机制，提升企业管理效率和专业化水平，确保农业企业在不断变化的时代进程中稳定发展。

2. 提升技术创新能力

提高科学生产力是促进农业企业管理创新的首要途径。企业要积极与高等院校、科研院所合作，开发新产品，开展精深加工和副产品综合利用，提高产品的科技含量和附加值。设立研发部门，专注于农业技术的研究和开发，推动技术创新。引进先进的农业设备和技术，提高生产效率和产品质量。

3. 拓宽融资渠道

农业企业应确立多元化的融资渠道，合理利用当地农业生产优势与国家相关政策，积极申请政府提供的农业专项资金和补贴，减轻企业的资金压力。与金融机构建立长期合作关系，获得稳定的融资支持。建立政策性农业扶持金融基金，引导更多资金注入农业生产。深化农业企业与银行的合作模式，确保企业具备充足的资金条件。

4. 落实扶持政策

持续发挥新型农业经营主体对产业链提升的支撑作用，明确在产业用地、金融、税收、水电、奖补等方面给予新型农业经营主体优惠扶持[①]，助力农业龙头企业做大做强。适度简化政策审批流程，减轻农业企业负担。借助各种宣传途径加大政策宣传力度，确保企业对各项优惠政策的有效利用。同时要对申报企业加强监督管理，坚持公平竞争制度，推动农业企业的全面发展。

五、农业社会化服务组织发展现状、问题挑战及对策建议

（一）社会化服务组织发展现状与问题挑战

1. 社会化服务组织发展现状

截至 2021 年底，全国共有农业社会化服务组织 104.1 万个，较 2020 年增长 9.0%；服务营业收入总额 1 738.3 亿元，较 2020 年增加 104.7 亿元，增幅为 6.4%。从增长速度看，农业服务专业户、农村集体经济组织、服务型企业增速较为明显，数量较 2020 年分别增长了 20.2%、11.2%和 9.8%；农民合作社数量平稳增长，增速为 3.6%。从内部结构看，农业服务专业户在各类服务组织中的占比仍然最高，占比为 53.0%；农民合作社次之，占比为 31.1%；农村集体经济组织和服务型企业占比分别为 6.8%和 3.8%。

湖北农业社会化服务发展的总体情况可以概括为三个方面。一是服务主体多元化发展。提供服务的经营主体包括政府部门、国有大型企业、民营企业和众多专事服务的合作组织，形成了多元化的服务主体格局。二是服务模式不断创新完善。湖北省不断探索和创新服务模式，出现了土地托管、联耕联种、代耕代种、农业共营制等新的服务形式。三是农业全产业链服务加速发展。在农业全产业链层面，信息数据、职业农民培养、品牌建设、农产品电商、农业科

① 湖北省农业农村厅．省农业农村厅省财政厅省自然资源厅印发《关于促进农业适度规模经营高质量发展的指导意见》的通知，http：//nyt.hubei.gov.cn/zfxxgk/zc _ GK2020/gfxwj _ GK2020/202306/t20230619 _ 4713848.shtml。

技创新与应用等服务业务发展迅速。这些服务在当前农业全产业链中发挥着越来越重要的作用，成为农业服务规模扩大的主要来源。

2. 农业社会化服务发展面临的问题和挑战

(1) 社会化服务组织服务带动能力较弱

①服务人员素质不高。基层公共农业服务机构普遍存在人员队伍不稳、专业结构不合理、人员和知识老化严重等现象，服务人员的专业技能和综合素质难以满足实际工作的需要，已成为制约农业社会化服务组织发展的突出短板。

②配套服务不完善。农业社会化服务主要集中在生产环节，产前与产后服务较少。播种、收割等生产性服务占了社会化服务的绝大部分，而农产品保鲜、贮藏、运输、深加工、线上及线下销售以及农业金融、信贷、保险、信息等服务仍然比较缺乏。

(2) 社会化服务组织自我发展能力弱

①服务对象单一。农业社会化服务主要面向机械化水平高的大田作物，尤其是平原地区的粮食作物，而面向经济作物、特色作物、畜禽水产养殖和丘陵山区的农业社会化服务供给发展较为滞后。

②服务成本较高。由于小农户经营规模小，村集体经济组织、农民合作社、中介机构发展不充分，不能有效组织小农户对接专业化服务，导致社会化服务组织服务成本较高。

③服务环节利润低。经营性服务组织难以通过提供农业生产服务获利，部分组织甚至难以弥补成本，导致农业社会化服务市场发展不充分，而依靠政府购买或财政资金补贴远远不能满足农业生产需求。

(二) 提升农业社会化服务组织能力的对策建议

1. 推进社会化服务组织持续发展

针对农业基础设施薄弱的现状，应加大对农业基础设施的投入，发展农业生产性服务业。要鼓励服务主体创新服务模式和组织形式，发展多层次、多类型的专业化服务，推进农业生产托管，因地制宜发展单环节、多环节、全程生产托管等服务模式，满足多样化的服务需求。继续做好土地整理和田间基础设施升级，让分散小农户的土地平整连片，完善田间道路和灌溉沟渠设施。鼓励和引导企业、大户等经营主体投资农业基础设施建设，建立多元投入机制。推动服务主体与银行、保险、邮政等机构深度合作，实现优势互补、互利共赢。未来政策应顺应农业经营主体的分化趋势，匹配农业生产性服务需求演变，发挥不同类型服务主体的比较优势，确保社会化服务体系的高效运转。

2. 提高社会化服务组织服务能力

农业院校和科研单位应积极开展农业技术推广服务，通过培养农业农村人才、加强农业技术集成和成果转化、建设农业科技试验示范基地等途径，提升农业社会化服务体系的能力和水平。要抓好家庭农场经营者和农民合作社带头人的培育，完善项目支持、生产指导、质量管理和市场对接等服务。加强社会化服务平台建设与宣传，确保平台运行落到实处，提升服务效率和覆盖面。

3. 健全社会化服务组织扶持政策

健全农业社会化服务体系，实现小农户和现代农业发展的有机衔接，要不断完善支持政策，推进农业生产托管，加快培育各类服务主体。落实对农业机耕、排灌、病虫害防治、植物保护、农牧保险及相关技术培训业务的税收优惠政策。完善新型农业经营主体的金融保险、用地保障等政策，推动新型农业经营主体与小农户建立利益联结机制，推行保底分红、股份合作、利润返还等方式。坚持落实上述扶持政策，为社会化服务组织发展注入动力，确保其可持续发展。

专题报告四

保障农业产业链供应链稳定安全

增强农业产业韧性是加快建设农业强国的根本要求，延长产业链、拓宽价值链、畅通供应链是湖北加快建设农业强省的重要着力点。本报告深入分析了湖北省农业产业链供应链韧性及其时空变化特征，探究了产业链“链长制”对湖北省农业产业链供应链韧性的影响效应，从而为保障湖北省农业产业链供应链安全提出对策建议。

一、农业产业链供应链韧性概念界定及指标选取

（一）农业产业链供应链韧性的概念界定

1. 产业链、供应链

产业链与供应链是两个密切相关的概念。产业链可以理解为生产各类产品或提供各类服务的企业，通过分工和交易所构成的相互关联的体系。供应链则强调产业链上各企业之间以及企业内部的供应关系，可以是链状的上下游关系，也可以是网状的供应网络，更加突出企业供应管理的内容。2021 年我国“十四五”规划纲领首次就产业链供应链优化进行了单独讨论，提出要提升产业链供应链现代化水平。党的二十大报告中围绕如何推动高质量发展问题时谈到三个着力点：“着力提高全要素生产率，着力提升产业链供应链韧性和安全水平，着力推进城乡融合和区域协调发展。”自产业链供应链这个政策概念提

出后，研究大多未严格区分产业链与供应链，而是统称为产业链供应链。“产业链供应链”这一概念往往兼顾产业链的宏观含义和供应链的微观含义。

2. 产业链供应链韧性

韧性来源于机械学，其意为物体受外力作用时，产生形变而不易折断并恢复的性质，这一概念最初应用于工程、机械等工科领域，即工程韧性（Hollnagel et al.，2006）。20 世纪 90 年代后，“韧性”这一概念开始被广泛运用到生态学、社会学、灾害学、应急科学等不同领域，产生了经济韧性、企业韧性、城市韧性、安全韧性等基本概念（Chaffin，2016；赵瑞东等，2020）。“韧性”在不同的研究领域、研究对象中表述差别不大，对其的界定是相通的，均体现出研究对象在遭遇冲击后的抵抗和恢复能力。也有部分学者将韧性理论引用到产业链供应链方面的研究，何亚莉和杨肃昌等（2021）认为产业链韧性是指产业链在面对外部冲击时，避免产业链条折损或通过自生能力将外部冲击内化、分散和转移并在冲击发生后自我恢复的能力和特性。陈晓东等（2022）提出，产业链韧性可以定义为产业链应对内外部冲击的能力，具体指产业链在遭受国内外市场、环境冲击扰动时能够维持链条稳定、防止断裂、调整适应恢复到冲击状态前的运行状态甚至化危为机实现链条升级的能力。可见，产业链供应链韧性主要表现为产业链供应链的抵御能力、适应能力和恢复能力。

3. 农业产业链供应链韧性

习近平总书记在 2022 年中央农村工作会议上发表重要讲话，指出农业强国的共同特征就是要遵循农业现代化的一般规律，建设供给保障强、科技装备强、经营体系强、产业韧性强、竞争能力强的农业强国。加快建设农业强国，对推进“四化同步”发展、全面建成社会主义现代化强国具有重要意义（宋洪远，江帆，2023）。因此，如何高质量建设农业产业链成为我国未来农业强国的重要着力点，农业经济是中国经济的重要组成部分，增强农业产业链供应链韧性不仅有利于培育农业增长内生动能，促使中国由农业大国迈入农业强国行列，而且更有利于保障粮食安全和经济稳定增长。程国强（2020）认为强化农产品全球供应链管理是应对粮食市场波动的可能风险和挑战的重要举措。此外，学者将农业发展韧性理解为农业系统消化和吸收外界干扰并保持原有主要特征和关键功能的能力（Folke，2006）。也有学者认为，农业生产韧性反映了农业生产从破坏性事件和灾害中的复原能力（李飞，曾福生，2016），农业韧性可被描述为农业系统消化和吸收外界干扰的一种抗冲击能力（何亚莉，杨肃昌，2021）。Béné（2020）提出，风险管理是帮助粮食体系预防、预测重大困难的手段，但强韧的粮食体系至少应具备抵抗能力、适应能力和变革能力。结合文献中对农业韧性概念的界定，本报告将农业产业链供应链韧性理解为农业产业链供应链应对外部冲击时的能力，主要包括抵御能力、适应能力、恢复能力和变革能力四个关键能力。即农业产业链供应链保持稳定性，迅速调整以恢复到先前正常运行状态，甚至实现链条创新升级的能力。

（二）农业产业链供应链韧性指标体系构建

农业产业链供应链韧性评价指标体系应满足系统、完整、科学和可行等要求。首先，指标体系必须与当前农业产业链供应链韧性的内涵一致，不仅要考虑产业链供应链的各个环节如生产、运输、销售、消费环节的指标，也要考虑到产业链供应链遭受的内外部冲击。既能反映现状，也能评价趋势。其次，所选指标应有可获得的、权威、连续的数据来源，确保评价结果的公信力和连续性。

构建农业产业链供应链韧性评价指标体系应遵循以上原则，结合目前韧性理论和文献中对各个领域韧性指标维度的选取（表 1），本报告着重考虑抵御能力、适应能力、恢复能力、变革能力四个维度。数据主要来源于国家统计局官方网站和湖北县（市）统计年鉴，数据指标选取部分参考了郝爱民和谭家银（2022）、蔡乌赶和许凤茹（2022）、朱永光等（2023）的研究成果。

表 1　指标选取依据

刻画系统	指标维度	文献来源
轨道交通全产业链韧性	内部韧性、外部韧性	曹德等，2020
高技术制造业韧性	断裂韧性、冲击韧性	杨如雪，2022

（续）

刻画系统	指标维度	文献来源
粮食体系韧性	抵抗能力、适应能力、变革能力	郝爱民和谭家银，2022
中国工业韧性	抵抗力、恢复力、再组织力、创新力	蔡乌赶和许凤茹，2022
海洋船舶产业链韧性	抵御能力、恢复能力、再组织能力、更新能力	王泽宇等，2022
制造业韧性	抵抗力、恢复力、再造力	郝爱民和任禎，2022
煤炭产业链供应链韧性	准备能力、吸收能力、恢复能力、适应能力	吴安波等，2022
人工智能产业韧性	吸收能力、适应能力、恢复能力	吴斌等，2023
农业韧性	抵抗力、恢复力、再造力	郝爱民和谭家银，2023

1. 抵御能力指标

抵御能力是指农业产业链供应链自身可能具备的抵御外来冲击的能力，主要围绕产业链供应链的生产、加工、运输、销售等环节，从产业链供应链规模和效益衡量。重点选取了农作物播种面积、粮食产量、货物运输量等指标。

2. 适应能力指标

适应能力主要指农业产业链供应链适应风险的能力，可以用风险暴露度以及绿色发展能力衡量。重点选取了自然灾害、经济社会、市场价格等方面的风险指标，如农作物受灾和成灾面积、农产品生产价格指数和波动、地区生产总值指数。

3. 恢复能力指标

恢复能力指的是发生农业相关风险时农业产业链供应链迅速恢复到冲击前状态的能力，本研究用恢复基础和恢复程度两个维度衡量，选取了农业保险、农业气象监测业务等指标。

4. 变革能力指标

变革能力是指农业产业链供应链从冲击中吸取经验，不断变革从而超越冲击前状态的能力，本研究用创新投入和创新影响两个维度衡量，重点选取了农用机械总动力、农业专利申请数等指标衡量变革能力。

基于以上指标维度的选取，本报告分别构建了宏观和微观视角下农业产业链供应链韧性测度指标体系（表 2、表 3 和表 4）。

二、农业产业链供应链韧性测度结果及分析

（一）农业产业链供应链韧性指标测度

本研究采用熵权法和变异系数法对农业产业链供应链韧性各个评级指标进行赋权，之后用熵权 TOPSIS 法测度该地区每年农业产业链供应链韧性综合得分，分析韧性综合得分的动态演进趋势及空间分布特征。

指标数据时间跨度为 2010—2022 年，熵权法和变异系数法尽管在计算方法上存在差异，但二者计算权重的原理都是依据某个指标在所有评价对象上观测值的差异程度进行赋值，差异越小说明该指标越稳定，对总体农业产业链供应链韧性的影响较少，赋予的权重也相应较少，反之则赋予较大的权重。本研究利用熵权法和变异系数法进行赋权，并主要依据熵权法权重计算农业产业链供应链韧性综合得分，变异系数法可作为一种稳健性检验。宏观视角和微观视角下各指标的权重如表 2、表 3 所示。

表 2　宏观视角下全国农业产业链供应链韧性的评价指标体系

一级指标	二级指标	三级指标	指标方向	熵权法指标权重	变异系数法权重
抵御能力（0.464）	产业链供应链规模	农作物播种面积	+	0.061	0.055
		粮食产量	+	0.081	0.067
		货物运输量	+	0.055	0.053
		原粮销售量	+	0.111	0.097
	产业链供应链效益	粮油加工企业总产值	+	0.090	0.075
		农业产值	+	0.066	0.059

（续）

一级指标	二级指标	三级指标	指标方向	熵权法指标权重	变异系数法权重
适应能力（0.055）	绿色发展	农用塑料薄膜使用量	—	0.008	0.018
		化肥施用量	—	0.010	0.021
		农作物受灾面积	—	0.007	0.017
		成灾面积	—	0.004	0.013
	风险暴露	农产品生产价格指数	+	0.013	0.027
		主要农产品生产价格指数波动	—	0.005	0.015
		地区生产总值指数	+	0.008	0.021
恢复能力（0.193）	恢复基础	农业保险	+	0.084	0.073
		农业气象监测业务	+	0.030	0.037
	恢复程度	单位面积粮食产量	+	0.039	0.045
		农村常住居民人均可支配收入	+	0.041	0.049
变革能力（0.288）	创新投入	农用机械总动力	+	0.076	0.067
		农村住户固定资产投资完成额	+	0.057	0.055
	创新影响	农业专利申请数	+	0.150	0.123
		农林牧渔业总产值指数	+	0.004	0.014

数据来源：国家统计局以及《中国统计年鉴》。

表3　宏观视角下湖北省农业产业链供应链韧性评价指标体系

一级指标	二级指标	三级指标	指标方向	熵权法指标权重	变异系数法权重
抵御能力（0.376）	产业链供应链规模	播种面积	+	0.049	0.049
		粮食产量	+	0.055	0.053
	产业链供应链效益	原粮销售量	+	0.095	0.081
		货物运输量	+	0.065	0.062
		粮油加工企业产值	+	0.063	0.058
		农业产值	+	0.051	0.049

（续）

一级指标	二级指标	三级指标	指标方向	熵权法指标权重	变异系数法权重
适应能力（0.060）	绿色发展	农用塑料薄膜使用量	—	0.020	0.028
		化肥施用量	—	0.014	0.022
	风险暴露	农作物受灾面积	—	0.010	0.020
		成灾面积	—	0.005	0.014
		商品零售价格指数	—	0.012	0.021
		地区生产总值指数	＋	0.009	0.018
恢复能力（0.218）	恢复基础	农业保险支出	＋	0.108	0.090
		农业气象监测业务	＋	0.064	0.049
	恢复程度	单位面积粮食产量	＋	0.036	0.060
		农村居民人均纯收入	＋	0.027	0.035
变革能力（0.319）	创新投入	农用机械总动力	＋	0.042	0.046
		固定资产投资	＋	0.079	0.072
	创新影响	农业专利申请数	＋	0.177	0.139
		农林牧渔业总产值指数	＋	0.021	0.034

数据来源：湖北省各统计年鉴。

从表2和表3可以看出，宏观视角下无论是用全国省级层面的数据还是湖北市级层面的数据构建农业产业链供应链韧性评价指标体系，抵御能力维度的权重最大，权重分别达0.464和0.376，说明生产、加工、运输、销售等环节的规模和效益对农业产业链供应链韧性有较大的影响。其次，从单个指标来看，农业专利的权重在全国指标体系和湖北指标体系都是最大的，说明农业专利数量越多的地区，农业产业链供应链韧性水平越高。

表4是使用湖北省14个县级行政区域共计1 082份农户抽样调查数据测度的农业产业链供应链韧性评价指标体系，从中可以看出，四个指标维度的影响程度差异不大，其中适应能力的影响权重最大，达到0.266，说明与农业风险相关的指标对农户层面的农业产业链供应链韧性有较大影响，小农户“靠天收成”的情况仍然影响着农业产业链供应链安全稳定。

表 4　微观视角下湖北省农业产业链供应链韧性评价指标体系

一级指标	二级指标	三级指标	问卷题项	指标方向	熵权法权重	变异系数法权重
抵御能力（0.257）	生产规模	农业机械投入	从事农业生产时，您使用哪些农业生产机械	+	0.007	0.007
		数字农业设备投入	您的数字（或智能）农业设备投入约多少万元	+	0.153	0.177
		耕地面积	2022 年耕地面积（土地确权证和实际耕地面积的最大值）	+	0.030	0.026
	生产效益	农作物产量	主要农作物产量（主要种植业农作物相加）	+	0.029	0.023
		农作物产值	主要农作物产值（主要种植业农作物相加）	+	0.033	0.023
		销售持续时间	2022 年您主要种植的农产品的销售持续时间是多长	+	0.005	0.006
适应能力（0.266）	绿色发展	农家肥施用量	2022 年您的农家肥施用量是多少	+	0.165	0.265
		休耕期	您的土地有没有休耕期	—	0.025	0.012
		土壤保护频率	农业生产中进行土壤保护和修复的频率如何	+	0.004	0.005
	风险暴露	灾害种类	您所种植的农作物发生过哪几种灾害	—	0.002	0.003
		减产风险	您记忆中，最主要农作物产量曾因自然灾害最低下降多少	—	0.001	0.001
		农业投入品价格风险	您家购买种子、农药、化肥等农业投入品价格是否上涨对农业收入的影响程度	+	0.048	0.021
		收购价风险	农作物收购价的变化对您家农业收入的影响程度	+	0.023	0.011

（续）

一级指标	二级指标	三级指标	问卷题项	指标方向	熵权法权重	变异系数法权重
恢复能力（0.228）	恢复基础	农业保险费用	2022 年您平均每亩地购买农业保险的费用	＋	0.095	0.122
		农业保险赔偿	2022 年您一共收到多少农业保险赔偿款	＋	0.103	0.088
		保险宣传力度	村里对“保险＋期货”这一模式的宣传力度	—	0.002	0.003
		技术培训	您从政府接受过应对干旱、洪涝灾害相关的技术指导或培训的频率如何	＋	0.004	0.005
	恢复时间	风险持续时间	您记忆中，如发生自然灾害或其他影响农业收入的风险，持续时间最长是多久	—	0.001	0.002
		恢复生产时间	发生自然灾害或其他影响农业收入的风险后，您通常多久可以恢复正常的生产活动	—	0.015	0.009
		市场价格恢复时间	您记忆中，发生自然灾害或其他影响农业收入的风险后，通常多久市场价格可以趋于正常	—	0.007	0.006
		损失弥补时间	因自然灾害或其他风险因素造成的损失，通常多久得到弥补	—	0.003	0.005
变革能力（0.249）	变革投入	搜索市场信息频率	您在互联网上搜索农产品市场信息的频率如何	＋	0.036	0.017
		学习农业技术频率	您主动学习（了解）的农业技术或农业知识的频率如何	＋	0.006	0.007
		种植新的作物花费	2022 年您为种植新的作物花费多少	＋	0.084	0.055
		购置新的农业设备花费	2022 年您为购置新的农业设备花费多少	＋	0.109	0.085
	预计变革效果	搜索市场信息的效果	您认为在互联网上搜索的信息对减少风险损失是否有用	＋	0.006	0.006
		购置新设备的效果	您认为购置新的农业设备的成本与收益大小如何	＋	0.003	0.005
		种植新作物的效果	您认为种植新的作物的风险与收益大小如何	＋	0.005	0.005

数据来源：2023 年华中农业大学乡村振兴大调研农户数据。

（二）韧性的动态演进及空间分布特征分析

基于上文农业产业链供应链韧性评价指标体系和权重，本研究运用熵权TOPSIS法分别计算了2010—2022年全国及湖北省农业产业链供应链韧性综合得分，并对测度结果进行动态演进及空间分布特征分析。

1. 农业产业链供应链韧性水平呈现逐年上升趋势

（1）农业产业链供应链韧性综合得分变化趋势

根据各地区每年农业产业链供应链韧性的综合得分，本研究分别绘制2010—2022年全国及湖北的韧性综合得分和增长率发展趋势图，直观呈现农业产业链供应链韧性变化趋势。图1和图2表示，全国和湖北省平均的韧性综合得分及增长率呈现相同的变化趋势，韧性综合得分呈现逐年上升趋势。全国韧性增长率在5%水平上下波动，2019年达到增长率最低点，随后逐渐攀升到最高点。湖北省韧性增长率变化幅度大于全国，2019—2020年韧性增长率处于下降趋势，随后逐渐攀升至2021年的最高点。

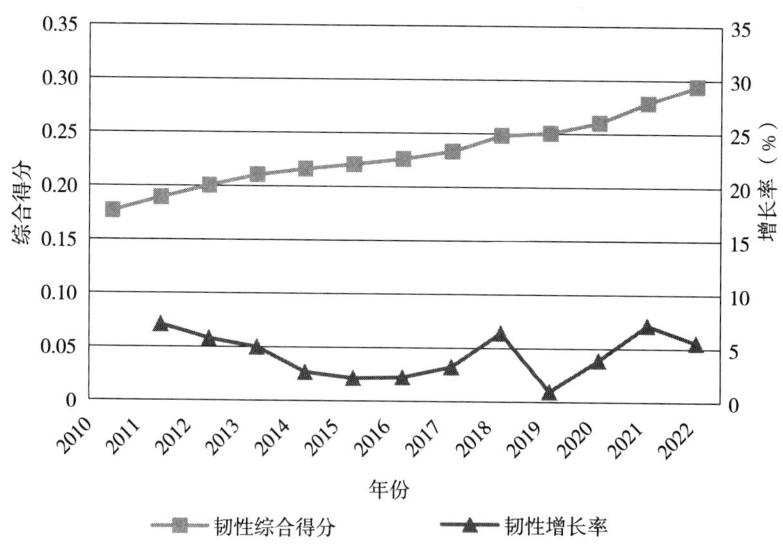

图1　2010—2022年全国农业产业链供应链韧性综合得分和增长率发展趋势

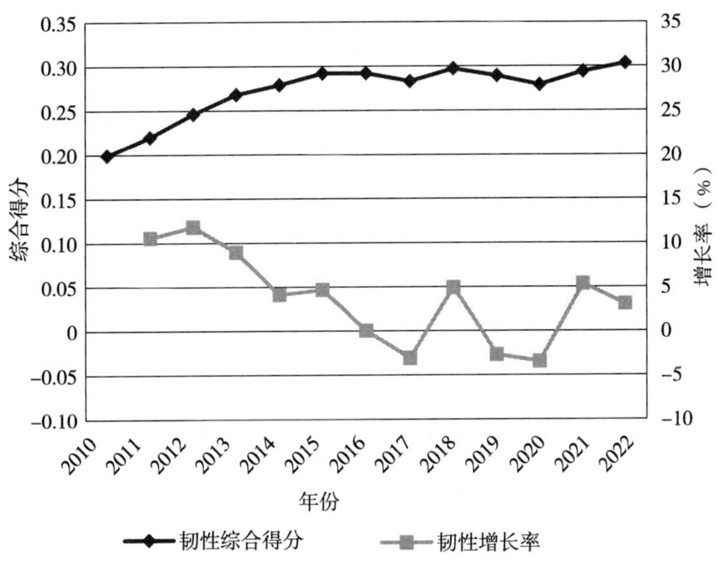

图 2　2010—2022 年湖北农业产业链供应链韧性综合得分和增长率发展趋势

（2）农业产业链供应链韧性四大维度变化趋势

对农业产业链供应链韧性进行分维度的测度，可以分析不同维度指标对农业产业链供应链韧性的影响程度，以及各维度指标随时间变化的程度。全国农业产业链供应链韧性分维度发展趋势如图 3 所示。

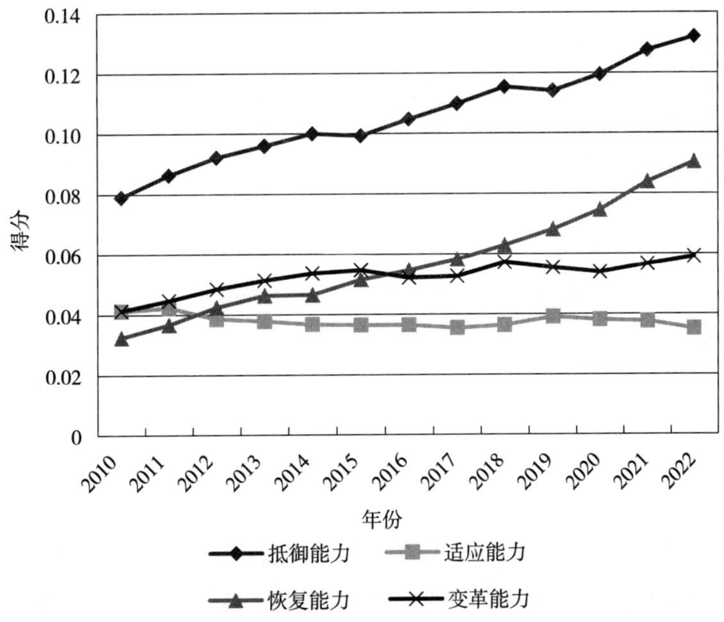

图 3　2010—2022 年全国农业产业链供应链韧性分维度发展趋势

图 3 表明，四个维度的农业产业链供应链韧性得分有较大差异，抵御能力和恢复能力基本保持逐年增长的趋势，并且抵御能力维度得分最高。其次，适应能力和变革能力的得分相差不大，适应能力维度得分最低，表明尽管各类风险对农业产业链供应链的安全稳定有影响，但由于各地区之间的风险指标差异不大，因此整体上风险适应能力对农业产业链供应链韧性的影响程度不大。

2. 韧性水平呈现“东北较高、中部和东部次之、西部滞后”的格局

本部分分地区研究参考我国有关部委实行的四大区域的划分方法，即东部、中部、西部和东北部地区。其中，东部地区包括山东、江苏、河北、北京、广东、浙江、上海、福建、天津、海南，中部六省为河南、安徽、湖南、湖北、江西、山西，西部地区为四川、内蒙古、广西、陕西、云南、贵州、甘肃、重庆、宁夏、青海、西藏、新疆，东北地区为辽宁、吉林和黑龙江三省。由于本研究数据剔除了西藏、新疆两个地区，因此，西部地区仅包括 10 个地区。从图 4 可以看出，东北地区农业产业链供应链韧性水平最高，随后是中部地区、东部地区，西部地区农业产业链供应链韧性水平最低。

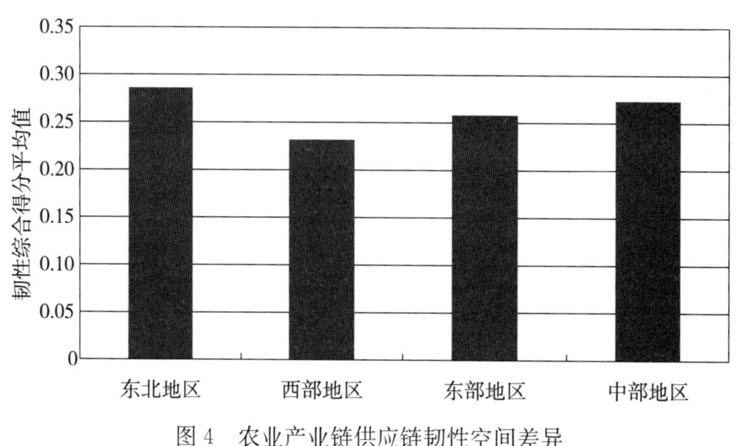

图 4　农业产业链供应链韧性空间差异

3. 农业主产区的农业产业链供应链韧性水平较高

本研究进一步计算了每个地区历年韧性综合得分平均值，运用柱状图直观表示全国各地韧性水平差异。从图 5 可以看出，全国韧性水平排名前 5 的省份是山东、河南、黑龙江、江苏、安徽，基本上农业大省的农业产业链供应链韧

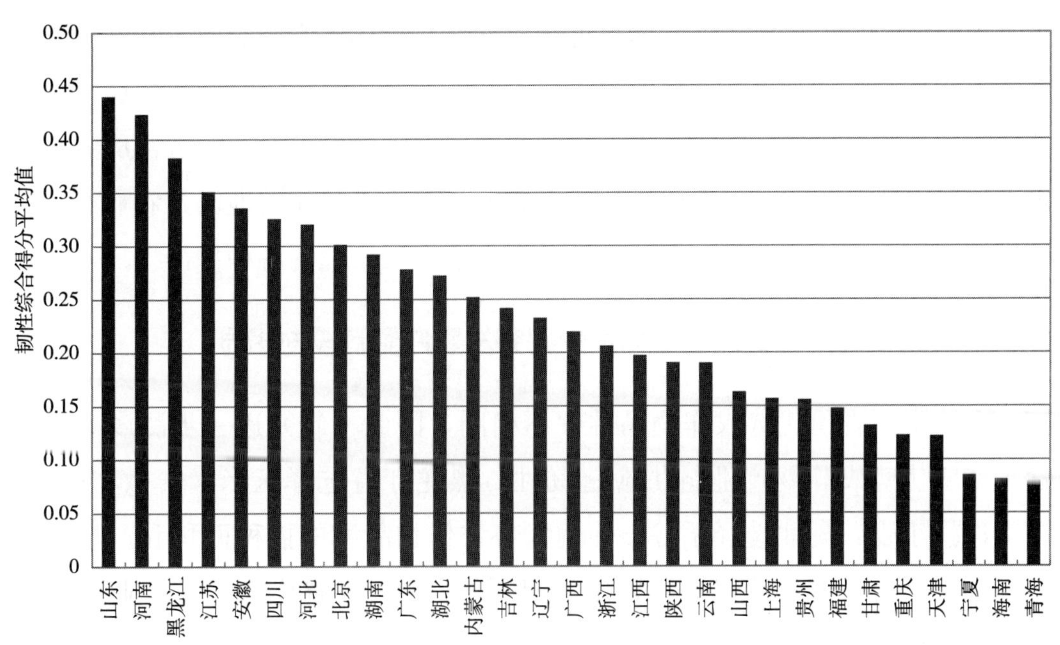

图 5　全国 29 个省份农业产业链供应链韧性平均值

性水平较高，湖北省农业产业链供应链韧性水平在全国排第 11 位，湖北省也一直是我国粮食主产区之一。从图 6 来看，武汉市、襄阳市、荆州市、黄冈市、荆门市是湖北省农业产业链供应链韧性排名前 5 的地区，排名靠前的地区基本上是湖北省的产粮大市，而武汉市无论是经济实力还是科技发展水平均领

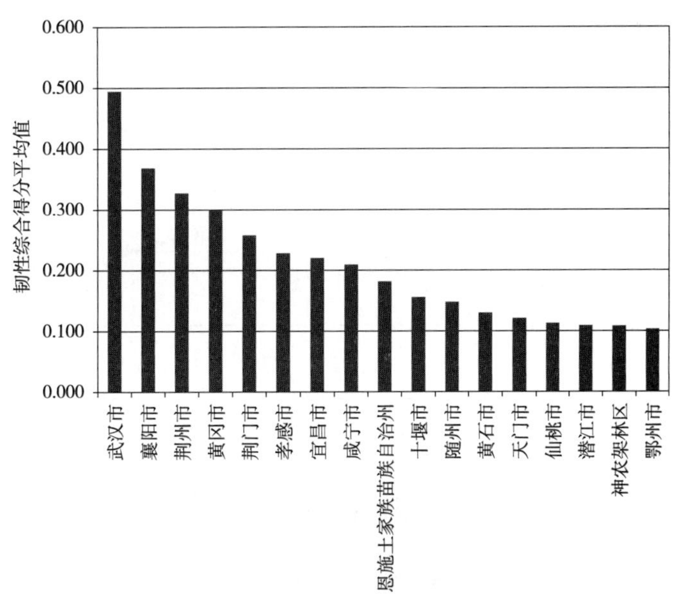

图 6　湖北省各地区农业产业链供应链韧性平均值

先于其他地区，由上文测度的权重可知，湖北省指标体系中农业专利的影响程度较大，因此武汉市尽管不是产粮大市，其农业产业链供应链韧性依然远高于其他地区。结合上述分析，基本可以验证本研究测度的农业产业链供应链韧性水平和现实情况相吻合，农业发达或者农业科技水平领先的地区，农业产业链供应链韧性水平往往较高，能够有效抵御农业发展面临的各种冲击。

4. 优势农业产业链供应链韧性受到突发事件影响较为明显

由于不同省份优势农作物品种各不相同，因此本研究进一步测度 5 个粮食主产区优势农作物产业链供应链韧性。黑龙江省选择玉米，安徽、山东、河南选择小麦，湖北选择稻谷，使用优势农作物品种的播种面积和产量替换原来的数据，并运用熵权法和熵权 TOPSIS 法测度各省优势农业产业链供应链韧性，测度结果如图 7 所示。该图展示了优势农业产业链供应链韧性变化趋势，从中可知，优势农业产业链供应链韧性水平波动幅度比整体农业产业链供应链大，河南省、湖北省、安徽省的优势农业产业链供应链韧性水平在 2019—2020 年度和 2021—2022 年度有明显下降趋势，而无论是全国还是湖北省的农业产业链供应链韧性水平都呈现逐年上升趋势。这说明，尽管 2019—2020 年度和 2021—2022 年度，受新冠疫情等突发事件的影响，部分粮食主产区的优

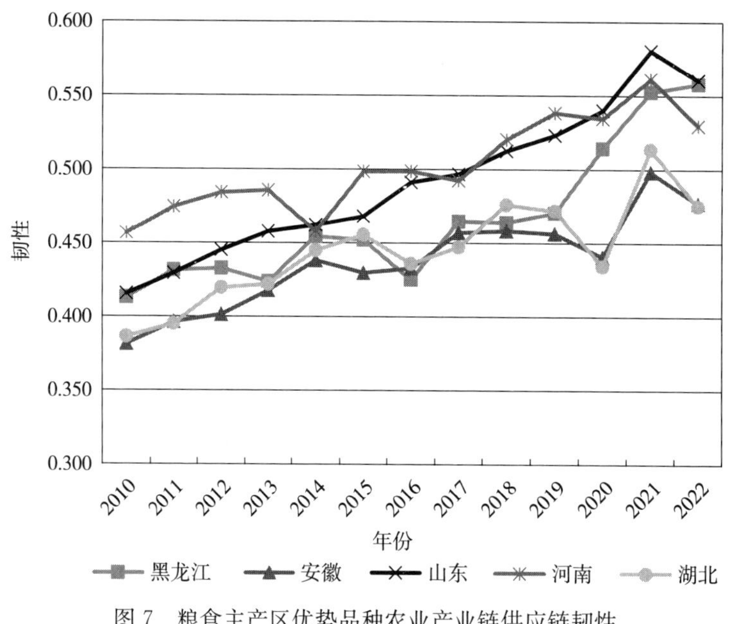

图 7　粮食主产区优势品种农业产业链供应链韧性

势农业产业链供应链受到冲击，造成韧性水平降低，但整体农业产业链供应链能够及时采取应急响应措施，维持正常的运转，甚至驱动产业链供应链的升级和变革，因此整体农业产业链供应链韧性水平仍保持逐年上升的趋势。

三、湖北省产业链“链长制”政策效应评价

（一）产业链“链长制”政策梳理

1. 全国各地产业链“链长制”落实情况

当前，我国产业链供应链还存在诸多“断点”“堵点”“痛点”，部分核心环节和关键技术受制于人，产业基础能力不足，国民经济循环不畅，存在结构性失衡，促使我国高度关注产业链供应链安全问题，提升产业链竞争力，以确保产业链稳定。2020 年 9 月，国务院发布《中国（浙江）自由贸易试验区扩展区域方案》，提出构建“链长制”责任体系，这是首次国家层面政策文件中提到“链长制”。通过实施“链长制”，地方政府可以从做实平台载体、强化要素投入、加强政策配套等方面推动产业链和创新链的双向融合；还可以通过创新研发投入方式、实施产业链招商和构建国内统一市场等，吸引产业链中不同环节的企业进入本地产业链，进而形成相对完整、一体化发展的全球产业链集群（刘志彪，孔令池，2021）。曲永义（2022）认为将产业链链长融入新时期国资国企改革体系之中，以总体国家安全观统领现代产业链建设，是实现中国产业链现代化建设、强化国家产业链安全的重要方式。“链长制”是落实国家产业链供应链工作的战略部署，最先是针对制造业提出，较少涉及农业产业链供应链。然而，农业产业链供应链面临着气候灾害导致的减产风险、突发冲击导致的供需风险，以及体层技术被制约下的本体风险，粮食安全问题事关国计民生和国家安全。因此，从 2020 年开始，围绕建立现代农业产业园区、培育现代农业高新技术企业等，全国各地相继出台了现代农业及相关产业相关政策，旨在夯实农业产业创新能力，强化产业链供应链韧性建设和创新激励机制。2021 年 5 月，农业农村部发布《关于加快农业全产业链培育发展的指导意见》，明确指出开展农业全产业链“链长制”试点，支持农业产业化龙头企

业担任“链主”。这也是目前唯一从国家层面对农业产业链供应链开展“链长制”的探索。为促进产业链供应链发展，全国各地根据自身的产业基础，确定了相应的主导产业和未来重点产业链供应链发展方向，开始建立产业链“链长制”（表5），从而提升农业等产业链的韧性水平。

表5　全国各地出台的产业链“链长制”政策

地区	发布时间	政策名称	政策内容
北京	2021年3月	《北京经济技术开发区关于实施产业链链长制的工作方案》	构建“总链长＋链长＋责任部门＋维护专员”四级服务体系
天津	2021年6月	《天津市产业链“链长制”工作方案》《天津市推进农业农村现代化“十四五”规划》	实行“一条产业链、一位市领导、一个工作专班、一套工作方案”模式，由市领导担任产业链链长；推进优势特色农产品全产业链建设
河北	2020年10月	《关于促进高新技术产业开发区高质量发展的实施意见》	提出全省建立产业链“链长制”，实施“一链一图、一链一制、一链一策”
山西	2021年4月	《山西省“十四五”打造一流创新生态　实施创新驱动、科教兴省、人才强省战略规划》	建立创新生态“链长”责任制，推动设立产业创新链“链长”负责制
内蒙古	2021年8月	《内蒙古自治区人民政府办公厅关于印发自治区“十四五”科技创新规划的通知》	建立由自治区领导负责的产业创新链“链长制”，针对重点产业链实行重点产业创新链“链长制”
辽宁	2022年6月	《辽宁省人民政府办公厅关于工业与农业融合发展的实施意见》《沈阳市工业和信息化局关于市政协十五届四次会议第451号提案的协办意见》	沈阳市围绕产业链发展建立了“链长制”和“链主制”，构建了市区协调、政企联动的工作格局
吉林	2021年6月	《吉林省人民政府办公厅关于成立吉林省产业链链长制工作领导小组的通知》	吉林省产业链链长制工作领导小组按三次产业设办公室，促进重点产业加快发展
黑龙江	2021年2月	黑龙江省第十三届人大五次会议	建立由省政府主要领导担任总链长，副省长担任链长的产业链“链长制”。依托“链长制”，全省将把食品和农副产品精深加工打造成支柱产业
上海	2023年8月	《关于进一步推动招商引资高质量发展的实施方案》	鼓励各招商主体聚焦主导产业推广“链长制”，建立“一链一策”精准供给机制，依托“链主型”企业开展产业链上下游招商

（续）

地区	发布时间	政策名称	政策内容
江苏	2021年1月	《江苏省“产业强链”三年行动计划（2021—2023年）》	建立省领导挂钩联系优势产业链制度和产业强链专班机制，培育绿色食品等50条重点产业链
浙江	2019年8月	《浙江省商务厅关于开展开发区产业链“链长制”试点　进一步推进开发区创新提升工作的意见》	提出要以改革的思路创新体制机制，开展开发区产业链“链长制”试点，包含健康食品等产业链
安徽	2020年6月	《合肥市做好“六稳”“六保”抓细抓实经济发展工作“123＋10”行动方案》《安徽省人民政府关于促进全省高新技术产业开发区高质量发展的实施意见》	实施产业链供应链链长制，做好强链、补链、延链工作
福建	2023年5月	《福建省人民政府关于进一步加强招商引资工作的意见》	积极推行产业链招商“链长制”，一条产业链一个部门负责
江西	2020年4月	《关于实施产业链链长制的工作方案》	建立链长制工作推进体系，梳理出14个重点产业链，包括绿色食品等产业
山东	2021年4月	《关于建立制造业重点产业链链长制工作推进机制的通知》	配套建立“链主”企业牵头主导、产业链联盟合作、产学研协同推进、要素保障服务等四大机制，推动农机装备等11条标志性产业链高质量发展
河南	2021年10月	《河南省人民政府办公厅关于建立省级先进制造业集群重点产业链“双长制”的通知》	决定建立省级先进制造业集群重点产业链群链长制和盟会长制，涉及包括绿色食品在内的10条重点产业链
湖北	2021年4月	《湖北省制造业产业链链长制实施方案（2021—2023年）》	聚焦食品产业链在内的16条产业链，实施产业链链长制
湖南	2021年8月	《关于省领导联系产业集群（产业链）推动打造国家重要先进制造业高地的工作方案》	建立省领导联系产业集群（产业链）的链长制，分管省领导开展促进产业集群（产业链）发展的联系服务工作。其中包含生态绿色食品和农业机械等产业链
广东	2020年9月	《广东省战略性产业集群联动协调推进机制》	广东由省领导定向联系20个战略性产业集群，协调推进产业集群龙头企业、重点项目和重大平台等培育建设。其中包含现代农业与食品产业链
广西	2019年11月	《广西重点产业集群及产业链群链长工作机制实施方案》	建立群链长工作机制，加快推进12大重点产业集群23条重点产业链发展。其中包含粮油加工产业集群

（续）

地区	发布时间	政策名称	政策内容
海南	2022 年 5 月	《海南省热带特色高效农业全产业链培育发展三年（2022—2024）行动方案》	各链长按照“链长＋处室＋企业团队＋技术团队”模式，根据“一链一策”原则，研究制定配套支持政策，打通全产业链
重庆	2021 年 8 月	《两江新区建设产业功能区实施“链长制”工作方案》	实施“链长＋链主”双链制，坚持“一区一策”“一链一策”
四川	2022 年 4 月	《四川省促进工业经济稳定增长行动方案》	建立产业链供应链监测体系和重点产业链“链长＋链主”推进机制
贵州	2021 年 10 月	《贵州省“十四五”中小企业发展规划》	围绕十大工业产业、12 个农业特色优势产业、服务业创新发展十大工程等，推行重点产业链“链长制”
云南	2021 年 1 月	《云南省人民政府关于促进经济平稳健康发展 22 条措施的意见》	结合省重点产业发展领导推进机制，建立产业链链长制
陕西	2021 年 7 月	《陕西省人民政府办公厅关于进一步提升产业链发展水平的实施意见》	推动实施“链长制”，各产业链的“链长”作为牵头人，主要负责统筹协调，推动提升产业链发展水平
甘肃	2021 年 9 月	《甘肃省产业链链长制工作方案》	明确特色产品及食品加工等 14 条重点产业链及各产业链链长，建立健全“链长制”科技支撑服务体系
青海	2021 年 12 月	青海省人民政府办公厅关于印发青海省“十四五”循环经济发展行动方案的通知	建立循环经济产业链长制，实行总链长牵总、链长负责，牵头部门主抓、各地区及部门联动的工作机制
宁夏	2021 年 5 月	《自治区发展改革委关于开展全区扩大有效投资攻坚“五晒五比五拼”专项活动的通知》	以“产业链链长＋产业联盟盟长＋行业协会会长＋驻地银行行长”“四长”助推九大重点产业转型

资料来源：根据各地政府文件整理。

2. 湖北省各地产业链“链长制”落实情况

找准优势产业链是提升产业链供应链韧性的基础，湖北省结合长江中游城市群发展规划和本省“十四五”规划，立足自身产业基础，以建设“51020”① 现代产业体系为目标，遴选 16 条产业链，其中就包括食品产业链。在农业产业链方面，2021 年湖北省出台了《重点农业产业链实施方案》推进十大重点

① 即 5 个万亿元级支柱产业、10 个 5 000 亿元级优势产业、20 个千亿元级特色产业集群。

农业产业链建设。除潜江市和神农架林区外，湖北省其他地区都根据自身产业链发展基础，围绕农业等产业链出台了相应的产业链“链长制”实施方案（表6）。湖北省各地通过选定优势农业产业链和攻关重点，均通过出台产业链“链长制”政策压实农业产业链建设责任制，确保农业产业链供应链稳定安全，提升农业产业链现代化水平，服务现代农业产业体系建设。

表6　湖北各地出台的产业链“链长制”政策

地区	发布时间	政策名称	政策内容
武汉	2021年9月	《市人民政府办公厅关于印发以“四个加快”推动全市经济高质量发展若干措施的通知》	建立产业链“链长制”。实施“一链一策”，各牵头部门对标先进城市制订实施方案，明晰产业链发展目标、路径，建立健全精准化、个性化政策供给
黄石	2023年4月	《黄石市深入推进产业链供应链链长制的实施方案》	实施“一链一会一基金一龙头一平台”机制，着力增强产业链供应链韧性和竞争力，确定了农副产品深加工等10条主导产业链
十堰	2022年3月	《十堰市“一主三大五新”现代产业体系“链长制”实施方案》	聚焦“一主三大五新”现代产业体系，推行“链长制”
宜昌	2022年5月	《宜昌市产业链链长负责制及精准管理实施方案》	围绕食品饮料等9条制造业综合性产业链，实施产业链链长负责制
襄阳	2021年7月	《襄阳市先进制造业产业链链长制行动方案（2021—2023年）》	建立产业链“链长”工作机制，重点建设13条产业链，形成特色鲜明、竞争有力的“1+3+5”产业体系
鄂州	2022年2月	《鄂州市重点产业链链长制实施方案》	建立“一名链长负责、一个单位牵头、一个专班落实、一个方案推进、一个园区配套、一套政策支持”六个一工作模式
荆门	2021年4月	《荆门市制造业产业链链长制工作方案》	聚焦绿色食品等12条重点产业链，实行一名市领导、一名龙头企业负责人双链长负责制
孝感	2021年5月	《孝感市提升五大传统产业现代化水平　推动五大战略性新兴产业倍增发展暨制造业产业链链长制实施方案（2021—2023年）》	全面启动产业链链长制工作，市产业链链长制办公室加强统筹协调，力争产业链式发展取得新局面
荆州	2021年5月	《重点产业链链长制分工》	围绕食品加工等重点产业，形成由市领导担任链长的工作模式

（续）

地区	发布时间	政策名称	政策内容
黄冈	2021 年 6 月	《黄冈市先进制造业重点产业链链长制实施方案》	以食品饮料等八大产业为重点，实行产业链链长负责制，由链长牵头推动产业链发展各项工作
咸宁	2021 年 7 月	《咸宁市制造业产业链链长制三年行动方案（2021—2023 年）》	聚焦健康食品及饮料等 8 条产业链，实施产业链链长制
随州	2021 年 10 月	《随州市制造业产业链链长制三年行动方案（2021—2023 年）》	聚集食品工业等六大产业，建立产业链“链长制”总体推进工作机制
恩施	2021 年 7 月	《恩施州工业（制造业）产业链链长制实施方案》	聚焦硒食品精深加工等八大重点产业，实施产业链链长制
仙桃	2022 年 3 月	《仙桃市产业链链长制实施方案（2022—2026）》	聚焦“7+1”工业产业链，积极开展产业链技术对接、人才对接、市场拓展、金融保链强链等工作
潜江		未出台“链长制”政策	
神农架		未出台“链长制”政策	
天门	2021 年 2 月	《2021 年天门市产业链链长制工作方案》	聚焦农产品及食品加工等十大重点产业产业链，建立“产业链链长制”，加快推进全市重点产业“建链、补链、强链”

资料来源：根据各地政府官网文件整理。

（二）湖北省产业链“链长制”政策的影响效应分析

1．“链长制”对农业产业链供应链韧性的整体及分维度影响

本研究采用多期双重差分法（Difference-in-Differences，后文简称 DID）对湖北省产业链“链长制”政策效果进行评估，将政策作为准自然实验。DID 模型的主要思想是对样本进行分组，将样本划分为受政策影响的实验组和不受政策影响的控制组。通过比较政策实施前后实验组与控制组在农业产业链供应链韧性水平上的差异，可以准确评估政策效应。为考察产业链“链长制”政策对农业产业链供应链韧性的影响，本研究构建 DID 模型如下。

$$PR_{it} = \alpha_0 + \alpha_1 Treat_i \times Period_t + \alpha_2 X_{it} + u_i + \lambda_t + \varepsilon_{it} \quad (1)$$

式（1）中，i 和 t 分别代表地区和年份，PR_{it} 为 i 地区 t 年的农业产业链

供应链韧性水平，基于熵权法测度可以得到，由于测度的农业产业链供应链韧性值较小，在实际进行回归时将韧性水平乘以10。$Treat_i$ 是农业产业链“链长制”政策变量，若该地区实施农业产业链“链长制”政策则设置为1，否则为0。$Period_t$ 为时间变量，实施农业产业链“链长制”政策的年份之后设为1，否则为0。交互项 $Treat_i \times Period_t$ 前的系数 α_1 即为产业链“链长制”政策对农业产业链供应链韧性的影响效应。X_{it} 为一系列控制变量，u_i 和 λ_t 分别代表地区和年份固定效应，ε_{it} 为随机扰动项。借鉴卫彦琦（2023）、郝爱民和谭家银（2022）的研究，本报告选择以下控制变量：①经济发展水平，用GDP对数衡量；②产业结构（以第二产业和第三产业增加值总和占GDP的占比来衡量）；③交通基础设施，用城市道路长度衡量；④市场化水平，用民营经济占GDP的比重衡量。

表7对湖北省产业链“链长制”政策的整体效应进行了实证检验。列（1）仅控制年份和地区固定效应，结果发现产业链“链长制”政策的估计系数为正值，且在1%水平上显著。列（2）进一步纳入相关控制变量后，结论依旧保持不变。这说明湖北省产业链“链长制”政策的出台有助于推动农业产业链供应链纵向延伸和横向扩展，提升湖北省农业产业链供应的链韧性。此外，从控制变量来看，经济发展水平有助于提升农业产业链的供应链。产业结构估计系数为负，说明二、三产业占比增加不利于农业产业链供应链韧性的提升。交通基础设施有助于提升产业链运输环节的效率，从而提升产业链供应链的韧性水平。市场化水平高的地区，有助于创新能力的提升和产业多元发展，进而提升产业链供应链韧性水平。

表7　产业链“链长制”政策对农业产业链供应链韧性的影响：基准回归

变量	(1) 农业产业链供应链韧性	(2) 农业产业链供应链韧性
产业链“链长制”	0.390***	0.340***
	(0.135)	(0.130)
经济发展水平		1.358***
		(0.458)
产业结构		−7.473***
		(1.665)

（续）

变量	(1) 农业产业链供应链韧性	(2) 农业产业链供应链韧性
交通基础设施		0.364***
		(0.111)
市场化水平		1.949*
		(0.989)
常数项	2.063***	−4.377*
	(0.026)	(2.351)
观测值	221	221
R^2	0.928	0.938
时间固定效应	是	是
地区固定效应	是	是

注：表中各变量括号外数据为估计系数，括号内数据为系数的标准误。***、**、*分别代表在1%、5%、10%的显著性水平。

此外，表8对产业链“链长制”政策的分维度影响效应进行实证检验。结果表明，产业链“链长制”政策对四个维度都具有显著的正向影响，并且对适应能力的影响程度最大。从控制变量来看，由于四个维度指标选取差异，分维度回归的估计系数与基准回归系数存在一定差异。具体来看，经济发展水平对适应能力的影响是负向的，这是因为适应能力的衡量指标中包含了经济社会的风险，当地区经济发展水平较高时，也会面临一定的经济社会风险，这对韧性指标体系来说是负向指标。产业结构对适应能力是正向作用，虽然产业结构提升不利于农业发展，但相对农业来说，第二产业和第三产业更容易适应风险，因此适应能力较强。

表8　产业链“链长制”政策对农业产业链供应链韧性的影响：分维度回归

变量	(1) 抵御能力	(2) 适应能力	(3) 恢复能力	(4) 变革能力
产业链“链长制”	0.074*	0.026***	0.166***	0.129**
	(0.038)	(0.009)	(0.050)	(0.059)
经济发展水平	0.302**	−0.151***	−0.003	0.575***
	(0.134)	(0.032)	(0.175)	(0.207)

（续）

变量	(1) 抵御能力	(2) 适应能力	(3) 恢复能力	(4) 变革能力
产业结构	−1.378***	0.493***	−0.536	−3.379***
	(0.487)	(0.115)	(0.634)	(0.752)
交通基础设施	0.117***	−0.007	0.096**	0.165***
	(0.032)	(0.008)	(0.042)	(0.050)
市场化水平	0.472	0.088	0.828**	0.568
	(0.289)	(0.068)	(0.377)	(0.447)
常数项	−1.037	1.077***	−0.094	−2.028*
	(0.687)	(0.162)	(0.896)	(1.062)
观测值	221	221	221	221
R^2	0.984	0.963	0.880	0.913
时间固定效应	是	是	是	是
地区固定效应	是	是	是	是

注：表中各变量括号外数据为估计系数，括号内数据为系数的标准误。***、**、*分别代表在1%、5%、10%的显著性水平。

农业科研投入与农业科技创新能力直接相关，农业科技创新有助于农业产业链供应链韧性水平的提升。在湖北省各地区之间由于农业科研投入存在明显差异的情况下，产业链“链长制”对农业产业链供应链韧性的影响也有可能不同。为此，本研究纳入湖北省各地区农业科学研究与试验发展（R&D）内部经费支出这一数据，该数据来源于EPS数据库，由于农业R&D内部经费支出的数据只有湖北省总体的数据，因此对该数据按照农业经费占总经费的比例进行估算。然后按照每年R&D内部经费支出的中位数将样本分成经费低和经费高两组，表9显示了分组回归的结果。从中可以看出，在农业科研经费高的地区，“链长制”对农业产业链供应链韧性具有显著提升作用。在其他条件不变的情况下，实施“链长制”使农业产业链供应链韧性水平增加0.044个单位。而农业科研经费低的地区，产业链“链长制”对农业产业链供应链韧性的影响有限。这可能是因为在产业链“链长制”政策的影响下，农业科研经费较高的地区更容易进行农业科技创新，提升产业链供应链韧性的变革能力，从而有助于提升农业产业链供应链韧性。

表9　产业链“链长制”政策对农业产业链供应链韧性的异质性影响

变量	(1) 农业科研经费低	(2) 农业科研经费高
产业链“链长制”	0.070	0.438**
	(0.068)	(0.193)
经济发展水平	−0.198	3.829***
	(0.273)	(0.826)
产业结构	1.448	−8.024***
	(0.995)	(2.925)
交通基础设施	0.011	0.599***
	(0.058)	(0.195)
市场化水平	−0.519	−1.499
	(0.613)	(1.718)
常数项	1.604*	−23.217***
	(0.958)	(6.367)
观测值	104	117
R^2	0.937	0.946
时间固定效应	是	是
地区固定效应	是	是

注：表中各变量括号外数据为估计系数，括号内数据为系数的标准误。***、**、* 分别代表在1%、5%、10%的显著性水平。

2. 平行趋势检验及安慰剂检验

双重差分模型的关键前提是平行趋势假设，即在政策实施前，试点地区和非试点地区的农业产业链供应链韧性变化应该是平行的。因此，本报告使用Jacobson等（1993）提出的事件研究法进行平行趋势检验，该方法可表示为：

$$PR_{it}=\alpha_0+\sum_{t=-4}^{1}\delta_t D_{it}+\alpha_2 X_{it}+u_i+\lambda_t+\varepsilon_{it} \tag{2}$$

式（2）中，D_{it} 为一组虚拟变量，若地区 i 在第 t 年实施了产业链链长制政策，则取值为 1，反之取 0。其余变量符号含义与式（1）相同。δ_t 反映了产业链“链长制”政策的第 t 年，试点地区与非试点地区农业产业链供应链韧性的差异。图 8 所示的平行趋势检验结果表明，政策实施前各期的系数估计均不显著，实验组与控制组在政策实施前并无显著差异，研究样本通过了平行趋势检验。

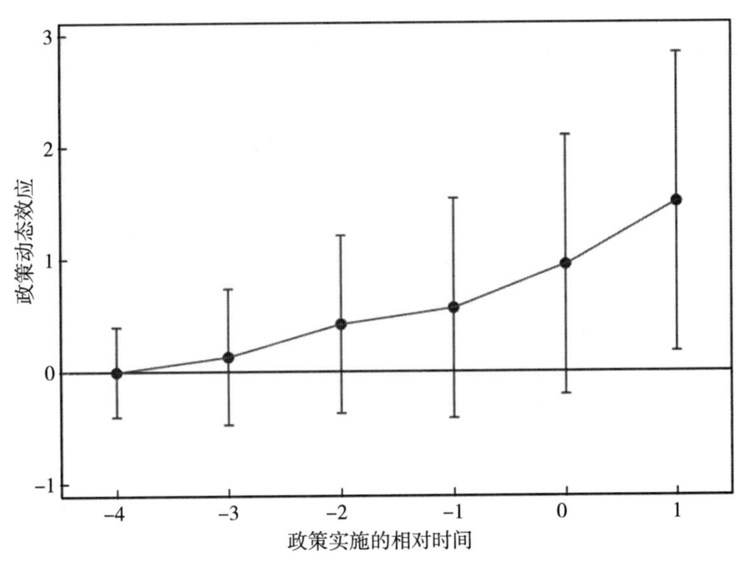

图 8　平行趋势检验

注：实心点为估计系数 δ_t ，短竖线为稳健标准误对应的 95%上下置信区间

为避免实验组与控制组的农业产业链供应链韧性差异是由时间变化以及不可观测的遗漏变量导致的，本研究使用安慰剂检验进行稳健性检验。本报告在样本中随机抽取 14 个地区作为虚假的实验组城市，其余城市作为虚假的控制组城市，可以得到个体安慰剂的产业链“链长制”政策对农业产业链供应链韧性的估计系数。重复上述过程 500 次，并绘制 500 个系数估计值的核密度分布和 P 值分布图（图 9），可以看出，回归系数大多数落在 0 值附近且服从正态分布，绝大多数回归结果不显著，基准回归中系数估计值位于虚假回归系数分布的右侧，其在安慰剂检验中属于小概率事件。因此，可以排除本报告的基准回归结果是由不可观测因素导致的。

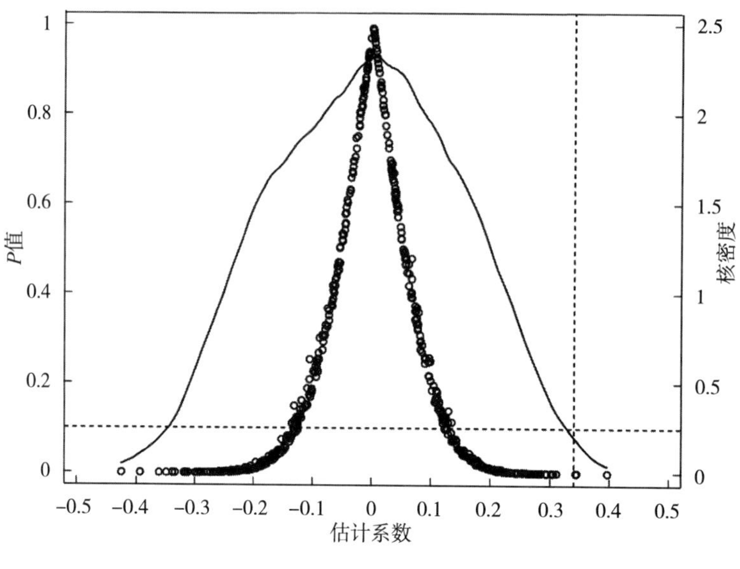

图 9　安慰剂检验

注：红点为 P 值分布，黑色线条为核密度分布，右侧垂直虚线为基准回归系数

四、湖北省农业产业链供应链韧性存在的问题及对策建议

（一）湖北省农业产业链供应链韧性建设存在的问题

基于对上文农业产业链供应链韧性测度与政策效应分析，本报告归纳出湖北省农业产业链供应链韧性当前存在的问题，从而有助于精准施策。

1. 湖北省农业产业链供应链韧性水平落后于其他粮食主产区

由上文的农业产业链供应链韧性测度结果可知，全国韧性水平较高的几个省份是山东、河南、黑龙江、江苏、安徽，基本上农业大省的农业产业链供应链韧性水平较高，湖北省是我国 13 个粮食主产区之一，而农业产业链供应链韧性水平在全国排第 11 位，相对落后于其他省份，这说明当前湖北省产业链供应链韧性仍有较大提升空间。分维度来看，湖北省农业产业链供应链抵御能力和变革能力分别排在全国第 8 位和第 9 位，恢复能力排在全国第 13 位，适应能力在全国排位靠后。适应能力与农业产业链供应链面临各类风险的程度有关，因此有必要提升湖北省农业产业链供应链的适应能力，从而缩小湖北省农业产业链供应链韧性与其他粮食主产区的差距，进一步确保农业产业链供应链稳定安全。

2. 湖北省农业产业链供应链受外部突发事件影响较大

根据湖北省农业产业链供应链韧性的动态演进分析可以看出，湖北省农业产业链供应链韧性水平在新冠疫情期间表现出显著的下降趋势，但在疫情后显著恢复。2019—2020 年疫情暴发期，经济活动停顿，带来减产和库存消耗，农业产业链供应链韧性增长开始放缓，湖北省韧性水平出现下降的趋势，2021 年湖北省农业产业链供应链韧性增长率逐渐恢复到冲击前的水平，农业产业链供应链韧性水平保持稳步增长趋势。从省内各地区看，外部突发事件对武汉、荆州、宜昌、咸宁等地的影响较大，2020 年韧性水平表现出下降趋势。

3. 湖北省内部地区农业产业链供应链韧性水平差异较大

通过对湖北省 17 个地市测算结果进行比较，武汉、襄阳、荆州、黄冈、荆门等的农业产业链供应链韧性水平较高，神农架等的韧性水平较低。从测度结果看，武汉市农业产业链供应链韧性平均值为 0.494，远高于其他地区。反映出湖北省各地区农业产业链供应链韧性水平存在发展不均衡的问题。此外，湖北省重点产业链“链长制”对农业科研投入较高地区的作用效果也更强，进一步反映了区域差异大的问题。这可能是因为这些地区率先实施了重点产业链“链长制”，并且农业科研投入有助于提升产业链供应链韧性水平。

（二）提升湖北省农业产业链供应链韧性的对策建议

为充分发挥政策的引领作用和支持效应，本报告提出以下湖北省延长产业链、拓宽价值链、畅通供应链、完善利益链的对策建议。

1. 强化产业链供应链创新优势，打出全产业链补链强链组合拳

（1）深入实施“链长制”，持续推进政策成效评估工作

“链长制”是提升农业产业链供应链韧性的有效途径，然而“链长制”政

策对不同地区的影响存在异质性。湖北省内经济发展水平以及农业科研投入较低的地区应加大“链长制”的落实力度，因地制宜、分类落实重点产业链“链长制”，围绕当地优势农业产业链发展现状持续落实地方“链长制”实施方案，提高政策精准度和可操作性。此外，全省应持续推进重点产业链“链长制”政策成效评估工作，客观评价重点产业链“链长制”政策落实进展成效，总结提炼经验做法和典型案例。

（2）依托省内重大科研平台，加快关键科学技术创新

种子是农业的“芯片”，种源研发需要整合多方力量紧密协同攻关核心技术。为此，应放大湖北种业资源的比较优势，加快建设湖北洪山实验室、武汉国家现代农业产业科技创新中心等农业重大科研平台，统筹实施省级农业科创项目，推动湖北省十大重点农业产业链关键产品技术攻关，提升农业产业链集成创新能力。组织编制湖北省农业关键核心技术攻关实施方案，聚焦底盘技术、核心种源、关键农机装备、绿色高效种养和耕地质量保育等重点领域，力争在基础性、原创性、应用性重大农业科技方面实现突破。

（3）持续发挥“链主”企业对提升产业协同创新的作用

除了“链长制”政策的保障外，农业产业链创新能力提升对农业产业链供应链韧性也有重要影响。为此，湖北省应发挥科教资源优势，鼓励龙头企业作为产业链“链主”，牵引高校、科研院所、上下游企业等参与到研发过程中，着力提升农业产业链协同创新水平。以湖北十大重点农业产业链为服务对象，面向农业龙头企业和产业基地，培育以龙头企业为主导的农业产业技术创新战略联盟，支持农业龙头企业带动链上小微企业创新发展。

2. 构建安全供应网络，提升应对外部冲击的能力

（1）落实地方储备粮管理体系，鼓励地方建设公益性粮库

随着粮食收储制度的改革，农民自储粮食快速下降。一旦发生外部突发性冲击，农民的口粮安全风险就会增加。为此，应高度重视粮食储备工作，全面落实湖北省地方储备粮计划，落实省、市、县三级储备体系。加强国有中心粮库建设，推进省级战略储备粮油集中管理。利用现代信息技术，采用政府出资、农民支付少量租金、融合期货交易模式，建设地方公益性粮库，以分散粮

食储存和运输风险，提高应对外部冲击的安全性。

（2）加强全省流通体系建设，提高链条流通效率

流通体系的建设可以保障农产品供应安全，提高流通效率，有效抵御外部突发性冲击。为此，应支持湖北省内农产品产地专业市场、骨干批发市场和大型流通企业发展。推进“互联网＋”农产品出村进城工程，建立“数字产地仓”，建立长期稳定的产销对接关系，争取国家农产品产地冷藏保鲜设施建设项目，支持家庭农场、农民合作社、农村集体经济组织等主体建设产地冷藏保鲜设施。

（3）完善农业重大灾害快速响应机制

对湖北省内不同地区、不同农作物和养殖业进行灾害风险评估，制定相应的抗灾措施和紧急救援预案。加强与相关省份的合作，建立跨区域的防洪信息共享机制，提前预警、及时调度水库水位，保护农田和农作物免受重大洪涝灾害的影响。此外，建立健全灾后恢复机制，快速启动灾后重建工作，修复农田、农业设施和农民住房等，帮助农民尽快恢复生产。同时，推动农业保险的发展，针对湖北省重点农业产业链，不断丰富农业保险险种，扩大农业保险覆盖面，提高农户抗灾能力。

3. 做好区域优势互补，增加农业产业链供应链完备性

（1）强化低韧性地区现代农业产业基地建设

依托资源禀赋和产业基础，以集群化发展推进现代农业产业基地建设，在全省农业产业链供应链韧性水平落后的地区创建特色优势产业集群、特色产业园区，合理布局特色产业生产基地，探索特色产业连片成带，为农业产业“接二连三”夯实基础。推动低韧性地区由卖原料向卖制成品转变，实现农业企业加工产值和农产品加工水平的提升。加大对低韧性地区农民的培训力度，提高当地现代农业技术水平和管理能力。

（2）优化农业产业发展信息共建共享机制

健全湖北省农业产业链供应链建设信息共享平台，将各地的农业发展情况、技术经验等信息进行集中整合和共享。农业发展落后地区可以借鉴其他地区的成功经验，优化农产品结构和农业生产方式。省级行业技术牵头单位、各

县（市）农业农村部门和农业科研院校要加强沟通，密切合作。在相同的农业产业链发展上，实现已有技术在不同城市间的高效利用，提升农业产业链供应链的完备程度。对差异化农业产业链，在城市间进行优势互补，提升农业产业链供应链整体发展水平。

（3）促进新型农业经营主体发展

新型农业经营主体可以带动农户发展适度规模经营，可以整合资源，提高效益和农产品竞争力，使低韧性地区农业产业链供应链得到支持和发展。为此，应鼓励返乡下乡人员领办创办新型农业经营主体，支持各类人才到新型农业经营主体工作。鼓励低韧性地区加快培育新型农业经营主体，在农业生产、加工、销售等方面合作共赢。发挥合作社的联农带农作用，促进低韧性地区农民持续稳定增收。扶持低韧性地区粮油、畜禽和粮经套种类家庭农场，支持家庭农场与新型集体经济融合发展，全面推进家庭农场主轮训计划。

专题报告五

提升主要农产品市场竞争能力

提升主要农产品竞争力是农业强国建设的必然要求，是湖北农业强省建设的迫切需要。为加快落实湖北省委、省政府关于培育壮大农业产业化龙头企业的意见，省政府办公厅于2021年印发了《关于培育壮大农业产业化龙头企业的工作方案》，明确了到2025年各产业链的规模、龙头企业和品牌培育的主要目标，并构建了一套职责明确、运转高效的工作机制。在《湖北省推进农业农村现代化“十四五”规划》中，将壮大农业产业化龙头企业和打造十大重点农业产业链，作为实现农业现代化的重点任务，省自然资源厅和农业农村厅也相继出台了支持农业龙头企业发展的政策文件，旨在保障农业龙头企业用地，明确招商引资任务与推进举措，解决湖北农业“大龙头缺少、大品牌缺乏、产业链不完整”的问题。

随着各级相关部门纷纷出台政策和具体举措，全省农业产业化龙头企业发展取得了显著成效，主要农产品市场竞争力显著提升，无论是农产品的总产量，还是单产都有所增长，同时价格相较其他省份，也具有一定的优势。

第一，2010—2022年，尽管部分农产品的产量受疫情等因素影响有所波动，但整体保持稳定增长趋势（表1）。如2010—2018年全省猪肉产量稳中有升，但2019年受非洲猪瘟疫情影响，猪肉产量连续大幅下跌，到2021年才恢复至疫情前水平。而茶叶、柑橘、淡水产品等农产品产量在考察期间都增幅明显，以茶叶为例，其产量由2010年的165 709吨增长到2022年的419 870吨，平均年增长率达8.06%，高于全国平均增长率。

表 1　2010—2022 年湖北省八大主要农产品产量

品种	2010 年	2011 年	2012 年	2013 年	2014 年	2015 年	2016 年
水稻（万吨）	1 557.8	1 616.9	1 651.4	1 676.6	1 729.5	1 810.7	1 874.5
小麦（万吨）	343.1	344.8	370.8	416.8	421.6	420.9	440.7
生猪（万头）	3 827.4	3 871.4	4 180.8	4 356.4	4 475.1	4 363.2	4 223.6
茶叶（吨）	165 709	184 165	206 984	221 957	250 316	268 774	286 974
油菜籽（吨）	2 325 700	2 203 900	2 300 320	2 504 700	2 571 600	2 551 880	2 111 370
柑橘（吨）	3 010 380	3 309 740	3 853 100	4 003 940	4 371 200	4 266 590	5 345 460
淡水产品（吨）	3 267 280	3 356 230	3 676 400	3 890 700	4 124 940	4 367 860	4 518 230
蔬菜（万吨）	3 091.21	3 244.71	3 375.5	3 438.55	3 513.7	3 664.08	3 712.77
品种	2017 年	2018 年	2019 年	2020 年	2021 年	2022 年	
水稻（万吨）	1 927.2	1 965.6	1 877.1	1 864.3	1 883.6	1 865.8	
小麦（万吨）	426.9	410.4	390.7	400.7	399.3	405.6	
生猪（万头）	4 448.0	4 363.5	3 189.2	2 631.1	4 115.1	4 286.1	
茶叶（吨）	303 254	329 831	352 517	360 800	404 415	419 870	
油菜籽（吨）	2 131 710	2 053 140	2 113 470	2 410 590	2 517 790	2 741 900	
柑橘（吨）	4 658 960	4 881 000	4 782 000	5 100 000	5 408 000	5 378 300	
淡水产品（吨）	4 361 260	4 402 980	4 533 680	4 604 010	4 806 260	5 104 000	
蔬菜（万吨）	3 826.40	3 963.94	4 086.71	4 119.40	4 299.80	4 409.93	

数据来源：《湖北省统计年鉴》、农业农村部、国家统计局统计资料；表中生猪为出栏量。

第二，2010—2022 年，全省主要农产品单产呈现稳步增长趋势（表 2）。表明在政策和市场环境持续改善的基础上，湖北省农业生产无论是在良种采用，还是田间种植、生产管理以及新技术采纳改进等方面，都有长足进步，主要农产品生产效率不断提高。

表 2　2010—2022 年湖北省主要农产品单产

单位：千克/亩

品种	2010 年	2011 年	2012 年	2013 年	2014 年	2015 年	2016 年
水稻	402.39	413.33	416.92	417.04	420.88	429.12	411.8
小麦	228.69	226.77	231.99	253.8	261.62	256.64	257.59
茶叶	51.48	50.53	53.05	50.72	54.93	68.53	73.79

（续）

品种	2010 年	2011 年	2012 年	2013 年	2014 年	2015 年	2016 年
油菜籽	134.84	130.14	133.10	138.26	139.71	140.81	143.10
柑橘	1 921.38	2 356.41	1 841.5	1 642.25	1 351.97	1 747.78	1 853.33
蔬菜	2 063.83	2 115.16	2 065.13	2 098.24	2 103.18	2 135.85	2 117.53
品种	2017 年	2018 年	2019 年	2020 年	2021 年	2022 年	
水稻	418.00	548.06	547.23	544.95	552.56	549.42	
小麦	246.79	247.59	255.94	259	253.05	262.19	
茶叶	71.37	68.39	67.59	67.11	75.84	74.45	
油菜籽	146.33	146.71	150.16	155.37	153.43	158.62	
柑橘	1 687.78	1 974.44	1 821.89	2 021.11	2 033.67	—	
蔬菜	2 146.13	2 158.53	2 165.82	2 145.68	2 188.28	—	

数据来源：农业农村部、国家统计局统计资料。

第三，从主要农产品市场价格来看（表 3），除生猪受非洲猪瘟疫情影响价格波动较大外，湖北省主要农产品价格在考察期内基本保持稳定，从侧面反映了全省主要农产品生产相对稳定、市场供需基本平衡、政府对市场的宏观价格调控及时有效。

表 3　2010—2022 年湖北省农产品价格

单位：元/千克

品种	2010 年	2011 年	2012 年	2013 年	2014 年	2015 年	2016 年
水稻	1.94	2.25	2.42	2.38	2.42	2.40	2.35
小麦	2.06	1.98	2.17	2.52	2.54	2.44	2.38
生猪	10.24	13.34	14.37	14.67	13.05	15.18	18.34
油菜籽	3.75	4.43	4.60	4.72	4.64	3.80	3.89
柑橘	—	—	—	—	1.76	1.84	1.49
淡水产品	—	—	—	—	20.14	20.05	21.76
马铃薯	—	—	—	—	2.40	2.31	2.64
萝卜	—	—	—	—	2.40	2.48	2.78
黄瓜	—	—	—	—	3.16	3.34	3.65
茄子	—	—	—	—	3.56	3.99	4.66
番茄	—	—	—	—	3.40	3.58	3.80

（续）

品种	2017 年	2018 年	2019 年	2020 年	2021 年	2022 年
水稻	2.38	2.24	2.27	2.38	2.50	2.63
小麦	2.37	2.44	2.35	2.42	2.67	3.11
生猪	14.67	12.43	20.74	33.78	19.59	18.69
油菜籽	4.67	4.83	4.73	4.80	5.52	5.96
柑橘	1.88	1.61	3.12	1.29	2.21	3.38
淡水产品	23.47	24.42	24.82	24.86	30.2	31.04
马铃薯	2.47	2.63	2.70	2.85	2.58	2.91
萝卜	2.35	2.67	2.47	2.57	3.02	2.94
黄瓜	3.31	3.68	3.92	4.19	4.68	4.95
茄子	3.93	4.22	4.52	5.22	5.16	5.52
番茄	3.81	3.62	4.03	4.92	4.55	5.65

数据来源：全国农产品商务信息公共服务平台、布瑞克、中国果品流通协会统计资料。

综合来看，近年来在各相关职能部门、企业以及广大农户等多方主体的共同努力下，湖北省农产品市场竞争力得到显著提升，标志着湖北农业产业高质量发展取得了较大成就。然而，与浙江、山东、江苏等农业强省相比，湖北在主要农产品品牌建设、农业产业链提升及农产品加工水平等方面仍存在一定的差距。本报告基于湖北省《培育壮大农业产业化龙头企业工作方案》中对全省十大主要农产品产业链的划分，结合实地调研和数据可获取性，选择了水稻、小麦、生猪、茶叶、油菜籽、柑橘、淡水水产品、蔬菜（包括马铃薯、萝卜、黄瓜、茄子、番茄和大白菜 6 个品种）8 种主要农产品，分别从产品价格、生产规模、良种率、显性竞争力等角度，对其市场竞争力进行了测度，并与国内主要竞争省份进行横向比较，深入分析影响湖北省农产品市场竞争力的主要因素，系统梳理当前各级政府推出的主要支持政策及其效果，在此基础上提出提升湖北省主要农产品市场竞争力的政策建议。

一、主要农产品生产规模

（一）水稻

湖北是重要的水稻产区，水稻在省内农业生产中占有重要地位，长期以来水稻种植面积和产量一直在全国位居前列（表4）。2022年，全省稻谷种植面积达2 263.95千公顷，年均增长率达0.88%，总产量为1 865.78万吨，多年来一直稳定在1 800万吨以上。同时，2022年全省单位面积产量分别为早稻5 991.83千克/公顷，中稻8 480.59千克/公顷，双季晚稻6 877.37千克/公顷。

2016—2022年，湖北省水稻种植面积维持在2 200～2 400千公顷，年均增长率为1.51%。其间受极端气候和疫情影响，水稻总产量呈现波动上升态势，2022年总产量达1 865.8万吨，位居全国第一。

从水稻的不同品种来看，相较早籼稻，无论是总产量还是单位产值，中、晚籼稻的生产规模都更大，生产效益也更好，其中晚籼稻产量2022年在全国排名第1，产值排第5。

（二）小麦

相较水稻，湖北省小麦生产在全国主产省份中的排名有所下降（表5）。2022年，湖北省小麦种植面积为1 031.26千公顷，总产量为405.57万吨，单位面积产量为3 932.81千克/公顷，种植面积排全国第7，总产量排第8，位于全国中等水平，与小麦种植大省河南省相比，种植面积和产量差距明显。

尽管湖北省在气候、水源、土地资源等自然禀赋以及科研条件方面具有较好的基础与历史条件，但由于国家农业产业布局战略调整的影响，湖北省小麦生产的比较效益较低，尤其是相较水稻、玉米等作物，小麦生产的经济效益不高。此外，几年来对小麦育种方面的重视程度和投入持续减少，育种科研团队数量锐减，育种机械化程度低等因素的叠加，导致全省小麦生产呈现萎缩的趋势。

表 4　2010—2022 年稻谷主产省份生产规模

省份	2010 年	2011 年	2012 年	2013 年	2014 年	2015 年	2016 年	2017 年	2018 年	2019 年	2020 年	2021 年	2022 年
面积（千公顷）													
湖南	4 030.5	4 066.3	4 095.1	4 085.0	4 120.7	4 114.1	4 277.6	4 238.7	4 009.0	3 855.2	3 993.9	3 971.1	3 967.7
黑龙江	2 768.8	2 945.6	3 069.8	3 175.6	3 205.5	3 147.8	3 925.3	3 948.9	3 783.1	3 812.6	3 872.0	3 867.4	3 601.4
江西	3 318.4	3 317.7	3 328.3	3 338.0	3 339.5	3 342.4	3 527.1	3 504.7	3 436.2	3 346.2	3 441.8	3 419.2	3 403.0
安徽	2 245.4	2 230.8	2 215.1	2 214.1	2 217.3	2 234.9	2 537.4	2 605.1	2 544.8	2 509.0	2 512.1	2 512.2	2 496.5
湖北	2 038.2	2 036.2	2 017.9	2 101.2	2 144.0	2 188.5	2 358.7	2 368.1	2 391.0	2 286.8	2 280.7	2 272.6	2 264.0
江苏	2 234.2	2 248.6	2 254.2	2 265.7	2 271.7	2 291.6	2 256.3	2 237.7	2 214.7	2 184.3	2 202.8	2 219.2	2 221.4
四川	2 004.5	2 007.9	1 997.8	1 990.7	1 991.8	1 990.8	1 874.0	1 874.9	1 874.0	1 870.0	1 866.3	1 875.0	1 875.0
广东	1 952.7	1 940.9	1 949.4	1 908.8	1 893.3	1 887.3	1 806.0	1 805.4	1 787.4	1 793.7	1 834.4	1 827.4	1 835.9
广西	2 094.4	2 078.5	2 057.6	2 046.6	2 026.2	1 983.9	1 836.7	1 801.7	1 752.6	1 712.9	1 760.1	1 756.7	1 758.0
产量（万吨）													
黑龙江	1 843.9	2 062.1	2 171.2	2 220.6	2 251.0	2 199.7	2 763.6	2 819.3	2 685.5	2 663.5	2 896.2	2 913.7	2 718.0
湖南	2 506.0	2 575.4	2 631.6	2 561.5	2 634.0	2 644.8	2 724.6	2 740.4	2 674.0	2 611.5	2 638.9	2 683.1	2 639.9
江西	1 858.3	1 950.1	1 976.0	2 004.0	2 025.2	2 027.2	2 140.5	2 126.1	2 092.2	2 048.3	2 051.2	2 073.9	2 036.5
江苏	1 807.9	1 864.2	1 900.1	1 922.3	1 912.0	1 952.5	1 898.9	1 892.6	1 958.0	1 959.6	1 965.7	1 984.6	1 991.6
湖北	1 557.8	1 616.9	1 651.4	1 676.6	1 729.5	1 810.7	1 874.5	1 927.2	1 965.6	1 877.1	1 864.3	1 883.6	1 865.8
安徽	1 383.4	1 387.1	1 393.5	1 362.3	1 394.6	1 459.3	1 570.0	1 647.5	1 681.2	1 630.0	1 560.5	1 590.4	1 583.4
四川	1 512.1	1 527.1	1 536.1	1 549.5	1 526.5	1 552.6	1 467.3	1 473.7	1 478.6	1 469.8	1 475.3	1 493.4	1 462.3
广东	1 060.6	1 096.9	1 126.6	1 045.0	1 091.6	1 088.4	1 039.5	1 046.3	1 032.1	1 075.1	1 099.6	1 104.4	1 108.6
广西	1 121.3	1 084.1	1 142.0	1 156.2	1 166.1	1 137.8	1 066.0	1 019.8	1 016.2	992.0	1 013.7	1 017.9	1 028.1

数据来源：《中国农村统计年鉴》。

表 5　2010—2022 年小麦主产省份生产规模

省份	2010 年	2011 年	2012 年	2013 年	2014 年	2015 年	2016 年	2017 年	2018 年	2019 年	2020 年	2021 年	2022 年
面积（千公顷）													
河南	5 280.0	5 323.3	5 340.0	5 366.7	5 406.7	5 425.7	5 704.9	5 714.6	5 739.9	5 706.7	5 673.7	5 690.7	5 682.5
山东	3 561.9	3 593.5	3 625.9	3 673.3	3 740.2	3 799.8	4 068.0	4 083.9	4 058.6	4 001.8	3 934.4	3 994.0	4 003.6
安徽	2 365.7	2 383.0	2 415.5	2 432.9	2 434.5	2 457.0	2 887.6	2 822.8	2 875.9	2 835.6	2 825.2	2 846.0	2 849.4
江苏	2 093.1	2 112.4	2 132.6	2 146.9	2 159.9	2 178.8	2 436.8	2 412.8	2 404.0	2 346.9	2 338.9	2 357.9	2 377.3
河北	2 420.3	2 396.1	2 410.0	2 377.7	2 342.7	2 318.9	2 389.8	2 373.4	2 357.2	2 322.5	2 216.9	2 246.6	2 247.3
新疆	1 120.0	1 078.0	1 081.0	1 121.0	1 142.4	1 239.3	1 215.9	1 126.8	1 031.5	1 061.6	1 069.0	1 135.3	1 153.6
湖北	1 000.1	1 013.6	1 065.5	1 094.8	1 074.3	1 093.4	1 140.7	1 153.2	1 105.0	1 017.7	1 031.4	1 052.1	1 031.3
产量（万吨）													
河南	3 082.2	3 123.0	3 177.4	3 226.4	3 329.0	3 501.0	3 618.6	3 705.2	3 602.9	3 741.8	3 753.1	3 802.8	3 812.7
山东	2 058.6	2 103.9	2 179.5	2 218.8	2 263.8	2 346.6	2 490.1	2 495.1	2 471.7	2 552.9	2 568.9	2 636.7	2 641.2
安徽	1 206.7	1 215.7	1 294.0	1 332.0	1 393.6	1 411.0	1 635.5	1 644.5	1 607.5	1 656.9	1 671.7	1 699.7	1 722.3
河北	1 230.6	1 276.1	1 337.7	1 387.2	1 429.9	1 435.0	1 480.2	1 504.1	1 450.7	1 462.6	1 439.3	1 469.1	1 474.6
江苏	1 008.1	1 023.2	1 048.8	1 101.3	1 160.4	1 174.0	1 245.8	1 295.5	1 289.1	1 317.5	1 333.9	1 342.2	1 365.7
新疆	623.5	576.6	576.5	602.1	642.3	698.3	681.8	612.6	571.9	576.0	582.1	639.8	653.5
陕西	403.8	410.9	435.5	389.8	417.2	458.1	403.2	406.4	401.3	382.0	413.2	424.6	424.6
湖北	343.1	344.8	370.8	416.8	421.6	420.9	440.7	426.9	410.4	390.7	400.7	399.3	405.6

数据来源：《中国农村统计年鉴》。

（三）生猪

2022 年，全球猪肉产量约为 1.25 亿吨，其中中国猪肉产量为 5 541 万吨，占全球总产量的 44.47%，是全球最大的生猪生产国，主产省份包括四川、湖南、河南、山东、云南、湖北等。

湖北省是我国生猪养殖大省，也是传统生猪调运中心。2022 年，湖北省生猪出栏量、存栏量和猪肉产量均稳居全国第 6。其中，生猪出栏量 4 286 万头，占全国出栏量的 6.12%；存栏量 2 551 万头，占全国存栏量的 5.64%；猪肉产量为 441.16 万吨，占全国猪肉产量的 7.96%。

1. 生猪出栏/存栏量

从表 6 来看，2010—2018 年，湖北省生猪出栏量整体呈上升趋势，基本保持在 4 000 万头以上。2015 年，湖北省开始推进供给侧结构性改革，为满足产业新旧动能转换要求，对养殖区域进行调整，划分生态养殖区和禁养区，导致全省生猪出栏量有所下降。2019 年，受非洲猪瘟疫情影响，生猪出栏量大幅下跌。但在 2020 年高猪价的激励下，2021 年全省生猪养殖业快速扩张，养殖规模大幅增长，生猪出栏量恢复到疫情前水平，达 4 115.1 万头。2022 年，生猪出栏量继续增长，达到了 4 286 万头。整体来看，2010—2022 年，湖北省生猪出栏量年均增长率为 2.49%，高于全国平均增长率，在全国排名第 6，显示出明显的竞争优势。

而湖北省生猪存栏量整体呈上涨趋势，基本保持在 2 400 万头以上。2019 年，受非洲猪瘟疫情影响，生猪存栏量大幅下跌，仅为 1 617.86 万头，但到 2021 年，生猪产能快速恢复，呈现持续向好态势。整体来看，2010—2022 年，湖北省生猪存栏量年均增长率为 1.48%，高于全国平均增长率。2022 年，湖北省生猪存栏量在全国排名第 6，具有明显的竞争优势。

2. 猪肉产量

从表 6 来看，2010—2022 年，湖北猪肉产量变化趋势与生猪出栏/存栏量情况基本一致，尽管部分年份有所波动，但整体呈上涨趋势。

表 6　2010—2022 年生猪主产省份生产规模

省份	2010 年	2011 年	2012 年	2013 年	2014 年	2015 年	2016 年	2017 年	2018 年	2019 年	2020 年	2021 年	2022 年
生猪出栏量（百万头）													
四川	71.8	70.0	71.7	73.1	74.5	72.4	69.3	65.8	66.4	48.5	56.1	63.2	65.5
湖南	57.2	55.8	58.8	59.0	62.2	60.8	59.2	61.2	59.9	48.1	46.6	61.2	62.5
河南	53.9	53.6	57.1	60.0	63.1	61.7	60.1	62.2	64.0	45.0	43.1	58.0	59.2
山东	43.0	42.3	46.0	48.0	49.6	48.4	46.6	51.8	50.8	31.8	33.5	44.0	45.3
云南	29.6	29.7	31.8	33.2	35.0	34.5	33.8	38.0	38.5	34.2	34.5	41.9	45.3
湖北	38.3	38.7	41.8	43.6	44.8	43.6	42.2	44.5	43.6	31.9	26.3	41.2	42.9
生猪存栏量（百万头）													
河南	45.5	45.7	45.9	44.3	44.2	43.8	42.8	43.9	43.4	31.7	38.9	43.9	42.6
四川	51.6	51.0	51.3	50.0	50.0	48.2	46.8	43.8	42.6	28.7	38.8	42.6	41.6
湖南	40.4	41.6	42.5	41.0	41.9	40.8	39.4	39.7	38.2	27.0	37.4	42.0	41.2
云南	27.7	26.9	27.1	27.1	26.8	26.3	25.8	30.3	30.6	23.4	31.2	33.2	33.3
山东	27.5	28.4	29.0	29.3	29.1	28.5	27.6	30.4	29.9	21.8	29.3	31.5	30.1
湖北	24.8	25.3	25.4	25.7	25.5	25.0	24.3	25.8	25.2	16.2	21.6	25.3	25.5
猪肉产量（百万吨）													
湖北	2.87	2.91	3.17	3.31	3.40	3.31	3.22	3.39	3.33	2.42	2.04	3.18	3.32

数据来源：《中国畜牧业年鉴》和《中国畜牧兽医年鉴》以及国家统计局。

3. 散养生猪产值

2010—2022 年，湖北省散养生猪总产值整体呈现波动上涨趋势，基本保持在 1 700 元/头以上，年均增长率为 26.63%。2020 年，由于高猪价，散养生猪总产值大幅增长至 4 272.66 元/头。2021 年，总产值大幅下降至 2 728.48元/头，2022 年继续下降，为 2 441.98 元/头，略低于全国平均水平的 2 471.63 元/头。与其他省份相比，2021 年湖北省散养生猪总产值排名全国第 5，2022 年排名第 8，虽然在全国有一定优势，但优势不明显。

4. 中规模生猪产值

2010—2022 年，湖北省中规模生猪总产值整体呈现波动上涨趋势，基本保持在1 700 元/头以上，略高于散养生猪。2022 年，中规模生猪总产值为 2 729.75元/头，高于全国平均值的 2 509.23 元/头，年均增长率为 26.91%。可能是由于湖北省生猪主要以规模化养殖为主，散户占比逐渐减少，生产效率相应提高。与其他省份相比，2021 年湖北省中规模生猪总产值全国排名第 6，2022 年全国排名第 7，中规模生猪总产值在全国有一定优势。

湖北省作为传统生猪生产大省，在生产规模和生产效益方面具有一定的比较优势，竞争力较强。2010—2022 年，全省生猪生产在出栏量、存栏量、总产量等方面均稳居全国前 7，且呈现上升趋势。然而，与四川、湖南、河南、山东、云南等省份相比，仍面临较大的竞争压力。

（四）茶叶

2022 年，中国茶园面积达 4 995.40 万亩，开采茶园面积 4 539.89 万亩，干毛茶总产量 318.10 万吨，是全球最大的茶叶生产国和消费国，全国茶叶主产省份包括云南、贵州、四川、湖北、福建、湖南等。湖北省茶叶种植历史悠久，具有得天独厚的自然条件和地理优势，是全国重要的茶叶产区之一。2022 年，湖北省茶园总面积达 564 万亩，茶叶产量达 42 万吨，综合产值超过 800 亿元，茶园总面积、产量、产值均居全国前列，位于中部六省之首。

1. 茶叶种植面积

从表 7 来看，2010—2022 年，除 2016 年略有下降外，湖北省茶叶采摘面积稳步增长。2022 年，湖北省茶叶采摘面积为 376.1 千公顷。2010—2022 年平均增长率为 7.17%，高于全国平均水平，具有明显优势。且 2010—2022 年，湖北省年末实有茶园面积变化趋势、全国排名与茶叶采摘面积变化基本一致。除 2016 年略有下降外，2010—2022 年全省年末实有茶园面积稳步增长，2022 年达 376 千公顷，在全国排名第 4。

2. 茶叶产量

2010—2022 年，湖北省茶叶产量稳步增长，由 2010 年的 16.6 万吨增长到 2022 年的 42 万吨，年均增长率为 8.1%，高于全国平均水平。2022 年湖北省茶叶产量在全国排名第 3，仅次于云南和福建两省。

表 7　2010—2022 年全国茶叶主产省份生产规模

省份	2010 年	2011 年	2012 年	2013 年	2014 年	2015 年	2016 年	2017 年	2018 年	2019 年	2020 年	2021 年	2022 年
茶叶采摘面积（千公顷）													
云南	209.2	290.3	308.7	327.7	346.0	364.0	362.6	371.8	397.1	416.5	428.8	504.6	530.3
贵州	73.6	95.8	121.3	145.9	174.8	217.9	231.4	281.3	284.7	312.7	341.4	472.2	470.6
四川	148.5	167.2	186.7	203.1	216.4	229.8	236.5	252.4	277.0	295.0	305.9	404.9	410.6
湖北	155.9	174.7	189.4	205.4	218.9	231.3	193.3	202.9	232.7	264.8	273.9	369.1	376.1
福建	178.3	186.0	195.5	205.7	216.3	226.9	190.3	193.4	199.2	203.3	209.9	232.1	241.0
茶叶产量（万吨）													
云南	20.7	23.8	27.2	30.2	33.6	36.6	37.3	39.4	42.3	43.7	46.3	50.2	53.4
福建	27.3	29.6	32.1	34.7	37.2	40.2	37.3	39.5	41.8	44.0	46.1	48.8	52.1
湖北	16.6	18.4	20.7	22.2	25.0	26.9	28.7	30.3	33.0	35.3	36.1	40.4	42.0
四川	16.9	18.6	21.0	22.0	23.4	24.8	26.5	27.8	30.1	32.5	34.4	37.5	39.3

数据来源：《中国农村统计年鉴》、国家统计局、《中国农业统计资料》。

（五）油菜籽

近年来，湖北省油菜种植面积一直占全国油料作物种植总面积的40%以上，产量占全国油料总产量的30%以上。作为湖北省最具优势的大宗农作物之一，油菜的种植面积与产量常年位居全国前列。截至2023年11月，全省油菜播种面积已达1 900万亩，为“油瓶子”多装中国油贡献了更多的湖北力量。

1. 油菜播种面积

从表8来看，2010—2022年，湖北省油菜播种面积呈现先降后增的趋势。由于自2015年起全国不再实行油菜籽国家临时收储，而是由地方政府负责组织各类企业进行油菜籽收购，因此油菜播种面积连续4年出现下滑，从2015年的1 232.1千公顷降至2019年的938.3千公顷。自2019年后，全省油菜播种面积呈恢复性增长，有力保障了居民食用油供给。

2. 油菜籽主产品产量

而2010—2022年，湖北省油菜籽主产品产量在不同年份有所波动，年均增长率为0.46%。其中，2015年和2016年单产较低，一方面是由于当年的洪涝、大风等极端天气造成油菜籽减产；另一方面，2015年国家取消油菜籽临时收储政策，影响了农户的种植积极性，放松了对油菜种植后期的田间管理，造成减产。

3. 油菜籽单位产值

尽管湖北省油菜种植面积和油菜籽主产品产量在全国均具有显著优势，单位产值也由2010年的453.54元/亩增长至2022年的965.55元/亩，年均增长率为6.09%。但相较江苏、青海等油菜主产省份，单位产值水平较低。

表 8　2010—2022 年油菜主产省份生产规模

省份	2010 年	2011 年	2012 年	2013 年	2014 年	2015 年	2016 年	2017 年	2018 年	2019 年	2020 年	2021 年	2022 年
播种面积（千公顷）													
湖南	1 088.9	1 167.2	1 201.3	1 259.9	1 298.2	1 314.6	1 176.2	1 188.0	1 222.2	1 241.0	1 326.4	1 351.6	1 388.6
四川	947.2	964.2	981.4	998.0	1 016.7	1 027.4	1 166.8	1 206.2	1 218.5	1 222.6	1 292.0	1 354.1	1 386.6
湖北	1 159.7	1 141.4	1 167.3	1 226.3	1 248.7	1 232.1	983.6	971.2	933.0	938.3	1 034.4	1 094.0	1 152.4
油菜籽主产品产量（百千克/亩）													
江苏	16.7	13.8	17.4	18.7	18.3	20.3	18.3	20.5	20.6	20.0	22.5	21.5	22.4
青海	16.5	15.5	15.5	15.6	17.2	15.6	15.6	15.2	15.7	17.4	14.3	17.8	16.8
四川	15.1	15.9	16.3	13.9	16.6	16.6	16.0	16.3	15.6	16.0	16.0	16.3	16.5
安徽	12.2	10.2	15.2	16.7	15.0	16.7	14.7	15.6	15.3	16.8	16.4	16.3	16.4
陕西	12.1	13.5	14.9	15.3	14.4	14.3	15.3	15.7	14.9	15.4	15.8	16.1	15.9
湖北	14.5	14.1	12.9	16.3	13.5	13.0	13.3	14.8	15.1	16.1	16.5	14.1	15.4
单位产值（百元/亩）													
江苏	5.8	7.0	9.2	10.3	10.7	11.1	11.7	11.5	11.8	11.6	11.7	11.8	13.8
青海	6.0	6.9	8.3	9.9	10.3	10.7	10.8	10.5	10.5	10.7	7.4	10.7	12.5
四川	5.8	6.8	8.8	10.5	10.8	11.1	11.4	11.0	11.0	11.2	11.5	11.6	11.1
浙江	4.3	5.4	6.4	7.3	8.0	8.4	8.3	8.4	8.6	8.7	8.9	9.5	11.0
陕西	6.8	8.4	10.7	12.3	13.1	13.5	13.6	14.0	13.7	13.5	13.8	13.9	10.6
湖北	4.5	5.2	6.2	7.0	7.3	7.6	7.6	7.9	7.8	7.6	7.7	7.7	9.7

数据来源：《中国农村统计年鉴》《全国农产品成本收益资料汇编》及国家统计局。

（六）柑橘

湖北省是中国柑橘的核心产区之一，拥有 2 000 多年的栽种历史，已成为具有显性竞争力的特色优势产业和农民增收致富的支柱产业之一。全省柑橘产业规模相对稳定，2022 年种植面积 364 万亩，约占全省水果种植面积的 60%。产量为 583 万吨，占全国柑橘总产量的 9.7%，仅次于广西与湖南。优质果率达 85%，高出全国近 5 个百分点。湖北柑橘品种资源丰富，储备了 100 多个柑橘品种，能够实现鲜果周年供应。近年来，按照资源禀赋实现集中种植，形成了以长江中游柑橘带、清江流域带和丹江库区为特征的“两江一区”空间格局。

1. 播种面积

从表 9 来看，2010—2022 年，尽管湖北省柑橘播种面积在部分年份有所波动，呈现出先下降后上升的趋势，但整体而言种植面积保持相对稳定。但相较全国总体水平，处于较后的位置。

2. 柑主产品产量及产值

2010—2022 年，湖北省柑亩均产量波动较大，2014 年降至最低点，每亩 1 351.97 千克，其后逐步回升。2014 年和 2016 年，秭归县、兴山县、长阳县等主产区在成熟期出现极端的低温冰冻甚至雨雪天气，导致果实枯水减产。而在其他正常年份，湖北省柑主产品单位产量都远超全国平均水平，单位生产效率具有显著的优势。然而，湖北省柑主产品亩均产值较低，远远落后于广东省、福建省等省份。究其原因，一方面是由于柑品种更新相对滞后，不能适应消费者需求，市场价格较低；另一方面是品牌建设和市场营销意识不强，产品市场认同感不足。

3. 橘主产品产量及产值

与柑主产品亩产量在全国处于前列，竞争优势明显不同，湖北省橘主产品产量在大多数年份都在 7 个主要橘种植省份中处于末位，竞争劣势显著。橘亩均产值与柑类似，年均增长率较高但总体水平较低。无论是亩均产量还是亩均产值，湖北省在橘主产品的生产效率相较全国都处于比较劣势。

表 9　2010—2022 年柑橘主产省份生产规模

地区	2010 年	2011 年	2012 年	2013 年	2014 年	2015 年	2016 年	2017 年	2018 年	2019 年	2020 年	2021 年	2022 年
种植面积（百万亩）													
全国	30.38	31.16	31.68	32.64	32.41	33.45	34.91	36.59	37.30	39.26	42.47	43.84	44.94
广西	2.97	3.10	3.26	3.94	2.98	4.99	5.56	6.62	5.82	6.58	8.65	9.20	9.47
湖南	5.55	5.69	5.78	5.95	6.01	5.43	5.40	5.54	5.76	6.00	6.24	6.37	6.46
江西	4.51	4.62	4.76	4.93	5.04	5.00	4.96	4.85	4.90	5.04	5.06	5.04	5.23
广东	3.72	3.71	3.62	3.61	3.58	3.55	3.37	3.35	3.47	3.54	3.63	3.70	3.78
湖北	3.30	3.49	3.44	3.35	3.40	3.28	3.28	3.27	3.41	3.49	3.56	3.63	3.64
重庆	1.98	2.14	2.36	2.33	2.86	2.67	2.80	3.01	3.19	3.33	3.35	3.38	3.46
柑主产品产量（百千克/亩）													
江西	22.7	25.3	13.4	14.6	15.4	15.3	14.1	14	14.6	12.6	15.6	8.6	20.4
广西	19.9	21.0	18.6	24.2	22.3	24.9	14.6	20.8	18.9	20.8	18.8	13.9	20.1
湖北	19.2	23.6	18.4	16.4	13.5	17.5	18.5	16.9	19.7	18.2	20.2	20.3	19.3
重庆	14.4	14.6	18.1	21.6	14.7	21.8	20.3	23.8	21.1	22.1	22.6	15.6	15.7
广东	19.7	25.0	23.5	24.5	29.9	27.9	29.0	27.1	27.2	26.4	28.4	14.4	13.0
福建	20.4	22.8	19.2	21.5	23.8	28.8	17.4	19.2	21.8	15.6	22.0	20.4	12.9
柑主产品产值（百元/亩）													
广东	108.4	108.4	89.0	97.1	128.2	100.4	122.4	97.4	114.0	107.0	112.2	99.7	81.6
湖北	26.0	33.7	26.1	17.7	25.5	18.5	18.2	21.6	25.7	27.3	22.6	24.9	25.2
橘主产品产量（百千克/亩）													
广东	10.2	11.7	7.9	17.5	14.7	14.1	16.9	13.6	15.8	15.2	17.8	16.3	27.4
重庆	5.1	6.5	5.0	16.2	17.7	10.3	13.6	15.4	16.0	15.1	15.1	16.3	16.0
浙江	—	—	17.6	12.6	18.0	21.1	8.7	14.6	15.9	20.0	21.3	18.1	12.3
江西	6.6	31.4	14.2	26.1	14.7	26.9	13.9	20.6	20.4	13.6	14.9	10.8	10.8
湖南	30.4	31.6	33.1	29.6	25.3	15.8	21.8	18.3	27.4	22.6	20.7	17.6	10.5
福建	14.0	18.8	12.5	18.0	22.0	20.5	20.3	17.3	17.4	13.0	12.6	8.0	9.6
湖北	12.9	16.8	17.2	18.5	16.4	10.5	11.7	10.6	8.8	7.1	7.5	6.4	5.4
橘主产品产值（百元/亩）													
广东	50.4	41.2	38.1	98.0	99.5	91.3	115.8	93.9	95.1	69.4	48.9	50.4	85.6
湖北	14.6	27.1	21.8	25.8	20.9	22.9	24.1	29.1	30.7	24.4	24.6	30.4	32.2

数据来源：《新中国农业 60 年统计资料》《中国农村统计年鉴》《全国农产品成本收益资料汇编》以及国家统计局。

（七）淡水水产品

我国是水产养殖大国，多年来，水产养殖产品产量均位居全球第一，其中一半以上来自淡水养殖。湖北省素有“千湖之省、鱼米之乡”的称号，淡水水产品产量已经连续 27 年居全国榜首。2022 年，全省淡水产业养殖面积达 526.6 千公顷，总产量 498 万吨，总产值 1 577.1 亿元，均位于全国首位（表 10）。

1. 淡水水产品养殖面积

2015—2022 年，湖北省淡水水产品养殖面积位于全国首位，从 2015 年的 688.7 千公顷，先升后降，2022 年下滑至 526.6 千公顷，下降幅度约 23.54%。在 2022 年养殖面积前 5 位的省份中（湖北、湖南、黑龙江、江苏和安徽），除黑龙江之外，其他位于长江流域的 4 个省份主要受长江流域捕捞养殖政策调整以及各地推行“退渔还田”政策的影响，都出现了类似的下降趋势。

2. 淡水水产品产量

2015—2022 年，湖北省每年的淡水水产品产量在国内一直处于领先地位，总产量从 2015 年的 436.8 万吨上升到 2022 年的 498 万吨，增幅达 14.01%。在养殖面积有所下降的同时实现了产量增加，说明生产效率提高。2022 年，全国淡水水产品产量排名前 5 名的省份分别为湖北、广东、江苏、江西和湖南，湖北位居第 1，优势明显。

3. 淡水水产品产值

2015—2022 年，湖北省淡水水产品总产值从 875.7 亿元增加到 1 577.1 亿元，增幅高达 80%。作为全国淡水养殖第一大省，随着青、草、鲢、鳙、鲫、鲤、鳊等大宗鱼类养殖的不断成熟，全省淡水水产品积极进行供给侧结构性改革，在品种更加丰富多样的前提下，大力发展特色淡水鱼产业，不断完善产业链，提升产品附加值，实现从“量的增加”到“质的提升”的转变。

表 10　2015—2022 年主要省份淡水水产品生产规模

省份	2015 年	2016 年	2017 年	2018 年	2019 年	2020 年	2021 年	2022 年	2022 年排名
养殖面积（千公顷）									
湖北	688.7	698.9	797.6	535.1	531.6	525.9	516.3	526.6	1
湖南	467.7	475.0	417.5	419.3	425.7	426.8	433.1	449.1	2
黑龙江	388.8	392.7	382.7	400.3	400.3	419.9	423.5	427.0	3
江苏	571.6	567.9	439.8	445.0	423.1	420.9	414.2	412.4	4
安徽	580.2	584.7	477.2	487.2	483.0	478.6	415.0	411.2	5
总产量（万吨）									
湖北	436.8	451.8	436.1	440.3	453.4	460.4	480.6	498.0	1
广东	386.6	395.1	369.7	381.7	400.0	415.4	420.6	428.0	2
江苏	340.3	341.7	328.1	325.3	317.9	329.3	345.4	352.0	3
江西	237.8	244.1	228.0	233.5	242.1	255.5	266.1	280.0	4
湖南	248.5	258.7	232.0	238.0	246.3	256.5	265.5	272.4	5
总产值（亿元）									
湖北	875.7	983.0	1 023.5	1 075.2	1 125.5	1 144.6	1 451.5	1 577.1	1
江苏	985.9	1 140.6	1 146.3	1 055.0	1 158.8	1 065.8	1 205.8	1 264.2	2
广东	548.9	581.5	571.1	613.6	635.0	750.5	827.8	846.4	3
湖南	330.0	357.7	382.3	400.6	432.2	473.0	569.6	617.3	4
安徽	367.3	394.5	408.6	421.6	448.8	488.0	563.9	609.0	5

注：由于数据缺失，仅统计了 2015—2022 年的数据。

（八）蔬菜

我国既是蔬菜种植大国，又是消费大国。改革开放以来，蔬菜产业发展迅速，在保障市场供应、促进农业结构调整、优化居民饮食结构、增加农民收入、提高人民生活水平等方面发挥了重要作用。2001—2022 年，全国蔬菜产量由 48 422.36 万吨增加到 79 997.22 万吨，增幅达 65%。种植结构不断调整，蔬菜产业快速发展，蔬菜种植面积从 24 603.67 万亩增加到 32 808.32 万亩，增幅达 33.35%。

2022 年，湖北省蔬菜总产量 4 407.93 万吨，位居全国第 6（表 11），是湖北省四大千亿级“农字头”产业之一。其中马铃薯亩均产值位居全国第 1（亩均产量为第5），萝卜、黄瓜和茄子的亩均产值和亩均产量均位居全国前10。

表11　2022年湖北省蔬菜产业生产情况

	马铃薯	萝卜	黄瓜	茄子	番茄	大白菜
主产品产量（千克/亩）	2 122.85	2 829.94	9 209.82	3 847.93	8 731.94	3 657.40
全国排名	5	13	10	8	8	15
亩均产值（元/亩）	4 893.99	5 047.14	27 378.4	7 412.53	28 263.80	5 361.17
全国排名	1	5	8	7	10	18

数据来源：《中国农村统计年鉴》。

1. 蔬菜产量

2011—2022年，湖北省马铃薯主产品亩均产量从1 743.4千克/亩增加到2 122.85千克/亩，排名全国第5，前4位的新疆、山东、青海和黑龙江均为北方省份；萝卜主产品亩均产量从4 159.4千克/亩下降到2 829.94千克/亩，震荡走低，排名全国第13位，亩产水平不具备优势；黄瓜主产品亩均产量从7 634.2千克/亩增加到9 209.82千克/亩，全国排名第10；茄子主产品亩均产量从3 006.7千克/亩增加到3 847.93千克/亩，全国排名第8；番茄主产品亩均产量从9 719.5千克/亩下降到8 731.94千克/亩，全国排名第8；大白菜主产品亩均产量则从4 962.9千克/亩下降到3 657.40千克/亩，全国排名第15（表11）。

2. 蔬菜产值

2011—2022年，马铃薯亩均产值从2 670.9元/亩增加到4 893.99元/亩，全国排名第1；萝卜亩均产值从1 524.6元/亩上升到5 047.14元/亩，全国排名第5；黄瓜亩均产值从11 411元/亩上升到27 378.4元/亩，全国排名第8；茄子亩均产值从5 163.4元/亩上升到7 412.53元/亩，全国排名第7；番茄亩均产值从25 573元/亩上升到28 263.8元/亩；大白菜亩均产值从3 510.8元/亩上升到5 361.17元/亩。

综合来看，湖北省蔬菜整体生产规模大、产量高，马铃薯、萝卜、黄瓜以及茄子等多数蔬菜品种亩均产值较高，具有较好的生产效益，在全国蔬菜市场具有一定的竞争优势。

二、主要农产品显性竞争力测度及分析

主要农产品竞争力是衡量地区农业发展水平的重要因素，因此，本部分主要对湖北省主要农产品的显性竞争力进行测度和分析。

（一）测度指标

根据竞争力文献和湖北省农产品生产现状，综合考虑数据的可获取性，本部分主要从农产品的市场表现能力、获利能力、产品价格、产品质量等方面入手，选取良种率、价格、市场占有率、生产专业化水平、成本利润率等指标对主要农产品显性竞争力进行综合测度和分析。

1. 良种率

良种率是指种植时使用达到良种质量标准的种子面积占该类农产品种植总面积的比重，该指标在一定程度上反映了农产品的品种质量状况。良种是农业的“芯片”，是促进农产品增产增质的关键内因，因此良种率的提高在很大程度上能增强农产品的市场竞争力。

2. 价格

一个地区农产品的竞争优势在很大程度上表现为其价格优势，即农产品的价格越低，该农产品就越具有市场竞争力。

3. 市场占有率

市场占有率是指某一农产品的销售量或销售额在市场同类产品中所占比重，反映了某种产品市场竞争力的实现程度。市场占有率越高，该产品的竞争力就越强。其计算公式为：市场占有率＝某类产品销售量（额）/市场同类产品销售量（额）×100％。

4. 区位熵

区位熵（Q）可以用来衡量某省份特定农产品生产的集聚程度，当 $Q>1$，表明该省份此种农产品生产集聚水平高于全国平均；反之，当 $Q<1$ 时，则表明该省份此种农产品生产集聚水平低于全国平均。

5. 成本利润率

成本利润率是衡量产品盈利能力的重要指标，其计算公式为：成本利润率＝净利润/生产总成本×100%。该指标越高，意味着越能以较低的成本获得较高的收益，表明该农产品的市场盈利能力和显性竞争力越强。

（二）水稻

湖北省作为全国重要的水稻主产区之一，基于适宜的气候、丰沛的降水、肥沃的土壤以及悠久的种植历史等有利条件，全省水稻品种多样、产量高、质量好，在国内外市场上具有较强的竞争优势。

1. 品种质量

为保证水稻的竞争力，多年来湖北省大力培育高档优质稻新品种。一方面，相关职能部门公布新审定的水稻新品种，根据品种的不同成熟期和特点，结合适应性、产量、抗病性等，评估品种的实用性和普及潜力，因地制宜地逐步推广种植。另一方面，通过举办优质水稻高质量发展学术交流等活动，进行水稻良种示范，推广水稻新品种和高效栽培技术。同时，还注重有机肥的使用，提高土壤质量，进而提升水稻的附加值，增强其市场竞争力。

近年来，湖北省农业科学院等科研院所和机构培育出包括鄂中 5 号、鄂中 6 号、广两优 272、巨 2 优 60、虾稻 1 号等近 20 个优质水稻新品种，累计推广面积超过 5 000 万亩，增产粮食超过 30 亿斤。同时，还积极探索并大力推广“水稻＋”的综合种养模式，将水稻种植与虾、鳖、蛙等养殖相结合，实现一田多收，不仅实现了水稻生产经济效益与生态效益的双赢，极大地提升了湖北省水稻的市场竞争力，还通过多元化种植和循环利用资源，促进了农业绿色发展。

2. 价格竞争力

2015—2022年，湖北省早、中、晚籼稻的平均出售价格在全国籼稻主产区都处于低水平，尤其是中、晚籼稻价格，在全国各省份中最低，表明湖北省稻谷具有价格竞争优势。

3. 市场规模

表12的测度结果为水稻主产省份稻谷产量占全国产量的比重，表示该省份水稻的市场规模。该表展示了2022年市场规模排名前10的省份，其中，湖北省排名第5，市场占比约为8.949%，具有较强的市场优势。该表同时显示了相关省份稻谷产量的区位熵测度结果，表示相关省份水稻生产的集聚水平。该表展示了2022年所有区位熵>1的省份，其中，湖北省排名第9，区位熵值为2.241，约为全国平均水平的两倍多，集聚水平较高。

表12　2015—2022年稻谷市场份额与区位熵

省份	2015年	2016年	2017年	2018年	2019年	2020年	2021年	2022年
市场占比（%）								
黑龙江	10.56	13.09	13.26	12.66	12.71	13.67	13.69	13.04
湖南	12.70	12.91	12.89	12.61	12.46	12.46	12.61	12.66
江西	9.74	10.14	10.00	9.86	9.77	9.68	9.74	9.77
江苏	9.38	9.00	8.90	9.23	9.35	9.28	9.32	9.55
湖北	8.70	8.88	9.06	9.27	8.96	8.80	8.85	8.95
安徽	7.01	7.44	7.75	7.93	7.78	7.37	7.47	7.59
四川	7.46	6.95	6.93	6.97	7.01	6.96	7.02	7.01
广东	5.23	4.92	4.92	4.87	5.13	5.19	5.19	5.32
广西	5.46	5.05	4.80	4.79	4.73	4.79	4.78	4.93
吉林	3.03	3.18	3.22	3.05	3.14	3.14	3.22	3.27
稻谷显性竞争优势指数								
江西	2.82	3.00	2.98	2.96	3.01	3.00	3.04	3.12

（续）

省份	2015年	2016年	2017年	2018年	2019年	2020年	2021年	2022年
湖南	2.63	2.79	2.77	2.74	2.78	2.77	2.80	2.88
海南	2.49	2.80	2.78	2.76	2.76	2.74	2.79	2.87
上海	2.24	2.56	2.67	2.63	2.91	2.93	2.90	2.85
广东	2.39	2.70	2.69	2.68	2.74	2.74	2.77	2.83
福建	2.19	2.53	2.51	2.48	2.49	2.46	2.49	2.55
浙江	2.29	2.46	2.39	2.47	2.47	2.43	2.42	2.45
广西	2.23	2.35	2.32	2.30	2.36	2.34	2.36	2.43
湖北	2.00	2.10	2.11	2.15	2.18	2.16	2.19	2.24
江苏	1.64	1.68	1.63	1.66	1.67	1.67	1.70	1.74

4. 成本收益

2015—2022年，湖北省稻谷生产成本逐年增加，而净利润尽管有所波动，但整体保持相对稳定的水平。相较湖南、江西、安徽等其他稻谷主产省份，湖北省稻谷生产总成本较高，尤其是人工成本偏高，但利润水平处于中游，因此整体稻谷生产效益较好。

综合来看，湖北省水稻品种结构不断优化，种植模式和技术模式更加丰富，生产布局逐渐向优势产区集中，呈现“山区减、丘陵稳、平原增”的特点，种植面积和总产保持相对稳定，产销链条更加完善，使得市场竞争力不断提升。

（三）小麦

湖北省虽然不是小麦主产省份，但得益于适宜的气候、肥沃的土壤以及良好的农业生产基础，多年来小麦生产在国内仍然具有一定的市场竞争力。

1. 品种质量

湖北省政府长期重视小麦产业的发展，通过财政补贴、科研资助以及税收优惠等政策支持育种，提升育种效率和品种质量，进而提高小麦的良种率。近年来，新审定的小麦品种数量显著增加，自主选育品种占比达 80.2%，市场占有率不断扩大。例如，高产的中强筋和弱筋小麦品种占比达到 42%，在主产区襄阳市，优质小麦品种比例超过 70%。各级政府还通过规范市场、打击非法竞争行为、加强种子市场监管，维护公平竞争环境，保障种子的质量和良种率。

2. 价格竞争力

从表 13 来看，2015—2022 年，湖北省小麦出售价格相对稳定，在全国处于较低水平，在市场上具有较强的价格优势。

表 13　2015—2022 年湖北省小麦平均出售价格

单位：元/50 千克

省份	2015 年	2016 年	2017 年	2018 年	2019 年	2020 年	2021 年	2022 年
河北	118.46	120.26	121.97	118.98	114.39	115.62	125.01	153.05
山东	117.06	121.36	121.97	119.29	114.30	116.80	126.18	152.78
河南	114.82	105.72	110.01	103.96	109.22	109.43	118.85	151.45
安徽	110.18	103.62	112.24	103.28	109.49	112.87	122.89	149.98
山西	115.98	113.64	119.27	118.00	115.78	115.78	124.28	149.79
江苏	112.66	94.35	113.93	108.72	107.10	107.83	119.19	146.64
湖北	106.02	100.06	105.78	75.95	105.06	104.65	106.75	142.91
黑龙江	97.61	100.33	98.74	99.33	96.29	113.69	122.15	142.80
四川	119.90	114.06	117.24	114.81	112.42	114.27	123.07	138.76
新疆	135.49	134.56	134.26	120.00	117.89	123.06	123.23	135.48

数据来源：《全国农产品成本收益资料汇编》。

3. 市场规模

表 14 的测度结果为小麦主产省份小麦产量占全国产量的比重，表示该省份小麦的市场规模。该表展示了 2022 年市场规模排名前 10 的省份，其中，湖北省排名第 8，市场占比约为 2.945%，尽管排名较高，但不具有较强的市场优势。

表 14 同样展示了各省份小麦产量的区位熵测度结果，表示该省份小麦生

产的产业集聚水平。该表展示了2022年集聚水平排名前10的省份，其中，湖北省排名第9，区位熵值为0.738，低于全国平均水平，集聚程度较低。

表14　2015—2022年小麦市场份额与区位熵

省份	2015年	2016年	2017年	2018年	2019年	2020年	2021年	2022年
市场占比（%）								
河南	26.89	27.15	27.58	27.41	28.01	27.96	27.77	27.68
山东	18.03	18.69	18.57	18.81	19.11	19.14	19.25	19.18
安徽	10.84	12.27	12.24	12.23	12.40	12.45	12.41	12.51
河北	11.02	11.11	11.20	11.04	10.95	10.72	10.73	10.71
江苏	9.02	9.35	9.64	9.81	9.86	9.94	9.80	9.92
新疆	5.36	5.12	4.56	4.35	4.31	4.34	4.67	4.75
陕西	3.52	3.03	3.03	3.05	2.86	3.08	3.10	3.12
湖北	3.23	3.31	3.18	3.12	2.92	2.99	2.92	2.95
甘肃	2.16	2.04	2.01	2.13	2.10	2.00	2.04	2.16
四川	3.28	1.95	1.87	1.88	1.84	1.84	1.79	1.81
区位熵								
河南	2.76	2.76	2.80	2.71	2.78	2.74	2.90	2.80
山东	2.38	2.31	2.29	2.33	2.37	2.35	2.39	2.38
安徽	1.90	2.05	2.02	2.01	2.03	2.07	2.07	2.09
河北	2.04	1.94	1.94	1.96	1.94	1.89	1.92	1.90
江苏	1.57	1.74	1.77	1.76	1.77	1.78	1.79	1.81
天津	1.57	1.46	1.45	1.36	1.35	1.38	1.44	1.42
北京	0.85	0.80	0.74	0.78	0.76	0.75	0.90	1.05
山西	1.03	0.82	0.85	0.83	0.83	0.83	0.85	0.84
湖北	0.74	0.78	0.74	0.72	0.71	0.73	0.72	0.74
上海	0.85	0.59	0.50	0.63	0.30	0.29	0.39	0.56

4. 成本收益

从表15来看，2015—2022年，湖北省小麦生产成本略有增加，净利润水平不高，尤其在2017年和2018年出现了净利润为负的情况。

综合来看，湖北省小麦生产虽然具有热量资源丰富、种植面积发展潜力大和市场需求旺盛等有利条件，但仍面临“连阴雨”导致赤霉病的种植风险，研发和创新不足的种子生产风险，以及营销和推广不足的市场风险等不利因素，制约了其市场竞争力。

表 15　2015—2022 年湖北省稻谷与小麦成本收益分析

年份	稻谷			小麦		
	总成本（元/亩）	净利润（元/亩）	成本利润比（%）	总成本（元/亩）	净利润（元/亩）	成本利润比（%）
2015	3 216.13	860.08	26.74	711.77	18.47	2.59
2016	3 129.26	572.27	18.29	699.02	5.33	0.76
2017	3 312.01	561.99	16.97	707.41	−9.31	−1.32
2018	3 371.99	245.67	7.29	713.26	−279.23	−39.15
2019	3 373.89	403.75	11.97	710.7	46.86	6.59
2020	3 273.72	385.06	11.76	701.05	55.51	7.92
2021	3 391.40	428.15	12.62	726.02	5.86	0.81
2022	3 721.20	290.25	7.90	775.86	371.14	47.84

数据来源：《全国农产品成本收益资料汇编》。

（四）生猪

湖北省作为我国传统的生猪生产大省，具有较强的市场竞争力。近年来，湖北省通过推广良种、改善养殖方式、防控疫病、自动化屠宰、精深加工等全产业链的技术进步，大力发展生猪产业，在品种、价格、市场占有率等方面在全国具有较强竞争力。但在生猪出栏量、市场占有率等方面仍落后于河南、山东、四川等省份，在中部省份中也无明显优势，仍存在较大的提升空间。

1. 品种质量

湖北省在生猪品种质量方面具有一定优势，2020 年，获批国家级生猪核心育种场 8 家。目前，全省有通城猪、清平猪、监利猪、阳新猪、恩施黑猪等 29 个省级畜禽遗传资源保护品种。以阳新猪为例，有核心群原种场 1 个，种公猪血统 7 个 14 头，核心群母猪 84 头，繁殖群建有 5 个镇区基础保护区，能繁母猪 8 000 余头。

针对当前生猪企业存在的国内外引种多，自主育种少的种源芯片“卡脖子”现状，湖北省不断提高生猪种业创新能力。2021 年，湖北省农业科学院、湖北华健硒园农牧科技有限公司、湖北天之力优质猪育种公司联合培育出“硒都黑猪”新品种，成为首个利用自有资源培育的优质猪新品种，并通过国家畜禽遗传资源委员会审定。

2. 价格竞争力

受到生猪疫病、水产品价格、全球疫情、非洲猪瘟等因素影响，湖北省猪肉价格存在较大波动。特别是在 2019 年、2020 年，由于市场供应偏紧，主要饲料原料价格持续上涨，养殖成本增加，使得猪肉价格大幅度上升，但整体而言湖北猪肉在全国仍具有价格优势。

2010—2022 年，湖北省散养生猪每 50 千克平均出售价格波动较大，但均低于全国平均价格，在价格方面具有一定比较优势。2020 年，受非洲猪瘟疫情影响价格出现大幅增长，达到 1 638.57 元，2021 年开始下降，2022 年继续下降为 872.33 元。与其他省份相比，湖北省生猪出售价格在全国排名波动较大，2011 年排名第 8，2021 年排名第 6，2022 年排名第 1，总体而言散养生猪价格优势较为明显。从中规模生猪出售价格看，2010—2022 年，湖北省中规模生猪每 50 千克平均出售价格波动较大，除了 2020 年、2022 年略高于全国平均水平外，其他年份均低于全国平均水平。总体来看，尽管湖北省中规模生猪出售价格在全国有一定优势，但与散养生猪相比，优势并不显著。

3. 市场规模

从表 16 来看，2010—2018 年，湖北省生猪国内市场占有率整体呈现上涨趋势，均在 5.29%以上。2019 年受非洲猪瘟影响较大，市场占有率开始下降至 5.21%，2021 年开始恢复到正常水平。与其他省份相比，2010—2022 年湖北省生猪市场占有率在全国排名第 6，市场竞争力较强。

表 16　2010—2022 年主要省份生猪国内市场占有率

单位：%

省份	2010 年	2011 年	2012 年	2013 年	2014 年	2015 年	2016 年	2017 年	2018 年	2019 年	2020 年	2021 年	2022 年
河南	9.72	9.71	9.55	9.24	9.37	9.55	9.69	9.94	10.1	10.2	9.56	9.78	9.42
四川	11.03	10.8	10.7	10.5	10.6	10.5	10.6	9.91	9.95	9.25	9.53	9.47	9.19
湖南	8.65	8.83	8.84	8.55	8.88	8.91	8.90	8.99	8.93	8.69	9.19	9.35	9.09
云南	5.92	5.71	5.64	5.66	5.68	5.73	5.83	6.86	7.14	7.55	7.68	7.39	7.35
山东	5.88	6.03	6.04	6.12	6.17	6.22	6.25	6.88	6.97	7.01	7.22	7.01	6.64
湖北	5.29	5.38	5.29	5.36	5.41	5.45	5.50	5.84	5.89	5.21	5.32	5.63	5.64
广西	5.01	5.12	5.14	5.16	5.00	5.03	5.01	5.19	5.37	5.15	4.50	4.74	4.91
广东	4.82	4.89	4.70	4.77	4.52	4.66	4.70	4.83	4.73	4.30	4.35	4.62	4.85

数据来源：根据《中国畜牧业年鉴》计算整理。

注：采用各省份年末生猪存栏量占全国年末生猪存栏量的比例衡量市场占有率。·

4. 成本收益

从表 17 来看，2010—2022 年，湖北省散养生猪总成本整体呈现上涨趋势，单位总成本从 1 374.64 元/头增长至 2 366.95 元/头，高于全国平均水平的 2 342.76 元/头，全国排名第 13，其中土地成本、人工成本和物质与服务费用成本上升较为明显。收益方面，受非洲猪瘟、要素价格上涨等因素的影响，2010—2022 年湖北省散养生猪净利润和成本利润比的波动变化较大。2022 年，净利润为 75.03 元/头，低于当年全国平均水平的 128.87 元/头，成本利润比为 3.17%，低于全国平均水平的 5.50%，在全国排名第 14，散养生猪在全国范围内效益优势不明显。

从中规模生猪养殖成本收益看，由于存在规模经济效应，湖北省中规模生猪养殖成本显著低于散养生猪养殖成本，净利润基本为正。2022 年，湖北省中规模生猪养殖总成本 2 074.24 元/头（表 17），低于全国平均水平的 2 204.95 元/头，全国排名第 11，人工成本、物质与服务费用均低于全国平均水平，只有土地成本高于全国平均水平。净利润为 655.51 元/头，高于当年全国平均水平的 300.89 元/头，全国排名第 1；成本利润比为 31.60%，高于全国平均水平的 13.63%，全国排名第 1，表明湖北省中规模生猪在全国范围内具有明显的效益优势。

表 17 2010—2022 年湖北省中规模生猪养殖成本收益

年份	散养生猪成本收益			中规模生猪养殖成本收益		
	总成本（元/头）	净利润（元/头）	成本利润比（%）	总成本（元/头）	净利润（元/头）	成本利润比（%）
2010	1 374.64	72.93	5.31	1 272.07	127.16	10.00
2011	1 607.95	420.52	26.15	1 527.6	472.89	30.96
2012	1 860.21	−68.60	−3.69	1 674.09	136.02	8.13
2013	1 944.29	−154.32	−7.94	1 713.48	53.47	3.12
2014	1 898.41	−248.72	−13.10	1 668.77	−35.23	−2.11
2015	1 922.24	69.49	3.62	1 635.84	253.67	15.51
2016	2 074.33	220.30	10.62	1 742.18	534.16	30.66
2017	1 929.67	−35.15	−1.82	1 694.00	219.99	12.99
2018	1 873.76	−239.44	−12.78	1 578.26	52.42	3.32
2019	2 029.20	432.41	21.31	1 803.95	718.55	39.83
2020	3 025.71	1246.95	41.21	2 810.59	1 681.58	59.83
2021	2 820.68	−92.20	−3.27	2 633.42	206.44	7.84
2022	2 366.95	75.03	3.17	2 074.24	655.51	31.60

数据来源：《全国农产品成本收益资料汇编》。

（五）茶叶

湖北是全国茶叶大省，拥有包括恩施玉露、赤壁青砖茶、英山云雾茶等在内的诸多名优茶品，在品种、价格、市场占有率等方面具有一定的市场竞争力。近年来，湖北省将茶产业作为全省十大重点产业链之一，大力弘扬茶文化，全力做大茶产业，推动茶叶产业延链、补链、强链，启动品种培优、品质提升、品牌优化、标准建设、主体培育、工艺改进、产品研发、市场开拓、生产服务、科技赋能十大行动，推动全省茶产业链高质量发展。

1. 品种质量

2022 年，湖北省育成国家级茶树良种 3 个（鄂茶 1 号、鄂茶 4 号、鄂茶 5 号）、省级良种 17 个，包括五峰大叶茶、恩施大叶茶、神农架夏谷坪群体种、宜昌大叶种、英山群体种等优良茶树品种。由湖北省农业科学院果茶研究所选育的鄂茶1号，入选2019（首届）全国农业科技成果转化大会的百项重大农业科技成果，鄂茶11、鄂茶12等6个良种获得国家非主要农作物品种登记，金茗1号成为湖北省首个获得植物新品种权的茶树品种。在湖北省果茶办公室等部门大力推广下，全省无性系茶园面积达349万亩，其中鄂茶1号推广面积近100万亩，占1/3，成为湖北省当家品种。全省茶树良种率由2015年的55%增长至2024年的70.5%，同比增幅28.18%，高于全国平均水平。

从茶叶品牌来看，湖北省有81个中国茶叶地理标志品牌，其中绿茶49个、红茶11个、白茶1个、青茶1个、黄茶1个、黑茶2个，其他茶16个，是茶品类最为齐全的省份之一。形成了恩施玉露、圣水毛尖、武当道茶、赤壁青砖茶及宜红茶等知名品牌，茶叶质量水平高，在国内外市场有较强竞争力。

2. 价格竞争力

从表18来看，2011—2022年，湖北省茶叶价格波动与全国茶叶市场保持一致，2012、2013、2016、2018、2020年低于全国水平，其他年份茶叶价格指数均高于全国水平。2022年，湖北省茶叶价格在全国排名第10，具有一定优势，但优势不明显，且近两年优势有所减弱。

表18　2011—2022年主要省份茶叶生产者价格指数（上年为100）

地区	2011年	2012年	2013年	2014年	2015年	2016年	2017年	2018年	2019年	2020年	2021年	2022年
广西	115.6	102.7	98.0	102.3	101.7	98.7	99.8	103.1	105.4	95.9	100.3	94.1
山东	112.9	118.4	94.5	107.6	103.5	90.7	98.2	92.6	98.8	78.7	98.9	97.0
陕西	136.1	107.6	97.9	100.3	101.9	103.4	102.2	96.8	106.0	97.0	101.8	99.0
安徽	116.2	107.7	100.3	99.7	96.0	96.7	103.0	100.4	100.3	100.5	104.0	99.1
浙江	106.6	106.1	98.8	110.4	94.5	100.6	97.1	98.2	103.0	92.1	98.2	99.2
江苏	122.5	104.8	104.9	101.9	92.5	106.3	103.6	99.9	100.3	93.7	99.6	99.9
福建	107.2	101.1	104.5	101.9	96.8	97.6	106.9	101.4	96.8	99.2	104.7	100.6
全国	113.3	108.8	100.5	105.5	98.7	99.4	102.3	100.4	102.7	97.4	102.0	100.7
云南	109.5	106.6	109.3	115.4	93.2	96.5	104.4	102.6	101.4	100.3	103.2	100.9
江西	112.7	108.4	99.2	105.8	94.1	97.1	99.2	99.8	102.9	101.4	102.1	101.3
湖北	117.1	99.2	98.3	106.0	101.0	90.7	102.5	99.7	106.2	93.1	117.0	101.6

（续）

地区	2011年	2012年	2013年	2014年	2015年	2016年	2017年	2018年	2019年	2020年	2021年	2022年
广东	116.0	117.3	99.7	116.7	102.7	105.5	103.7	104.6	102.2	99.8	101.6	102.6
湖南	117.2	122.7	96.1	106.4	104.0	99.6	98.1	101.9	112.8	103.0	100.5	103.3
贵州	118.9	113.4	106.5	97.2	105.4	105.0	105.4	98.9	105.7	98.7	105.5	103.8
重庆	111.2	107.8	101.0	101.0	101.1	100.8	101.2	100.2	98.4	94.2	97.6	104.0
河南	—	—	—	—	105.7	85.2	109.9	102.4	115.2	101.1	102.3	105.7
四川	108.5	104.1	104.1	104.7	101.1	104.4	99.5	108.1	107.2	102.1	92.3	107.9

数据来源：《中国农产品价格调查年鉴》。

3. 市场规模

从表19来看，2010—2022年，湖北省茶叶国内市场占有率稳中有升，保持在11.05%以上。其中，2010—2012年湖北省茶叶国内市场占有率在全国排名第3，2013—2022年排名第4，低于云南、贵州、四川三省。总体来看，湖北茶叶国内市场占有率较高，市场竞争力较强。

4. 生产专业化

从表19来看，2010—2022年，湖北省Q指数仅在2011年和2013年两个年份低于全国平均水平，其他年份均大于1。2022年，湖北省显性比较优势值为1.13，在全国排名第4。然而，与福建、广东、湖南等省份相比，湖北省优势不够明显。

表19　2010—2022年主要省份茶叶国内市场占有率与区位熵指数

省份	2010年	2011年	2012年	2013年	2014年	2015年	2016年	2017年	2018年	2019年	2020年	2021年	2022年
国内市场占有率（单位:%，按照茶叶产量）													
云南	14.1	14.7	15.2	15.7	16.0	16.3	16.1	16.0	16.2	15.7	15.8	15.9	16.0
贵州	18.5	18.2	17.9	18.0	17.8	17.9	16.1	16.1	16.0	15.8	15.7	15.4	15.6
四川	11.2	11.3	11.6	11.5	11.9	12.0	12.4	12.3	12.6	12.7	12.3	12.8	12.6
湖北	11.5	11.5	11.7	11.4	11.2	11.0	11.5	11.3	11.5	11.7	11.7	11.8	11.8
浙江	3.5	3.6	4.2	4.6	5.1	5.2	6.1	7.2	6.9	7.1	7.2	7.8	8.0
区位熵（按照茶叶播种面积）													

（续）

省份	2010年	2011年	2012年	2013年	2014年	2015年	2016年	2017年	2018年	2019年	2020年	2021年	2022年
福建	1.81	1.82	1.85	1.92	1.94	2.00	2.15	2.21	2.27	2.24	2.26	2.24	2.19
广东	1.75	1.89	1.92	2.02	1.94	1.99	1.86	1.84	1.80	1.72	1.80	1.78	1.64
湖南	1.62	1.69	1.58	1.62	1.60	1.66	1.49	1.46	1.49	1.49	1.48	1.36	1.29
湖北	1.03	0.99	1.01	0.98	1.04	1.03	1.26	1.24	1.17	1.13	1.10	1.16	1.13
山东	0.87	0.74	0.82	0.89	0.93	0.92	1.04	1.09	1.10	1.10	1.04	1.10	1.11

数据来源：根据国家统计局、《中国农业统计资料》等相关数据计算整理。

（六）油菜籽

我国是全球重要的油料生产和消费大国，其中油菜籽是重要的食用油及生物柴油来源，种植面积约1亿亩。但与国际主要油菜籽生产国相比，我国油菜亩均生产成本较高，产量较低等问题突出。湖北省作为油菜种植大省，种植面积超过1 700万亩，约占全省耕地总面积的1/4，产量位居全国前列。

1. 品种质量

湖北省油菜品质优良，商品化率超过50%，在全国位居第一。目前全省油菜主要有9个品种，覆盖率达到80%以上，其中“双低”（低芥酸、低硫苷）油菜普及率达到95%。这些油菜所产油菜籽的特点是“双低”化率高，色泽好，籽粒饱满，含油量高，出油率高。近年来，在沙洋县、江陵县等地建设高油酸油菜种子研发中心、稻油轮作油菜良种繁育示范基地等项目，选育出了一批含油量高达50%的新品种，产油量提高16%以上，进一步优化了省内油菜品种结构。高油酸油菜品种的推广，为湖北菜籽油品牌找到了差异化的发展路线，极大提升了湖北省油菜的市场竞争力。

2. 价格竞争力

从表20来看，2010—2022年，湖北省油菜籽每50千克平均出售价格波动较大，呈现出先上升后下降再上升的波动趋势，年均增长率为3.27%。2010年为最低值187.41元，2021年则达到最高值275.75元。尽管油菜籽价格整体呈现上涨趋势，但湖北省油菜平均价格始终低于全国平均价格，仅高于安徽、江苏两个省份。

表 20　2010—2022 年主要省份油菜籽平均出售价格

单位：元/50 千克

地区	2010 年	2011 年	2012 年	2013 年	2014 年	2015 年	2016 年	2017 年	2018 年	2019 年	2020 年	2021 年	2022 年
全国	199.9	230.1	247.0	264.4	261.2	229.5	226.6	254.8	259.2	256.3	267.1	301.5	331.8
浙江	205.8	235.2	251.4	278.9	275.2	275.5	245.8	278.5	294.9	303.7	317.2	342.6	366.4
青海	226.8	231.8	243.0	264.5	257.2	205.4	222.8	250.3	241.2	226.5	267.3	318.0	364.1
甘肃	208.6	253.3	269.5	275.6	288.0	247.2	228.7	246.6	244.8	249.7	281.7	329.9	353.3
湖南	192.2	232.0	261.7	292.0	292.2	240.9	261.0	289.7	279.4	274.1	282.3	344.3	350.9
贵州	200.9	224.5	242.4	260.9	272.0	258.3	243.4	270.4	279.0	284.2	291.2	298.8	334.5
四川	204.4	223.9	250.2	282.9	264.6	263.8	243.1	261.3	274.8	269.1	278.8	306.0	334.0
江西	206.6	237.5	244.7	275.4	264.3	248.8	233.6	259.9	255.3	260.0	280.2	295.3	330.0
云南	241.6	230.9	258.8	277.3	265.8	243.6	242.0	260.2	271.4	262.6	267.7	311.1	327.7
陕西	201.8	230.2	254.5	266.7	273.8	253.7	249.1	260.2	258.1	247.9	256.5	286.8	326.6
重庆	198.7	236.2	261.5	278.2	275.3	271.3	265.8	275.2	280.8	279.5	293.5	301.1	321.8
河南	202.9	261.6	275.6	265.9	256.3	217.3	228.7	239.8	239.9	257.5	261.5	277.3	317.2
湖北	187.4	221.3	230.2	236.0	231.9	190.0	194.4	233.6	241.5	236.6	239.8	275.8	310.6
安徽	202.0	228.6	237.0	248.2	246.0	196.3	202.6	240.6	247.1	246.3	249.3	271.5	309.4
江苏	195.2	226.3	236.8	241.7	242.4	180.8	179.6	222.2	220.9	218.9	224.8	253.6	304.1

数据来源：《全国农产品成本收益资料汇编》。

3. 市场规模

从表 21 来看，2010—2022 年，湖北省油菜国内市场占有率尽管有所波动，但整体保持相对稳定，最高峰出现在 2022 年，占全国的 15.89%。与其他省份相比，湖北省油菜市场占有率在全国 14 个油菜主产省份中绝大多数年份排名第 3，仅次于湖南与四川，市场竞争力较强。从油菜籽 Q 指数看（表 21），湖北省油菜种植在全国具有显著的比较优势。2010—2022 年，湖北省油菜籽 Q 指数呈先上升后下降的趋势，但始终远大于 1，排名始终位于全国前列。2022 年，湖北省油菜籽的 Q 为 3.3，全国排名第 3。

表 21　2010—2022 年主要省份油菜国内市场占有率与油菜籽区位熵指数

省份	2010 年	2011 年	2012 年	2013 年	2014 年	2015 年	2016 年	2017 年	2018 年	2019 年	2020 年	2021 年	2022 年
区位熵指数													
青海	7.13	6.75	6.51	6.31	6.18	6.04	6.65	6.92	6.63	6.39	6.17	5.88	5.82
湖南	2.93	3.18	3.26	3.43	3.57	3.74	3.55	3.57	3.82	3.85	3.91	3.83	3.79
湖北	3.41	3.41	3.43	3.61	3.70	3.66	3.14	3.05	2.97	3.03	3.21	3.26	3.30
四川	2.24	2.33	2.37	2.42	2.50	2.58	3.10	3.15	3.21	3.18	3.25	3.27	3.18
贵州	2.12	2.18	2.15	2.14	2.18	2.27	2.34	2.28	2.30	2.05	1.95	1.99	2.21
市场占有率（%）													
湖南	14.89	14.67	14.79	15.28	16.88	16.91	17.76	17.87	18.66	18.85	19.61	19.33	19.14
四川	3.39	3.49	3.45	3.54	15.98	16.50	17.62	18.13	18.60	18.57	19.10	19.37	19.12
湖北	4.07	3.77	3.49	3.18	15.39	15.23	14.85	14.60	14.24	14.25	15.29	15.65	15.89
江西	2.56	2.64	2.74	3.06	7.65	7.76	7.71	7.65	7.37	7.33	7.03	7.22	7.23
贵州	9.45	8.90	8.48	7.90	7.54	7.57	7.85	7.76	7.60	6.77	6.37	6.39	6.98

数据来源：《中国农村统计年鉴》《中国统计年鉴》。

4. 成本收益

湖北省油菜种植成本呈先上升后下降再上升的态势。2011—2013 年，油菜生产亩均总成本由 524.43 元/亩增长至 703.65 元/亩，主要是由于劳动力成本上涨所致；2017—2021 年，亩均总成本逐渐下降至 768.26 元/亩。同时，油菜籽的平均出售价格稳步上升，净利润和成本利润比也呈现出先波动下降后上升的趋势。

总体来看，一方面，湖北省油菜生产的土地、人工、物质和服务等各项成本费用都低于全国平均水平，也低于其他油菜主产省份，说明湖北省油菜种植具有较强的成本竞争力。另一方面，湖北省油菜生产的成本利润率高于全国平均水平，也高于其他油菜主产省份，说明湖北省油菜种植具有较高的效益水平。尽管 2010—2017 年湖北省油菜种植受到成本上涨、利润下降等因素的影响，但经过多年调整和优化，已经实现了从亏损到盈利的转变，成为全国油菜种植的典范，拥有较高的效益优势。

（七）柑橘

我国的柑橘产量约占全球柑橘总产量的28%，柑橘园面积及柑橘产量常年稳居世界首位。湖北省拥有2 000年的柑橘栽种历史，种植面积居全国第5，产量居全国第3，是柑橘生产大省。柑橘品种丰富，涵盖柑、橘、橙、柚等50多个规模种植品种，柑、橘、橙、柚分别占比38%、40%、18%和3%，其他品种约占1%，实现了“春有伦晚、夏有夏橙、秋有红橙、冬有纽荷尔”的四季鲜果上市格局和较为完整的产业链。

1. 品种质量

在良种培育方面，湖北省注重科技支撑，追求品质和产量双提升。全省柑橘产业不仅注重主推品种的改良，还致力于引进新品种，通过与主推品种对比，全面评估新品种的丰产性、抗逆性、抗病性、抗虫性等指标。同时，湖北还注重包装、加工和销售等产后环节，目前省内有330家分级打蜡包装销售企业，拥有生产线近450条，柑橘产后处理率达到80%以上，居全国之首。

2. 价格竞争力

从表22来看，2010—2022年，湖北省柑每50千克平均出售价格波动较大，呈现出先大幅下降、后快速上升再波动下降的趋势。2013—2014年，柑的平均售价从53.59元上升到94.17元。2015年，平均出售价格大幅跌落至52.85元，之后随着价格的波动变换，2021年再次上升至61.22元。但湖北省柑的平均出售价格始终低于全国平均价格，与广东、广西、福建等主产区相比，湖北省柑在价格上具有显著的比较优势。

而2010—2022年湖北省橘的平均出售价格始终处于上升态势，且上升幅度较大，每50千克由56.64元上升至297.1元。与其他省份相比，湖北省橘的平均出售价格位于全国前列，仅低于福建省。同时，湖北省柑橘Q值一直大于1，但呈逐年下降趋势，由2010年的3.04减少至2022年的2.45，具有较强的比较优势。但与其他柑橘主产省份相比，其显性竞争优势较低。

表 22　2010—2022 年主要省份柑橘平均出售价格与市场占有率

地区	2010 年	2011 年	2012 年	2013 年	2014 年	2015 年	2016 年	2017 年	2018 年	2019 年	2020 年	2021 年	2022 年
柑每 50 千克平均出售价格（元）													
全国	133	114	114	115	162	154	171	162	178	170	149	187	167
广东	188	217	189	198	214	180	211	180	210	203	198	346	314
福建	112	172	170	143	190	178	229	203	225	208	157	180	212
广西	148	109	111	118	164	155	165	146	154	196	183	200	146
重庆	132	124	113	109	193	141	199	193	162	162	161	147	131
江西	124	34	33	48	93	80	71	98	118	110	111	120	99
湖北	101	72	70	54	94	53	49	64	65	75	56	61	65
橘每 50 千克平均出售价格（元）													
全国	160	112	98	124	136	140	155	170	155	147	218	280	296
福建	193	68	88	130	159	118	167	182	137	167	292	315	330
湖北	57	81	63	70	64	109	103	137	174	173	165	238	297
浙江	—	—	95	110	108	100	167	112	122	105	96	173	185
江西	246	97	137	144	148	88	130	130	87	55	83	148	159
广东	246	177	241	280	338	324	343	344	301	228	137	155	156
重庆	193	146	153	136	126	98	99	100	171	146	121	152	137
柑橘国内市场占有率（%）（采用种植面积衡量）													
广西	9.77	9.95	10.28	12.06	9.21	14.93	15.91	18.09	15.61	16.75	20.36	20.99	21.06
湖南	18.26	18.25	18.26	18.23	18.55	16.22	15.47	15.15	15.45	15.28	14.70	14.52	14.37
江西	14.84	14.83	15.02	15.10	15.55	14.94	14.21	13.25	13.14	12.84	11.91	11.50	11.65
广东	12.25	11.90	11.42	11.05	11.05	10.62	9.66	9.17	9.29	9.03	8.55	8.43	8.42
湖北	10.86	11.19	10.85	10.26	10.48	9.82	9.40	8.93	9.14	8.89	8.38	8.28	8.11
重庆	6.52	6.85	7.44	7.15	8.83	7.98	8.02	8.22	8.54	8.47	7.90	7.71	7.71
福建	3.80	3.38	3.08	2.76	2.58	2.32	5.22	5.09	5.30	5.29	5.10	5.20	5.23

数据来源：《全国农产品成本收益资料汇编》。

3. 市场规模

从表 22 来看，2010—2022 年，湖北省柑橘市场占有率呈现下降趋势，由 10.86%下降到 8.11%。2022 年，湖北省柑橘种植面积全国排名第 5，落后于广西、湖南等省份。

4. 成本收益

从表23来看，2010—2022年，湖北省柑的成本收益水平在全国范围内处于较低水平，尽管播种面积和产量较大，但生产成本较高，尤其是人工成本较高，导致净利润水平较低。相对而言，湖北省橘的成本收益率较高，处于全国橘主产省份的中等水平，有显著的经济效益和比较优势。

表23　2010—2022年湖北省柑橘成本收益

年份	柑					
	总成本（元/亩）	土地成本（元/亩）	人工成本（元/亩）	物质与服务费用（元/亩）	净利润（元/亩）	成本利润比（%）
2010	1 756.88	122.33	893.90	740.65	2 159.42	122.91
2011	1 980.75	116.52	1 216.99	647.24	1 388.97	70.12
2012	2 018.19	160.32	1 099.65	758.22	594.59	29.46
2013	1 909.02	161.07	1 065.41	682.54	−143.06	−7.49
2014	1 710.83	325.89	838.11	546.83	838.92	49.04
2015	2 506.28	150.00	1 030.65	1 325.63	−659.99	−26.33
2016	2 675.17	160.00	1 259.07	1 256.1	−853.7	−31.91
2017	2 772.26	235.00	1 267.55	1 269.71	−613.15	−22.12
2018	2 831.71	240.00	1 339.96	1 251.75	−256.78	−9.07
2019	2 914.63	245.00	1 403.14	1 266.49	−181.52	−6.23
2020	2 922.89	245.33	1 403.91	1 273.65	−659.13	−22.55
2021	3 040.64	245.00	1 455.51	1 340.13	−550.63	−18.11
2022	3 108.57	245.00	1 500.86	1 362.71	−593.22	−19.08

年份	橘					
	总成本（元/亩）	土地成本（元/亩）	人工成本（元/亩）	物质与服务费用（元/亩）	净利润（元/亩）	成本利润比（%）
2010	948.57	104.70	502.48	341.39	513.49	54.13
2011	1 460.93	116.26	857.91	486.76	1 245.65	85.26
2012	1 505.55	242.35	809.45	453.75	670.79	44.55
2013	1 805.08	451.40	871.43	482.25	776.45	43.01
2014	1 650.99	380.79	925.87	344.33	441.32	26.73
2015	2 486.11	363.70	914.67	1207.74	−199.33	−8.02
2016	2 346.91	258.04	880.06	1 208.81	66.56	2.84

（续）

年份	橘					
	总成本（元/亩）	土地成本（元/亩）	人工成本（元/亩）	物质与服务费用（元/亩）	净利润（元/亩）	成本利润比（%）
2017	2 583.80	226.54	1127.15	1 230.11	327.49	12.67
2018	2 383.34	255.10	951.47	1 176.77	684.15	28.71
2019	2 117.80	316.11	656.34	1 145.35	326.67	15.42
2020	2 125.07	316.11	683.63	1 125.33	335.53	15.79
2021	2 177.59	316.11	692.64	1 168.84	860.78	39.53
2022	2 290.09	316.11	713.59	1 260.39	932.21	40.71

数据来源：《全国农产品成本收益资料汇编》。

综合来看，湖北柑橘品种丰富，无论是种植面积还是产量，在全国都占有重要的地位，在存在价格优势的前提下，不同品种的市场竞争力有较大差异，柑的市场竞争力较弱，而橘在市场上则具有显著的竞争优势。

（八）淡水水产品

湖北省淡水水产品总产量连续 26 年居全国第一，国人餐桌上每 7 条鱼中就有 1 条来自湖北。尽管湖北省的淡水水产品生产规模在全国稳居首位，但仍面临进一步提升市场竞争力的压力。

1. 品种质量

长期以来，湖北省农业发展中心大力推进渔业标准化、智能化、生态化，提高综合生产能力和防病抗灾能力，推广工厂化智能养殖、池塘“零排放”圈养、池塘工程化循环水养殖等“节地、节水、零排放、高效率”的现代养殖方式。2020 年，在湖北省农业发展中心的统一安排下，向武汉周渔生态农业有限公司派驻科技特派员，在九沟村的千亩水面上进行虾-稻-蟹、虾-稻、虾-稻-鱼、茭白-虾等各种新种养模式示范，带领周边农户广泛加入，对农户开展专业技术培训。经过 2 年的发展，基地实现了亩均增收 1 000 元以上，不仅提高了稻谷的品质，也极大提高了基地的效益，推动了淡水水产品的高质量发展。

2. 价格竞争力

从表 24 来看，除养殖淡水鲢鱼和淡水养殖虾之外，湖北省其他渔业产品的价格指数均低于全国水平，具有明显价格优势。同时，根据 Q 构成计算的 2020 年湖北省渔业显性竞争优势指标 $Q=1.406>1$，进一步表明了湖北省淡水养殖在全国具有显著的比较优势和市场竞争力。

表 24　2011—2020 年渔业产品生产者价格指数（上年为 100）

年份	淡水养殖产品		养殖淡水鱼		养殖淡水草鱼		养殖淡水鲢鱼	
	全国	湖北	全国	湖北	全国	湖北	全国	湖北
2011	109.48	108.40	108.56	107.33	107.31	105.68	108.65	110.56
2012	106.75	107.20	106.68	107.70	106.62	102.86	107.24	109.07
2013	104.65	109.14	103.16	108.65	105.10	107.51	101.56	111.11
2014	103.82	102.37	100.11	102.29	99.77	101.36	98.58	97.38
2015	102.05	96.66	101.45	96.28	101.00	94.10	100.25	95.49
2016	101.99	106.96	101.03	105.87	103.03	105.82	99.87	101.61
2017	102.39	106.87	102.48	107.33	105.52	117.10	100.95	104.38
2018	102.22	101.93	100.81	98.95	99.00	95.93	101.86	108.06
2019	99.76	99.30	100.10	99.63	98.98	96.51	100.86	102.86
2020	102.03	108.77	103.29	111.27	104.3	109.44	103.93	116.20

年份	淡水养殖虾		淡水养殖蟹		淡水捕捞产品	
	全国	湖北	全国	湖北	全国	湖北
2011	112.27	133.98	106.21	105.48	103.67	—
2012	108.75	95.10	101.34	97.66	107.18	—
2013	108.23	121.07	105.74	100.35	103.48	—
2014	109.67	102.44	111.42	105.52	101.46	—
2015	105.51	98.27	99.11	103.88	98.37	98.18
2016	101.69	110.15	107.88	121.47	—	—
2017	100.86	104.92	104.52	104.63	102.39	106.87
2018	102.26	118.21	110.04	107.24	102.22	101.93
2019	102.87	96.83	92.63	99.02	99.76	99.30
2020	94.30	98.00	99.40	94.63	—	—

数据来源：《中国农产品价格调查年鉴》。

注：由于数据只公开至 2020 年，因此该部分价格数据仅统计到 2020 年。

3. 市场规模

2020年，湖北省淡水水产品养殖面积在全国的占比为10.36%，总产量在全国占比达到15.10%，市场规模遥遥领先于其他省份；总产值占比为19.42%，表明湖北省淡水养殖业生产效率较高，有较强的市场竞争力。

4. 成本收益

2014—2021年，湖北省渔业从业人员从129.4万人下降到104.3万人，其中2021年渔业从业人员数量仅次于广东和山东，位居全国第3。湖北省淡水产业的经营收支比一直处于较高的水平（>145%），2021年，经营收支比达163.38%，且高过第2名安徽（152.93%）和第3名河南（151.31%）将近10个百分点，表明淡水产业生产效益高，市场竞争优势明显。

（九）蔬菜

作为全国重要的“菜篮子”基地，湖北坐拥全国长江中上游冬春蔬菜和云贵高原夏秋蔬菜两大优势区域，红菜薹、大蒜、莲藕、莼菜、花菇等名特优蔬菜享誉国内外，蔬菜产业综合能力一直位于全国第一方阵。在消费不断升级的今天，湖北蔬菜也与时俱进，坚持“稳量提质增效添绿”的工作思路，重点落实“七调”措施，持续向资源节约型、环境友好型、质量安全型加速提档升级，力争让全国的“菜篮子”里装上更多的“湖北菜”。

1. 品种质量

近几年来，湖北省按照“调减大路菜、发展优质菜、拓展特色菜”的思路，遵循资源依托、市场导向原则，谋划蔬菜产业区域布局，引导加快食用菌、水生蔬菜、高山蔬菜等优势特色蔬菜高质量发展，其中高山蔬菜、水生蔬菜、食用菌与魔芋并驾齐驱，撑起了湖北千亿蔬菜产业的半壁江山。在全省共同努力下，标准化生产、绿色防控、统防统治、专业化服务等绿色生产方式迅速普及，湖北蔬菜产业正朝着绿色可持续发展前行。

2. 价格竞争力

从表 25 来看，2010—2019 年，湖北省蔬菜价格变化基本与全国一致，2020 年，受到疫情冲击，湖北省各品类蔬菜价格上涨，明显高于全国平均水平，表明湖北蔬菜在全国的价格竞争力较低。

表 25 2010—2020 年湖北省主要蔬菜种类生产者价格指数（上年为 100）

年份	马铃薯		白萝卜		胡萝卜		黄瓜	
	全国	湖北	全国	湖北	全国	湖北	全国	湖北
2010	137.85	110.68	—	—	112.01	142.83	108.61	120.44
2011	99.73	104.76	104.91	102.26	102.52	122.63	107.26	130.06
2012	108.29	107.56	108.16	102.57	107.12	100.77	108.80	107.34
2013	116.48	120.38	102.01	102.9	109.36	107.43	107.17	108.87
2014	102.04	101.10	96.91	104.76	102.06	120.00	96.91	105.36
2015	96.74	100.00	102.14	102.91	98.51	108.31	105.23	101.90
2016	105.56	119.33	106.54	100.00	109.35	105.45	102.59	112.17
2017	97.86	98.33	97.87	105.83	96.13	—	97.12	94.55
2018	97.09	104.34	100.61	94.33	102.29	96.42	104.64	107.55
2019	107.94	104.88	97.11	101.65	94.12	96.00	107.20	101.26
2020	105.77	108.97	102.72	113.51	100.00	136.08	104.07	110.40

年份	茄子		番茄		大白菜	
	全国	湖北	全国	湖北	全国	湖北
2010	117.77	125.86	108.38	100.40	122.79	109.33
2011	102.78	104.94	108.34	118.02	89.52	104.11
2012	112.20	119.03	110.30	120.60	106.84	101.15
2013	107.22	104.93	104.49	103.69	110.42	105.92
2014	95.71	89.49	104.64	102.07	95.67	100.92
2015	102.56	101.74	101.56	101.53	103.70	100.74
2016	103.27	112.27	103.53	117.53	105.52	110.17
2017	92.97	106.59	98.14	97.52	93.59	96.04
2018	108.22	103.58	97.49	96.30	106.49	106.53
2019	102.62	101.07	103.98	108.16	95.00	103.36
2020	103.49	108.28	110.84	104.72	113.58	113.62

数据来源：《中国农产品价格调查年鉴》。

3. 市场规模

从表 26 来看，2010—2021 年，全国蔬菜整体播种比例有小幅度的提高，湖北省相对上升幅度较大，但本身播种比例不高。2021 年湖北省蔬菜播种面积占全国蔬菜总播种面积的 16.2%，位居全国第 13，高于全国平均水平（13%），说明湖北省蔬菜产业的产业化和集聚程度较高，在全国具有一定影响力。

表 26 2010—2021 年主要省份蔬菜播种面积占总播种面积的比重

单位：%

地区	2010 年	2011 年	2012 年	2013 年	2014 年	2015 年	2016 年	2017 年	2018 年	2019 年	2020 年	2021 年
海南	25.7	26.8	26.9	28.2	28.9	31.2	32.5	35.6	36.2	38.3	38.3	38.4
北京	21.3	22.1	22.7	25.6	29.3	31.2	31.3	33.3	34.7	34.0	37.3	37.9
福建	29.4	29.7	30.6	30.8	31.4	32.4	33.0	34.4	35.4	36.3	36.6	37.0
浙江	24.9	25.4	26.8	26.8	26.6	27.0	27.8	32.5	32.3	32.3	32.7	33.0
上海	32.9	34.0	34.6	35.0	35.7	33.6	36.6	32.6	33.4	33.2	33.0	32.2
广东	26.1	26.4	26.6	27.8	28.5	28.9	29.3	29.0	29.7	30.3	30.6	31.0
贵州	13.3	14.1	14.9	15.7	16.8	17.7	18.8	22.1	25.6	26.2	27.6	27.9
广西	17.1	17.4	17.7	18.0	19.6	19.9	20.7	23.4	24.1	24.8	25.1	25.8
重庆	17.5	18.1	18.8	19.4	20.0	20.5	20.7	21.8	22.1	22.5	22.9	23.2
江苏	16.1	16.4	17.3	17.6	17.9	18.5	18.6	18.6	18.9	19.1	19.3	19.3
云南	10.4	11.0	11.6	12.6	13.2	14.0	14.5	16.0	16.4	16.8	17.5	18.3
湖南	13.8	14.2	14.6	14.8	15.2	15.7	16.2	15.3	15.6	16.2	16.1	16.4
湖北	12.8	13.3	14.1	14.1	14.5	15.3	15.9	14.9	15.4	16.1	16.1	16.2
四川	12.3	12.6	13.0	13.2	13.6	13.9	14.2	13.8	14.2	14.6	14.7	14.8
山东	16.4	16.5	16.6	16.7	16.9	17.1	17.0	13.2	13.4	13.4	13.7	13.9
全国	11.8	12.1	12.5	12.7	12.9	13.2	13.4	12.0	123.0	12.6	12.8	13.0
陕西	10.6	11.0	11.3	11.5	11.8	12.2	12.3	11.8	12.1	12.3	12.6	12.9
江西	9.5	9.8	9.9	10.1	10.3	10.5	10.9	11.0	11.4	11.7	11.7	12.1
天津	18.5	18.6	18.6	19.0	18.8	18.4	17.4	11.2	11.6	11.8	12.6	12.0
河南	12.0	12.1	12.1	12.2	12.0	12.1	12.2	11.8	11.6	11.8	11.9	12.0
宁夏	8.1	8.5	9.0	9.3	9.8	10.2	10.4	10.5	10.5	11.4	11.5	11.2
甘肃	9.9	10.1	11.1	11.6	12.1	12.5	12.9	9.0	9.3	10.0	10.2	10.9

（续）

地区	2010年	2011年	2012年	2013年	2014年	2015年	2016年	2017年	2018年	2019年	2020年	2021年
西藏	8.9	9.3	9.7	9.6	9.5	9.1	8.9	9.2	8.9	9.5	9.5	10.7
河北	13.1	13.2	13.7	13.9	14.2	14.2	14.2	8.9	9.6	9.8	9.9	10.1

4. 成本收益

2022年，湖北省马铃薯、黄瓜、番茄成本利润比位居第一，萝卜成本利润比仅次于山东（226.25%），茄子成本利润比仅次于陕西（213.58%）和黑龙江（193.51%），仅大白菜成本利润比不在前列。整体来说，无论是蔬菜行业总体，还是细分品种，湖北省蔬菜的生产效益都是较好的，能够以较低的成本取得较高的收益。

三、主要农产品市场竞争力的有利条件及问题分析

自2021年湖北省印发《关于培育壮大农业产业化龙头企业的工作方案》以来，湖北省在农业产业化龙头企业的培育和发展方面取得了显著成就。通过一系列政策和举措，全省农业产业化龙头企业的发展势头强劲，主要农产品的市场竞争力显著提升。然而，在取得这些成就的同时，也存在一些制约市场竞争力进一步提升的问题。

（一）有利条件

1. 农业生产资源禀赋和历史传统

湖北省地处亚热带地区，省内拥有高山、丘陵、湖泊、河流、平原湖区等多种地形地貌，自然资源丰富，地理交通区位优越，气候适宜，水土资源充足，具有独特的地理资源和文化优势。全省面积为18.59万平方千米，占全国总面积的1.54%，其中耕地面积占比达到3.81%，主要分布在江汉平原、鄂东和鄂北等地区。不仅是粮油等大宗农产品的主产区，而且茶叶、特色蔬菜、柑橘、淡水水产品等在全国具有很强的市场竞争力。

湖北省境内高低悬殊的地势，整体气候湿润，土壤富含硒、锌等微量元素，形成了适宜茶树生长的环境，尤其是鄂西山区，云雾缭绕、雨量充沛，非常适合茶叶的生长。同时，作为荆楚文化的发祥地和茶圣陆羽的故乡，湖北省茶文化绵延悠长，内涵丰富，绿茶、黑茶、红茶等茶类品种丰富，恩施雨露、宜昌采花毛尖、赤壁青砖茶等在国内外享有很高的声誉。地处亚热带季风性湿润气候区，充足的光照和降水等条件，为湖北省柑橘等水果产业的发展奠定了良好的基础，在宜昌市秭归县、兴山县等地建成了一年四季有鲜橙上市的柑橘优势产区。

2. 农业科研实力和技术创新能力

湖北省科研实力强劲，高校众多，国家重点高校数量仅次于北京、上海、江苏，高等教育水平名列全国前茅。截至2023年，省内农业科研机构数量超过70家，包括省属农业大学2所、国家级科研院所4所、省级农科院1个、省级林科院1个、市级农科院（所）17个，以及涉农国家重点实验室4个，农业科技实力和技术创新能力处于全国领先水平。产学研密切结合，在生猪、油菜、柑橘、蔬菜等众多领域取得了显著的成效。以华中农业大学柑橘研究所为代表的科研机构，长期以来一直致力于柑橘品种选育、技术研发和人才培养，与省内的宜昌市秭归县等柑橘产区建立合作关系，打造柑橘“芯片库”，加强新品种的培育，在柑橘主产区的每个乡镇建设基层农业技术服务点和实用技术培训所，抓住互联网技术快速发展和普及的契机，利用网络向橘农传授最新的栽培等新型技术，为全省柑橘产业的发展提供了强大的科技支撑。

3. 规模化经营和产业化发展

作为农业大省，湖北省在淡水养殖、油菜、柑橘等众多农产品中，具有较强的规模优势。从水果产业看，湖北省建设了包括宜都市国家农村产业融合发展示范园在内的一系列农业园区，实现了柑橘产业种植端、产后处理与深加工端、市场端、消费端精细分工、均衡发展的完整产业发展链。以宜昌市秭归县为例，全县90%的乡镇、80%以上的行政村、70%以上的人口从事脐橙相关产业，全县柑橘种植户平均家庭年收入达 10 万元以上，柑橘产值亿元村达到 12 个。

从淡水养殖业看，截至 2022 年，全省共创建国家级水产原良种场 12 家、省级 89 家，建设全国现代渔业种业示范场 14 家，渔民专业合作社超过 4 400 家，家庭渔场超过 1 700 家，在总共 251 家水产品加工企业中，国家级农业产业化龙头企业有 9 家，省级龙头企业达 75 家。全年共繁育淡水鱼苗 1 218 亿尾，加工水产品 153.8 万吨，加工业产值达到 418.1 亿元。

从油料产业看，随着湖北省被列为长江中游“双低”油菜优势生产区，省内建成了包括江汉平原产业带、鄂东产业带、鄂中北产业带在内的三个双低油菜产业带，进行集群化发展，其中江汉平原油菜产业集群入选 2022 年国家优势特色产业集群建设名单。各地已经形成依靠龙头企业牵引，以优质油菜品种种植为起点，向菜籽油加工、优质油菜品牌打造、油茶花赏玩延伸的完整现代产业链。

4. 品种多样发展和品牌化建设

凭借丰富的农业资源禀赋和和悠久的历史，湖北省形成了多样化且具有竞争力的农产品体系，包括水稻、淡水产品、蔬菜、柑橘、食用菌等在内的农产品品种在全国省份排名稳居前列，品种的差异化发展进一步增强了农产品的市场竞争力。从茶叶产业看，湖北省拥有国家级茶树良种 3 个、省级良种 17 个，涵盖绿茶、红茶、黑茶、乌龙茶、黄茶和白茶六大茶类。不同品种有不同的历史文化底蕴和独特品质、口感。例如，恩施玉露富含硒元素，硒含量是其他茶叶的 2～3 倍，有益于健康。多样化的品种能够满足不同消费者和市场的多样化需求，有效提高市场占有率。

从淡水产品看，湖北省拥有丰富的养殖品种资源，包括鱼类（如鳙鱼、鲤鱼、鳜鱼）、蟹类（如大闸蟹、河蟹）和龙虾等。先后培育出异育银鲫中科 5 号、杂交黄颡鱼黄优 1 号、团头鲂华海 1 号、杂交鲌先锋 1 号、鳙中科佳鳙 1 号、翘嘴鳜武农 1 号等 17 个水产新品种，占全国新品种总数的 13%，仅次于广东省，排名全国第 2。

（二）存在问题

1. 主要农产品生产资源禀赋突出，但大多尚未形成完整产业体系

湖北省拥有丰富的自然资源禀赋和市场优势，在淡水产品、水稻、柑橘、高山特色蔬菜、油菜等农产品方面具有明显的比较优势和发展潜力。然而，目前全省农产品的整体发展潜力没有得到充分开发，尚未形成完整的特色农产品生产、加工、销售的产业体系。2022 年，湖北省拥有省级以上农业产业化龙头企业 990 家，规模以上农产品加工企业4 932 家，但多以初加工为主，深加工企业较少，产品附加值低，产业链条较短。各产业缺乏标志性的龙头企业，企业的开放性和整体产业环境包容性不够，对农户的增收带动效应有限，与农业强省的要求相比，湖北省农产品整体市场竞争力不强。

2. 主要农产品以初级加工为主，精深加工有待挖掘

目前，湖北省水稻、生猪、特色蔬菜、柑橘水果、淡水产品等产业基本以原料和初级产品为主进行销售，中等和深度加工严重滞后。全省大多数农户和农产品加工业企业原始资本不足，缺乏深度加工的能力和意识，产品自主创新能力偏弱，缺少核心的自主深加工技术。农产品原材料和初级产品附加值较低，农户和相关企业的利润较低，市场竞争力不足，企业规模和市场份额难以进一步扩张。以生猪产业为例，尽管湖北省是生猪养殖大省，养殖规模大且实力强，但产业发展仅集中于生产环节，上游缺少品牌饲料企业，下游屠宰、加工厂规模不大，缺乏本土上市公司。种猪、饲料、屠宰和精深加工等环节薄弱，产品转化、增值增效不足，抗风险能力有限。2022 年，外省品牌占据了湖北生猪饲料市场的一半以上，本土饲料生产企业中 90%以上年产量在 10 万吨以下，而全国产量 100 万吨以上饲料企业多达 20 多家。在生猪屠宰方面，全省 320 家屠宰企业规模普遍较小且布局分散，年生猪屠宰量超过 50 万头的均为省外企业。在猪肉产品精深加工方面，全省生猪产品以出售白条肉、热鲜食为主，精深加工率不足 2%，远低于 4%的全国平均水平，与猪肉加工强省四川省（12%）、河南省（25%）差距明显。

3. 农产品品牌意识薄弱，区域品牌建设滞后

尽管湖北省众多农产品在全国具有较强的市场竞争力，但普遍品牌意识薄弱，区域品牌整合力度不足，导致知名品牌数量有限，一品多牌现象普遍存在。以茶叶产业发展为例，湖北省茶叶注册商标众多，鄂西南有以采花毛尖为主的五峰茶、鄂东大别山有名优绿茶、鄂西北秦巴山有高香绿茶，宜昌、恩施、十堰、襄樊、黄冈、孝感等地均有自己的茶叶品牌，但国际国内知名区域品牌较少。由于宣传资金不足，县市及企业之间各自为政，未能形成发展合力，与西湖龙井、黄山毛峰、信阳毛尖等知名品牌相比，湖北茶叶品牌在国内外市场的竞争力不足，难以开拓高端市场。

4. 新型经营主体培育力度不足，企业融资成本高

湖北省农业领域的新型经营主体在培育和发展过程中面临诸多挑战，尤其是培育力度不足和企业融资成本高的问题尤为突出。尽管近年来省政府出台了一系列政策措施以支持新型农业经营主体的发展，但实际效果仍有待提升。

从新型经营主体的培育力度看，由于资金短缺和技术力量薄弱，许多新型经营主体缺乏足够的资金进行生产技术升级和规模扩展，导致其在市场竞争中处于劣势；且生产资源相对分散，难以形成规模效应，进一步制约了新型经营主体的健康可持续发展。从企业融资成本看，担保物不足和信用体系不完善严重制约了湖北省新型农业经营主体的发展。许多企业的厂房和土地由于历史原因，未能获得相关的土地使用证和房产证，导致以厂房、土地、设备为代表的担保物难以获得金融机构的认可。根据湖北省农业农村厅的统计，2023 年全省农业企业的平均融资成本高达 8.5%，远高于其他行业的平均水平。此外，农村信用环境基础薄弱，信息共享机制不完善，进一步增加了金融机构的风险评估难度和农业企业的融资成本。

5. 政府和市场界线模糊，市场主体权责利不清

近年来，随着精准扶贫和乡村振兴战略的实施，湖北省在农业产业发展中取得了显著成效。然而，政府与市场界线模糊、市场主体权责利不清的问题依

然存在，制约了农业产业的进一步发展。一些地方政府为了完成任务和追求绩效，通过行政手段强制农户和企业从事特定的农业生产活动，如养殖小龙虾、种植油茶等。这种违背自然和市场规律的做法，导致市场主体的积极性和创新能力受到抑制。以湖北省的油茶产业为例，尽管政府大力推动油茶种植，但由于缺乏市场调研和科学规划，部分地区的油茶种植并未达到预期效果，甚至出现了资源浪费和环境破坏的问题。相反，在市场机制主导的情况下，农户和企业可以根据市场需求自主选择种植和养殖项目，充分发挥其创新能力和市场竞争力。

四、湖北省主要农产品支持政策梳理及对策建议

作为农业大省，湖北省委、省政府以及各级政府和农业部门高度重视农业生产，在全面推进乡村振兴战略实施和农业产业强省建设的过程中，始终以习近平新时代中国特色社会主义思想为指导，贯彻中央精神，准确把握新发展阶段，加强党对“三农”工作的全面领导，坚持农业农村优先发展，以高质量发展为主题，加快创新驱动发展。在主要农产品发展方向确定和支持政策的出台和实行等方面，既有全省农产品整体发展和布局的纲领性指导政策，也有对水稻、生猪、蔬菜等主要农产品的专项政策出台，为湖北省主要农产品健康可持续发展提供了保障，加快了湖北省农业农村现代化建设的步伐，推动了湖北省由传统农业大省向农业强省转变。

（一）综合支持政策

近年来，湖北省委、省政府高度重视农业生产和农村发展，每年都会根据中央一号文件的精神，结合全省农业农村发展的实际情况，发布湖北省一号文件，针对粮食安全和主要农产品的健康可持续发展提出具体指导意见。2023年湖北省委发布《中共湖北省委 湖北省人民政府贯彻〈中共中央、国务院关于做好2023年全面推进乡村振兴重点工作的意见〉的实施意见》，文件明确指出：“湖北是农业大省，粮食产量连续10年稳定在500亿斤以上，淡水产品产量连续27年位居全国第一，油菜籽、茶叶、蔬菜和生猪产量均稳居全国前六

位，是我国重要农产品生产供应基地，有基础、有条件在中西部率先建成农业强省。”文件强调，要全力推动粮食和重要农产品稳产提质，突破性发展乡村产业，强化农业科技和装备支撑，提升农产品加工流通业，推进重点农业产业链建设，支持创建优势特色产业集群。

在省委历年一号文件的指导下，湖北省出台了一系列指导性政策文件，推动湖北由农业大省向农业强省转变，提升主要农产品的市场竞争力。例如，2021 年湖北省人民政府办公厅印发的《关于培育壮大农业产业化龙头企业的意见》提出了大力发展湖北省主要农产品，提升市场竞争力的具体措施，强调规模化、科技化、标准化、品牌化、集群化、多元化、国际化的发展思路，并提出了七项具体工作举措。此外，《湖北省 2021—2023 年农机购置补贴实施方案》旨在加快全省农业农村现代化建设，提升农机购置补贴政策的精准化、标准化、便利化水平，支持引导农民购置使用先进适用的农业机械，推动全省农业机械化向全程全面高质高效转型升级。2022 年制定的《2022 年湖北省农业农村工作重点》，进一步强调要全力抓好粮油和农业生产，确保重要农产品稳定供给，提升设施装备水平，夯实现代农业基础支撑，推进农业产业化，做优乡村特色产业。其他政策文件如《关于做好 2022 年全面推进乡村振兴重点工作的意见》《省农业农村厅关于发布 2023 年统一适宜生态区主要农作物引种备案品种的通知》《全面促进农林牧渔业稳产保供 2023 年行动方案》等，从宏观层面指引了湖北省主要农产品发展的方向，为各市（州）因地制宜发展当地优势特色农产品提供了政策依据和实施保障。

（二）专项支持政策

在中央及湖北省历年一号文件和农业农村发展政策文件的指导下，湖北省委及各级政府部门针对水稻等十大产业链，纷纷出台了具体的专项政策，为湖北省主要农产品的健康发展提供了政策保障。

1. 优质稻米产业链

为进一步巩固和提升湖北水稻的市场竞争力，全面推进优质稻米产业链的发展，湖北省早在 2016 年就印发了《湖北省水稻产业提升计划（2016—2020年）》，从指导思想、基本原则、主要目标、保障措施和重点工作等方面，为湖北省优质稻米产业链发展提供了政策依据。

2022 年，湖北省制定了《湖北省高标准农田建设规划（2022—2030年）》，规划到 2025 年全省累计建成 4 689 万亩高标准农田，到 2030 年累计建成 5 309 万亩高标准农田，进一步提升粮食和重要农产品保供能力。此外，湖北省还制定了《湖北省推广“虾稻共作稻渔种养”模式三年行动方案》和《湖北省 2022 年化肥减量增效工作及“三新”技术配套集成推广实施方案的通知》，对稻虾共作等模式推广的规范发展和高质量农田建设提出了具体指导意见。2023 年，湖北省在《全面促进农林牧渔业稳产保供 2023 年行动方案》中，明确提出要毫不放松抓好粮食生产，推广“粮食作物＋”技术模式，应用水稻侧深施肥、统防统治、大豆玉米带状复合种植等关键技术措施，辐射带动大面积均衡增产增收。

2. 生猪产业链

针对湖北省生猪产业“大而不强”的现实，相关部门也出台了一系列政策文件。2018 年出台的《湖北省生猪调出大县奖励资金管理办法实施细则》确定了奖励资金管理的原则；2019 年发布的《关于稳定生猪生产保障市场供应的通知》要求全省各地落实防疫防控和财政专项资金支持政策；2021 年湖北省连续出台了《重点农业产业链实施方案》《关于做好生猪保供稳价工作的通知》和《“十四五”湖北畜牧业和兽医事业发展规划》，提出了优化区域布局与产品结构，确保猪肉自给率保持在 95%左右，猪肉产能稳定在 5 500 万吨左右，生猪养殖业产值达到 1.5 万亿元以上等具体目标；2023 年湖北省进一步出台了《推进生猪等养殖业稳增长促增收十条措施的通知》，从开展生猪养殖扩能增量综合奖补、鼓励规模猪场新增种猪、开展种猪场和规模猪场贷款贴息以及加大信贷担保支持等方面，对全省生猪产业发展进行了具体的规划和指导。近年来，湖北省生猪政策更重视扩大现有产能，强调产业转型升级，提升规模化、标准化、产业化水平，促进生猪产业链健康可持续发展。

3. 茶叶产业链

湖北省茶叶产业链的发展早在2011年就得到了政策支持，当时制定的《湖北省茶叶产业发展“十二五”规划》明确了全省茶产业发展的指导思想、发展目标和主要任务，并对全省茶叶产业的布局及重点建设项目进行了设计，提出了具体的保障措施。随后出台的《湖北省促进茶产业发展条例》从茶叶种植与加工、质量管控、品牌建设与产业融合、扶持与服务等多个方面，以法律形式为湖北省茶产业高质量发展提供了强有力的法制保障。2021年发布的《重点农业产业链实施方案》进一步制定了《湖北省茶叶产业链实施方案》，明确茶叶产业链力争在2025年实现综合产值达1 000亿元以上，做强恩施玉露、宜红茶、赤壁青砖茶等区域公用品牌。

4. 油菜籽产业链

湖北省油菜籽产业链在全国各省份中处于前列，这与湖北省多年来重视油菜种植和加工，持续颁布多项支持产业发展政策密不可分。政策文件如《关于建设双低优质油菜保护区的指导意见》《关于加快推进2021年秋播油菜生产的指导意见》《湖北省推进油菜机收减损工作方案》《关于印发2023年湖北省重大品种（油菜）推广补助试点工作实施方案》和《湖北省油菜单产提升三年工作方案（2024—2026年）》等，提出了一系列关于油菜生产的指导意见，包括明确秋播任务、开发利用冬闲田、抓实油菜轮作试点等内容。针对油菜收割中采用机器设备损耗严重的问题，湖北省计划分阶段将油菜两段式收割设备纳入农机补贴范围，力争到2025年全省两段机收损失率控制在6%以内。此外，湖北省还强调要抓好绿色高质高效示范创建，实施统一供种，加快良种推广，对遴选的重大品种在省内新增推广面积进行补助，并制定了拓展和利用油菜生产的多功能政策，打造基于油菜的“农文旅”综合示范。

5. 柑橘产业链

湖北省作为柑橘生产大省，依托华中农业大学邓秀新院士团队的科研技术，对全省柑橘产业布局、品种选择、产后加工及销售、融合发展等方面进行了全面深入的规划。全省及相关柑橘主产县（市）先后颁布了多项政策，如《关于湖北省2021年农业主推技术指南的通知》《关于2021年度柑橘全产业链项目申报指南》和《夷陵区2023年度柑橘销售奖励政策》，有力地促进了全省柑橘产业的可持续发展。这些政策强调全省柑橘种植生产要因地制宜，结合当地的资源禀赋优势，以市场为导向，优选熟期配套、品种互补、耐贮运加工的优质品种予以重点发展。同时，注重优质品质的选育，重点优选优质特早熟温州蜜柑品种和晚熟脐橙品种，以宜昌市秭归县、兴山县等脐橙主产区为依托，在全省打造平台聚链、推进集群成链，加快建设三峡蜜橘等国家级产业集群。然而，与浙江省、江西省等柑橘生产大省和强省相比，湖北省在采后商品化处理及贮藏保鲜物流等方面仍存在一定差距，缺少具有针对性的政策，影响了全省柑橘的高质量发展和市场竞争力。未来在政策制定和实施层面，应继续推广优质柑橘品种，鼓励橘农采用绿色种植技术，确保产品质量安全，积极引导开发柑橘深加工产品，加强市场推广和销售，健全销地冷链分拨配送体系，发展电商合作，拓宽销售渠道，让湖北柑橘走向全国乃至世界。

6. 淡水水产品产业链

尽管湖北省是全国最大的淡水水产品生产地，但在发展过程中也面临一些问题。首先，一些优质品种如小龙虾等面临严重的品种退化问题。为此，相关部门制定了《春季水产养殖生产管理技术指导意见》《疫情防控下全省小龙虾生产技术指导意见》和《2020年度水产健康养殖示范创建》等文件，明确提出要大力推进育种创新，加快武昌鱼、黄鳝、河蟹、小龙虾、鳜鱼、鲈鱼等重点品种育种创新，支持建设国家级良种选育中心，培育种业龙头，构建企业与科研院所合作共建的商业化育种体系，加快推进“育繁推”一体化发展。此外，针对水产养殖带来的环境污染问题，湖北省出台了《2020年湖北省水产绿色健康养殖“五大行动”实施方案》《湖北省水产养殖用投入品专项整治三年行动方案》和《加快推动水产养殖业绿色发展的意见》，通过大力推进渔业标准化、智能化、生态化养殖，提升综合生产能力和防病抗灾能力，推广现代养殖方式，提升产品品质，提高养殖效益。最后，湖北省着力推进水产品产业融合发展，通过政策制定和财政支持，全力推进全省水产品精深加工，开发龙虾粉、鳝鱼粉、胶原蛋白、甲壳素等精深加工产品和预制调理菜品，吸引国际国内行业头部企业落户湖北，培育本土水产产业化重点龙头企业，支持其通过资本市场做大做强。

7. 蔬菜产业链

湖北省传统的露地蔬菜种植容易受到气温、雨雪等自然灾害的影响，市场供应也受季节变化较大影响。为此，湖北省出台了《关于稳定春季蔬菜生产的技术指导意见》《湖北省 2021 年秋冬主要农作物科学施肥指导意见》等政策文件，强调全省要重点发展设施蔬菜，推进设施蔬菜“千万行动”。这些文件强化了防灾减灾措施，推进老旧设施蔬菜基地的改造提升，发展蔬菜集约化育苗，治理设施蔬菜连作障碍和豇豆农残。同时，推进甘蓝等露地蔬菜全程机械化生产模式，减轻农民劳动强度，提升蔬菜种植效益。此外，湖北省还加强了蔬菜冷链物流的统筹规划、分级布局和标准制定，安排中央预算内投资，支持建设一批骨干冷链物流基地。

为了提升湖北省蔬菜在全国的市场竞争力，相关政策强调要深度挖掘资源禀赋，发展荆楚特色蔬菜，充分利用本省特有的地形地貌、光温水热等资源优势，大力发展资源节约型特色蔬菜。具体来说，政策大力支持发展莲藕、莲子、芡实、荸荠等水生蔬菜，白萝卜、球白菜、大白菜等高山蔬菜以及食用菌和魔芋。在产业化发展和品牌建设方面，湖北省以水生蔬菜、高山蔬菜、食用菌等优势产业为重点，深入推进蔬菜区域公用品牌培育，支持经营主体创建企业品牌和产品品牌，做大做强“蔡甸莲藕”“随州香菇”等区域公用品牌，培植一批具有区域特色的支柱产业、主导产品和知名品牌。

专题报告六

发展生态低碳循环农业

发展生态低碳农业是农业强国建设的中国特色，也是湖北加快建设农业强省的根本要求。本报告在认真梳理生态低碳循环农业内涵和要求的基础上，总结分析了我国发展生态低碳循环农业的探索与实践，在深入分析湖北省发展生态低碳循环农业面临的问题和挑战后，研究提出了湖北省发展生态低碳循环农业的路径与措施。

一、生态农业、低碳和循环农业的内涵与实践

生态农业、低碳农业、循环农业虽然提法不同，但有着紧密的内在联系，都是实现可持续发展的农业模式。它们追求的目标和实现手段都较为一致，只是在产生的背景、核心内容、研究的侧重以及影响范围上有所区别。本部分围绕生态农业、低碳农业、循环农业的起源与含义、发展与实践、联系与区别展开梳理，以明晰这三种农业发展模式的内在关联，为发展生态低碳循环农业的生产实践提供理论参考。

（一）生态农业、低碳农业和循环农业的起源

1. 生态农业的起源

生态农业的概念最早由美国土壤学家威廉姆·奥伯特于1970年提出，其

含义为“生态上能自我维持，低投入；经济上有生命力，有利于长远发展，并在环境方面、伦理道德方面及美学上能接受的小型农业”。核心思想是把农业体系建立在生态系统之内，而且农业生产完全遵循生态规律，强调农业体系不影响、不打破生态系统。20 世纪 60 年代以来，越来越多的人注意到，以工业化为支撑的石油农业依靠大量使用石化能源产品（如化肥、杀虫剂、除草剂、激素和农膜等）来维持农业产出，在给人们带来高效的劳动生产率和丰富的物质产品的同时，也造成了生态危机，土壤侵蚀、能源危机加剧、环境污染等问题日益严峻。面对以上问题，各国开始探索农业发展的新途径和新模式，寻找一种替代石油农业的节能高效的农业发展模式。因此，生态农业是相对石油农业而提出的，其更强调一个原则性的模式而不是一个严格的标准。

中国在 20 世纪 80 年代初引入了生态农业概念。当时的中国正经历着农业现代化所带来的弊端：化肥和农药的过量施用导致各种生态问题、农业灌溉用水的大幅增加导致水资源过量开采、过度垦荒和滥砍滥伐及超载过牧等导致水土流失及土壤沙化现象严重。针对我国农业生态环境日益恶化的严峻现实，1979 年农业生态经济学家叶谦吉教授首次提出了在中国发展生态农业的观点和主张。此后，一批以马世骏为代表的科学家提倡根据生态工程原理和方法，融合中国传统农业生产经验和现代先进技术建设生态农业。在此基础上，提出生态农业发展要将现代科学技术和传统农业相结合，按照“整体、协调、循环、再生”的原则组织农业生产，实现能量的多级利用和物质的循环再生，从而达到经济、生态、社会效益统一（叶谦吉，1982）。

2. 低碳农业的起源

低碳农业的概念源自低碳经济的发展。20 世纪后半段以来，温室气体带来的全球变暖使得各国开始关注气候问题。为应对全球变暖给人类经济和社会带来的不利影响，1992 年 6 月在联合国环境与发展会议期间制定了《联合国气候变化框架公约》，以全面控制二氧化碳等温室气体排放。英国在 2003 年发表的《能源白皮书》中，首次提出了低碳经济的概念，从此，在全球范围内掀起了研究和发展低碳经济的热潮。2007 年 7 月美国提出了《低碳经济法案》。2008 年世界环境日确定的主题是“转变传统观念，推行低碳经济”。

由于大量化肥、机械及石化能源产品的使用，农业生产成为气候变暖的重要影响因素，其带来的面源污染也加剧了生态环境恶化，发展低碳农业成为人类的必然选择。农业本质上是将太阳辐射、土地、大气和水等来自自然的初级资源转化为食品的过程，具备碳汇和碳源（排放）双重特征，是低碳经济的最佳落脚点。农业生产过程中，通过植物、土壤固定大气中的碳，发挥碳汇功能，同时，农业生产中使用大量化肥、机械等能源物质，排放出大量温室气体，发挥碳源功能。“低碳农业”就是充分利用农业碳汇功能，尽可能削弱其碳排放功能，实现食品生产全过程的低碳排放。关于“低碳农业”一词的起源，Maston 在 1997 年提出的“生态集约型农业”已有低排放的类似概念。中国学者王昀最早在国内提出低碳农业概念，认为低碳农业应该是低耗能、低污染、低排放的“三低”农业（王昀，2008）。

3. 循环农业的起源

循环农业是循环经济在农业领域中的实践。循环经济的思想可以追溯到 20 世纪 60 年代初美国生物学家卡逊的著作《寂静的春天》，其中指出了环境污染对自然生态系统以及人类社会发展的巨大破坏，提醒人们加强环境保护。到 60 年代中期，美国经济学家鲍尔丁提出“宇宙飞船论”，把地球比作宇宙中的一艘飞船，经济的不断增长不仅耗尽这艘飞船的有限资源，而且人类生产生活排放的大量废物终将使飞船受到全部污染。因此，他提出经济发展既不能使资源枯竭又不能使环境受到污染，可以通过飞船自身物质资源的“循环式利用”替代“直线型经济”来减少废弃物排放，使社会生产投入自然资源最少、向环境中排放的废弃物最少、对环境的危害或破坏最小。

相应的，循环农业是一种全新的理念和策略，是针对人口、资源、环境相互协调发展的农业经济增长新方式，其核心是运用可持续发展思想、循环经济理论与产业链延伸理念，提高农业系统物质能量的多级循环利用，最大限度地利用农业生物质能资源，扭转工业化农业的直线思维，改变大进大出状态，强调农业废弃物的资源化利用，其关键就是再利用、再循环和减量化的 3R（Reuse，Recycle，Reduce）原则（张元浩，1985）。循环农业为现代农业向深度发展提供了新的发展理念，即在具有新质的技术创新的基础上，实现可再生资源对不可再生资源的替代、低级资源对高级资源的替代以及物质转换链的延长和资源转化率的提高，从而实现农业产出增长、经济效益提高与农业生产潜力保护、农业生态环境改善的有机统一。

（二）生态农业、低碳农业和循环农业的联系与区别

1. 生态农业、低碳农业和循环农业的联系

（1）目标一致

生态农业、低碳农业和循环农业都立足于追求经济、社会和生态系统的有机统一、协调和平衡，以三大系统协调发展为核心，促进人类可持续发展和环境友好型社会目标的实现，推动农业高质高效发展，达到生态经济的最优目标。三者都表明传统的农业生产方式存在一些问题，需要采取新的发展模式来推动农业的可持续发展。要求人类在考虑生产和消费时不能把自身置于这个大系统之外，而是将自己作为这个大系统的子系统来研究符合客观规律的经济原则。对物质转化的全过程采取战略性、综合性、预防性措施，降低农业活动对资源环境的过度使用及对人类所造成的负面影响，促进人与自然的和谐发展。虽然每种模式都有其特定的重点，但它们的共同目标是实现农业的可持续发展。无论是关注生态平衡、减少碳排放还是资源的循环利用，都是为了创造一个环境友好、经济可行的农业系统。

（2）手段相似

生态农业、低碳农业和循环农业都要求减少对自然资源的索取和破坏，强调把农业经济系统与生态系统的多种组成要素联系起来进行综合考察与实施，追求经济社会与生态发展全面协调。三者在实现可持续发展方面采取的手段相似，都是以生态技术为基础。生态技术是指遵循生态学原理和生态经济规律，与生态环境相协调，能够保护环境、维持生态平衡、节约能源资源，促进人类与自然和谐发展的一切有效用的手段和方法。生态技术将农业活动和生态环境作为一个有机整体，追求的是自然生态环境承载能力下的经济持续增长。通过生态技术，生态农业实现农业生产系统的优化，使对环境的污染最小化。循环农业实现资源的再利用，减少废物排放，从而降低环境污染。低碳农业实现生

产体系的碳汇功能，减少碳排放。生态农业、低碳农业和循环农业都注重优化农业生产结构、推广环保技术和提高资源利用效率。

(3) 互为依托

生态农业、低碳农业和循环农业都是在不同角度追求人与环境协调发展的农业模式，在实际应用中可以相互促进、共同发展。生态农业的发展可以促进农业生产过程中的生态平衡和生物多样性，把废弃物的排放减小到最低程度，使有限的资源进入生态系统无限循环利用的模式当中，进行自然机体正常的“新陈代谢”，能够极大地提高资源转化成产品的效率，从而建立一个综合发展、多极转化、良性循环的高效农业综合体，为低碳农业和循环农业提供基础支持。同时，低碳农业的发展与循环农业联系紧密，低碳农业的基础是农业循环经济理论，发展低碳农业除了要秉承低碳经济的内涵之外，还要突出资源高效利用、绿色产品开发、发展生产经济、科技进步、产业升级、固碳减排。实现低碳农业的有效发展，究其关键仍在于提高农业生态系统对气候变化的适应性并降低农业发展对生态系统碳循环的影响，维持生物圈的碳平衡。这其实也就是循环农业的精神实质，首先要重新利用，其次把废气、废料“合并重组”，重新循环，最后实现输入减少，输出增加，较大程度地提高资源利用率。从上述过程也可以看出，低碳农业和循环农业的推广和应用也可以促进生态农业的发展，二者的相互联结形成了可持续性更强的生态农业。

2. 生态农业、低碳农业和循环农业的区别（表 1）

(1) 核心内容不同

生态农业的核心是实现农业和自然系统的协调发展，遵循生态学、生态经济学的规律，按照经济生态化、生态经济化的理念，通过对传统农业经验的吸收，现代科学技术和现代管理手段的运用，把农业生产、生态环境、资源保护与高效利用融为一体，使农业发展具有生态合理性、利用高效性和功能多样性，形成生态和经济的良性循环和可持续发展。低碳农业是以低能耗、低污染、低排放为基础的农业，是低碳经济在农业生产方面的反映，是传统农业的提高和升华，特殊性在于它秉持“低碳”理念，强调利用节能减排、固碳技术、清洁能源等来指导农业生产实践，增强农业的碳汇功能，最终达到保护生态环境的目标。循环农业的核心是物质的循环利用，促使各种农业资源的反复多层次利用，通过最大限度地减少资源浪费，提高资源的利用效率，实现污染的零排放。

（2）发展重点不同

生态农业借鉴生态学的相关理论以协调农业与生态系统。它的出发点和落脚点都着眼于系统的整体功能，更注重农业生态系统“整体性、系统性、综合性和协调性”，优化农业生产环节，降低对环境的污染，侧重于生态效益。低碳农业更强调碳排放量，强调农业资源与投入品的低碳排放和低碳效率，通过提高能源利用效率和发展低碳能源，发挥农业的碳汇和碳减排双重功能，以降低二氧化碳的排放量，从而达到缓和温室效应的目的。而循环农业则更侧重于农业生态系统物质资源的多层多级循环利用和生态环境保护，构成“资源—产品—排放的废弃物再利用—产品—废弃物无害化处理”的闭环，并注重农业全产业链的资源集约高效利用和清洁化生产。依赖农业内部物质、能量梯级循环利用实现农业可持续发展，强调农业资源与投入品的循环利用和高效利用，以推进循环农业产业链延伸，实现负外部性的弱化和综合效益的提高。

（3）影响范围不同

生态农业和循环农业所带来的正外部效应是属于区域性和地区性的。对于生态农业而言，强调自然的自我调适作用，它不仅适用于大规模的农业种植和养殖基地，也适用于小规模的农户和企业。通过合理的生态设计和经营管理，生态农业可以实现经济效益、生态效益和社会效益的统一，对于促进区域经济发展和生态环境保护具有积极的作用，其影响区域范围比较广泛。而循环农业侧重于农业废弃物的资源化再利用，它通常需要与周边的企业和机构合作，形成资源共享和废物处理体系，因此循环农业的影响范围受到一定限制，其影响区域相对较小。对于低碳农业来说，它是针对全球气候变化问题而提出的一种农业发展模式，并不强调生态农业和循环农业地域上的集聚，其通过“低耗能、低排放、高碳汇”带来的正外部效应是属于全球性的环境贡献，影响区域范围相对较广。

表 1　生态农业、低碳农业、循环农业的区别

农业模式	提出背景	核心内容	发展重点	影响范围
生态农业	20 世纪 60 年代石油农业导致生态环境恶化	农业和自然系统的协调发展	注重农业生态系统“整体性、系统性、综合性和协调性”	区域范围比较广泛
低碳农业	20 世纪 90 年代全球气候问题	低耗能、低污染、低排放，农业增汇固碳	强调碳排放量	区域范围相对较小
循环农业	20 世纪 60 年代环保运动	农业资源的反复多层次利用，减少污染	物质循环、能量循环	全球性

数据来源：根据文献资料收集整理所得。

（三）生态农业、低碳农业和循环农业的发展与实践

1. 生态农业的发展与实践

当前的生态农业发展以两类为主。一类是以欧美等发达国家为代表的生态农业，即西方生态农业，针对资源短缺和环境污染问题，把发展生态农业等替代农业作为保护农业生态环境和资源的基本措施和战略选择。在实践中，主张少用或不用人工性化学品、机械等，降低能耗，减少污染，通过作物轮作、种植绿肥、施用有机肥和秸秆还田以及采用生物防治病虫草害等措施，使农业生产建立在生态良性循环的基础之上。最典型的有欧盟的“多功能农业”、韩国的“环境友好型农业”和日本的“环境保全型农业”。

另一类是以中国、印度为代表的生态农业。中国和印度一方面面临饥饿、灾荒、贫穷等社会问题的困扰，另一方面，由于资源短缺和环境污染等一系列问题，在严峻的形势面前举步维艰。因此，在人多地少、经济基础差、发展能力弱的现实情况下，这些国家在于寻求一种既能发展本国经济又能使生态环境免于受到破坏的安全策略和途径。其实行的生态农业等替代类型在做法上与发达国家全然不同，在实践中并不排斥化肥、农药等化学品的使用，更强调因地制宜利用现代科学技术，并与传统农业技术相结合，遵循农业生态系统“整体、协调、循环、再生”的原理，运用系统工程学的方法，全面规划、合理组织农业生产，以此实现农业优质高效和可持续

发展。

我国的生态农业发展可以分为四个阶段。第一阶段为讨论和争鸣阶段（20世纪70年代末期至1983年以前），国内主要从学术研究角度对生态农业这一新生事物进行理论探讨，生态农业的内涵不断得到补充和完善。第二阶段为试验示范阶段，逐步开启农业农村生态问题的全面治理（从1984年至90年代初）。1982年，中国农业环境保护协会在四川乐山召开的综合学术讨论会上正式向主管部门提出了发展生态农业的建议。1992年国家把发展生态农业作为环境与发展十大对策之一，提出要增加生态农业的投入，推广生态农业。第三阶段为生态农业综合治理阶段（20世纪90年代中后期）。1997年党的十五大又一次提出发展生态农业。“大力发展生态农业”已列入《中华人民共和国国民经济和社会发展“九五”计划和2010年远景规划纲要》。发展生态农业作为我国实施可持续发展战略重要措施的政策方针得到确立。第四阶段为农业生态问题的系统性治理阶段，发展现代生态农业的系统性政策逐步形成（2000年以来）。2001年中国加入世界贸易组织之后，国内外环境都对生态农业发展提出了更高的要求。同时，以互联网和智能化为主的信息化技术迅速发展，为现代生态农业的发展提供了坚实的技术支撑。党的二十大报告对“推动绿色发展，促进人与自然和谐共生”做出了重要部署，指出要基于“绿水青山就是金山银山”的核心观念来发展生态农业，规划实施乡村振兴工作，提升生态农业发展系统多样性、稳定性、持续性。

在推广生态农业的过程中，大致分为四种模式，包括物质多层利用型、互利共生型、环境治理型和观光旅游型。物质多层利用是按照农业生态系统的能量流动和物质循环规律构成的一种良性循环生态模式。在农业生态系统中实行物质和能量的良性循环与多级利用，一个系统的产出（或废弃物）即是另一个系统的投入，废弃物在生产过程中得到再次或多次利用。如沼气利用型（畜—沼—果—渔模式）、病虫害防治型（以虫治虫）、产业链延长增殖型（作物—猪—蛆—鸡模式）。互利共生型主要利用生物群落内各层生物的不同生态位特性及互利共生关系，分层利用空间，提高生态系统光能利用率和土地生产力，增加物质生产，实现对农业生态系统空间资源和土地资源的充分利用。如种植业的间混套作，稻-渔共生，池塘水体中的立体多层次放养等均是这种类型。

环境治理型采用生物措施和工程措施相结合的方法来综合治理水土流失、草原退化、沙漠化、盐碱化等生态环境恶化区域，通过植树造林、改良土壤、兴修水利、农田基本建设等，并配合模拟自然顶级群落的方式，实行乔木、灌木、草结合，建立多层次、多年生、多品种的复合群落生物措施。观光旅游型则是指在交通发达的城市郊区或旅游区附近，以当地山水资源和自然景色为依托，以农业作为旅游的主题，以农产品加工为突破口，以旅游观光服务为手段，根据自身特点，将旅游观光、休闲娱乐、科研和生产结合为一体的农业生产体系。

2. 低碳农业的发展与实践

涉及低碳农业的综合性政策措施可追溯到 2007 年。为响应《联合国气候变化框架公约》,《中国应对气候变化国家方案》应运而生，并在农业碳减排和固碳方面提出了较为全面的技术和管理措施。2011 年，国务院发布的《中国应对气候变化的政策与行动（2011）》白皮书进一步强调“加快畜牧业生产方式转变”及“提高农田和草地碳汇”。由于大气污染物与温室气体同根同源，因此 2015 年修订通过的《中华人民共和国大气污染防治法》也将控制农业源的排放纳入减污降碳治理中。

“十三五”时期是我国环境政策战略改革的加速期，这一阶段出台的减排政策目标更加明确，实施方案更加全面具体。针对农业领域，提出“要大力发展低碳农业，坚持减缓与适应协同，降低农业领域温室气体排放”，并对控制农田和畜禽温室气体排放提出了相关措施要求。2021 年 10 月，国务院相继发布《关于完整准确全面贯彻新发展理念做好碳达峰碳中和工作的意见》和《2030 年前碳达峰行动方案》，明确了对碳达峰碳中和这项重大工作的综合部署和具体落实方案，在农业方面，行动方案提出要“推进农业农村减排固碳”。随着中国在最新的“国家自主贡献”中提出 2060 年碳中和目标，农业领域相关政策也更加强调碳中和的实现。2022 年，农业农村部、国家发展和改革委员会联合印发《农业农村减排固碳实施方案》，提出农业农村减排固碳“十大行动”，降低农业温室气体排放强度，提高农田土壤固碳能力，为全国实现碳达峰、碳中和作出贡献。

发展低碳农业技术，是减少农业碳排放、提高土壤肥力、保持土地持续利用、提高农业生物多样性及农业节支增效的关键。遵循低碳农业低能耗、低污染、低排放的原则，其在实践中大致分为以下两种模式。一是减源型农业发展模式，通过运用现代化的农业技术，使得能源、化肥等生产要素的使用在整个生产过程中达到最小化。如从能源上，通过耕作制度、标准化种养、机械化作业、企业化经营、合作化组织等，实现节能减耗，降低成本，抑或是高效利用生物质能源，适度发展木薯、甘蔗等非粮能源作物，生产燃料乙醇以替代化石燃料，并且开发利用太阳能、风能、秸秆等可再生能源。二是增汇固碳型农业发展模式，是指利用耕地、林地、草地和湿地等进行固碳。其中，从耕地角度来说，包括加强高标准农田建设、做好黑土地保护、全面推进秸秆科学还田和农机深松整地等。

3. 循环农业的发展与实践

国外循环农业发展的相关政策主要体现为两个重视：一是重视对循环农业发展进行立法支持；二是重视对循环农业发展进行政策补贴。我国的循环农业发展则经历了以下三个阶段。2001—2010 年为技术与理念普及阶段。2005 年国务院出台的《加快发展循环经济的若干意见》首次将循环经济的概念摆在社会大众面前，由此掀起了循环经济的研究和实践热潮。随后出台的《循环经济促进法》进一步将循环经济提升到国家战略高度，农业循环经济开始走入了农业实践领域。2011—2015 年为环境规制与遵守阶段。在循环经济生产和环境保护理念逐步被接受的背景下，农业经济生产和管理制度开始进入环境规制执行阶段。农业部陆续出台了畜禽养殖标准场建设要求、养殖污染防治条例等，国家也公布了循环经济发展战略和行动计划。2015 年新的环境保护法的出台，正式将环境规制提升到了立法高度。2015 年至今则是资源化利用行动阶段。随着正式制度的进一步演进，循环型农业生产开始进入到社会各层面的行动阶段。农业循环经济示范项目的不断开展使得循环经济概念逐步深入农业产业体系中，无论是农户还是农业生产企业等都从心理和行为上接受了循环型农业生产并参与到环境保护工作中来。推进农业废弃物资源化利用是当前我国循环型农业产业发展的重要工作之一。在

《全国农业可持续发展规划（2015—2030 年）》中提出了“优化调整种养业结构促进种养循环”。

在实际发展过程中，循环农业发展模式的第一种类型是以生态农业模式的提升和整合为基础的循环农业模式。这种模式在生产流程中自始至终贯穿着资源节约与高效利用的基本思想。深入探索农作物秸秆和动物粪便开发利用的新途径，并通过将加工业引入到以种植业和养殖业为主体的循环链条中，从而延伸产业链条，使原来的生态农业模式得以提升和整合。第二种类型是以农业废弃物资源的多级循环利用为目标的循环农业模式。将生物质能源作为一个重要的子系统引入到整个农业生产系统的循环路径当中，寻求农林废弃物资源，特别是农产品加工业产生的废水、废气、废渣的综合利用途径。在整个循环路径的物流中没有废物的概念，使得各环节实现充分的资源共享。第三种类型是以循环农业产业园为方向的整体循环模式。借鉴北美发展生态工业园区的成功经验，主要生产无公害、绿色有机的生态农产品和禽畜产品，并形成种植养殖、深加工、沼化等相互配合的产业格局。

二、湖北发展生态低碳循环农业的探索实践

（一）主体培育，打造生态低碳循环农业发展主力军

1. 强化政策支持，激活参与动力

（1）加强顶层设计，提供制度保障

近年来，湖北省不断加强政策支持，制定《2021 年湖北省绿色种养循环农业试点工作实施方案》《关于加快建立健全绿色低碳循环发展经济体系的实施意见》《中共湖北省委　湖北省人民政府贯彻〈中共中央　国务院关于做好 2023 年全面推进乡村振兴重点工作的意见〉的实施意见》等文件。2021 年，湖北省 18 个县（市、区）被纳入全国绿色种养循环农业试点，通过扶持一批企业、专业化服务组织等市场主体提供粪肥收集、处理、施用服务，探索县域内粪肥就地消纳、就近还田。

宜昌市探索推广县域“大循环”、乡镇“中循环”、场区“小循环”粪污处理模式，培育粪污处理利用专业化主体30多个，畜禽粪污综合利用率达到88.8%，高于全国平均水平，规模养殖场粪污处理设施装备配套率达100%。

（2）加强农业补贴，加大财政投入

湖北省围绕促进绿色发展，不断加大财政资金投入力度。对使用秸秆还田、地膜离田、有机肥施用、农业面源污染治理效果较好的经营主体予以资金支持（邹晨昕 等，2019）。对秸秆综合利用采用先进技术的合作社（企业）优先补贴，依据专业化服务主体在不同环节的服务量予以补奖，补贴比例在本地区粪肥收集处理施用总成本的30%以内。对提供全环节服务的专业化服务主体，依据还田面积按亩均标准打包补奖。2018年以来，中央和省级共投入资金3.96亿元，按照每吨不高于50元的标准给予补助，重点支持有基础、有规模的秸秆收储运、加工利用市场主体扩大规模和改造升级。

（3）健全培训政策，加大培训力度

近年来，湖北省印发《关于做好湖北省高素质农民线上培训工作的通知》，制定《湖北省2022年高素质农民培育工作方案》等文件，规定了新型职业农民扶持政策，要求扩大培训覆盖面，实现农民愿训有训、应训尽训。完善支持农民教育培训的专项政策，建立健全农民社会保障制度，解除农民参加教育培训的后顾之忧。根据调研数据可知，村内开展过技术培训的农户共501家，占总体调研样本农户的48.97%，农户家庭参与村庄举办技术培训的农户共有393人。根据满意度调查可知，共有307人对村庄开展的农业技术推广活动感到满意，占总体样本的56.75%；并且有67人对村庄开展的农业技术推广活动感到非常满意（图1）。

2. 加强职业培训，提高专业水平

（1）健全工作机制，完善培训体系

为贯彻落实中央、湖北省委一号文件和《“十四五”农业农村人才队伍建设发展规划》等文件，湖北省构建分层分级乡村人才培育体系，扎实有序推进农

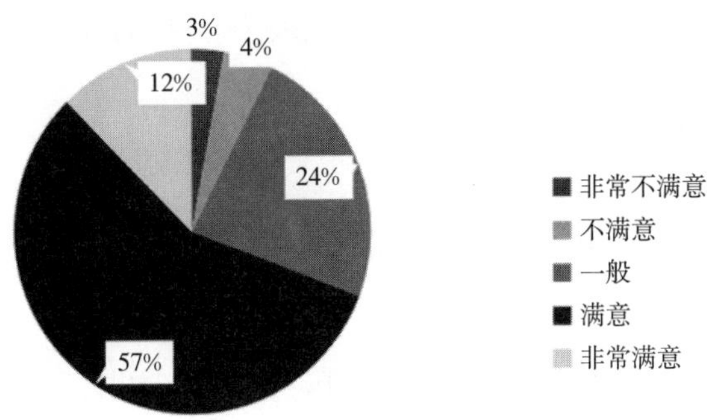

图1　村庄开展的农业技术推广活动满意度调查
数据来源：根据实地调研数据整理所得

民教育培训工作。制定省、市、县三级农技人员知识更新培训任务清单，形成了省级调训、市级集训、县级轮训的三级农技人员知识更新培训体系。科学设置环节、模块和内容，抓好分层分类示范性培训，激发农民参与培训的积极性。2017—2022年，湖北省累计组织遴选了145项农业主推技术，创办示范样板6 315个，开展示范观摩（技术培训）活动8 352场次，培训农民147.07万人。

（2）打造平台载体，探索有效形式

为满足农民培训需求，湖北省将线上与线下相结合、理论与实践相结合、集体学习与自主学习相结合。充分利用农业科教、云上智农、荆楚智农、CNKI（中国知网）智慧农民云等平台，提高线上培训和考核覆盖面。建立培训基地，积极召开座谈会、研讨班，通过“旺工淡学，分段教学”培养模式，依托农业农村部门、专家团、科研机构等群体，采取“学校＋企业”“学校＋合作社”“学校＋家庭农场”等形式，按照“13天＋16学时”等短时教学模式，实现培训全覆盖。

（3）丰富培训内容，优化课程体系

为了更好地因材施教、因需施教，全面提升生态低碳循环农业主体综合素养，湖北省不断丰富培训内容，根据培训需求、设置教学内容，加强农业环保、减排固碳等方面培训，开展能力拓展课，着力传授新技术、新模式、新业态等，提升科技兴农本领。调研数据显示，关于生态低碳循环农业相关措施，各地广泛开展了各类型的技术培训，包括农业面源污染防治培训、废弃物资源化综合利用培训以及耕地质量保护防治培训。其中参加农业面源污染防治培训的农户共132户农户，参与废弃物资源化综合利用培训的农户人数较少，共

117 人，参与耕地质量保护防治培训的农户最多，共有 168 人。

3. 发挥示范作用，增强利益联结

(1) 培育绿色主体，引领绿色发展

为了更好地促进耕地质量保护与提升、化肥农药减量增效、田园生态系统建设、农业废弃物资源化利用等，湖北省鼓励龙头企业、农民合作社、家庭农场等牵头建设生态农场（高尚宾 等，2021）。截至 2022 年底，湖北省已成功创建了 27 家国家级生态农场，数量居全国前列（图 2）。同时，培育新型农业经营主体，深入实施新型农业经营主体培育提升行动，湖北省出台支持新型农业经营主体高质量发展“12 条”，鼓励家庭农场、农民合作社采用绿色防控、精准施肥施药、农业废弃物资源化利用等技术，实现清洁生产，无害化作业，实现废弃物集中清理、资源化利用。

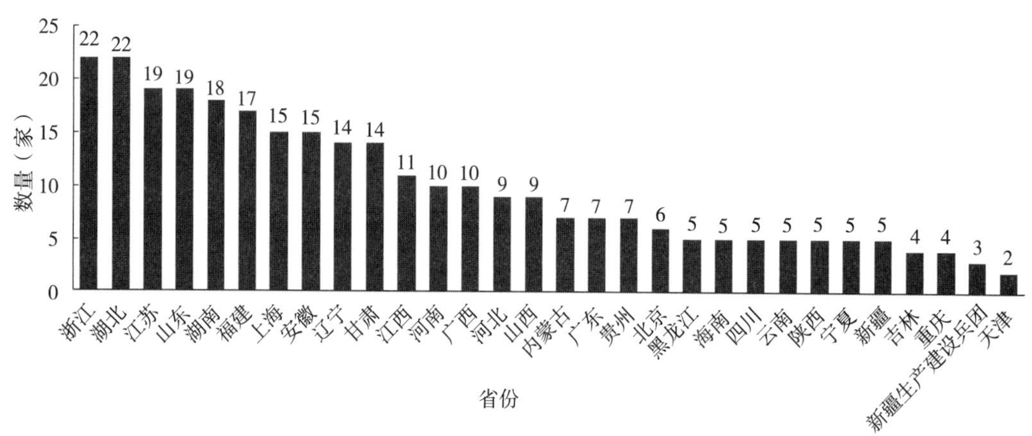

图 2　2022 年度国家级生态农场数量

数据来源：农业农村部农业生态与资源保护总站

(2) 推进示范创建，创新绿色模式

积极组织开展省级示范家庭农场和家庭农场创建，在湖北省征集农民合作社、家庭农场发展典型案例，树立了 50 个家庭农场典型案例，遴选汇编了 58 个农民合作社案例。2023 年遴选了五峰万家福生态家庭农场、应城市富河湿地生态农业专业合作社等多个主体，示范引领全省新型经营主体绿色高质量发展。积极创新绿色模式，在农作物秸秆综合利用方面，探索建立“政策拉动、产业带动、服务推动”的农作物秸秆综合利用运行模式，完善收储运体系，总

结推广了多个特色模式。如公安县“专业大户＋收草队＋农机手”秸秆收储联营模式，随州市曾都区“体系收储—主体利用—高效产品”工作模式等。

（二）科技赋能，激活生态低碳循环农业发展原动力

1. 搭建创新平台，培育创新动能

（1）健全绿色技术创新体系

湖北省深入实施创新驱动发展战略，加快农业绿色发展科技自主创新，构建农业绿色发展技术体系。一是实施农业科技创新工程，建设农业科技创新体系。“十四五”期间，湖北省组织实施农业科技“五五”工程。2023 年 1 月至 8 月，通过“五五”工程，湖北省共推广农业可持续发展模式 54 项，惠及全省 70%的县（市、区）。二是加强现代农业产业技术体系建设，开展现代农业共性技术和关键技术协同攻关。湖北省大力推进农业“五个一”行动，2022 年湖北省农业科学院以成果转让、技术研发、技术服务和培训等合作方式，与 156 家农业产业化企业深度融合开展关键核心技术攻关，审（认）定动植物新品种 191 个，获专利授权 793 项，颁布实施技术地方标准 263 项，在生态环保和粮食绿色增产模式等领域取得了重大突破。

（2）搭建绿色技术创新平台

科技创新是农业发展的动力源泉，农业科技创新平台是提高农业科技创新能力的重要载体和抓手。湖北省积极推进农业绿色技术创新平台建设，发挥农业科技创新中心等平台的作用，构建起上中下游衔接的农业科研创新和产学研用推广应用体系。2021 年以来，湖北省围绕打造十大重点农业产业链，充分发挥科教大省优势，聘请张启发等 7 名院士，113 名知名专家学者提供技术支持和决策咨询，先后组建武汉国家现代农业产业科技创新中心、洪山实验室等重大科创平台，推动双绿源、康农种业等 11 个重大功能性平台和成果转化项目落实。目前，经过三年的发展，武汉国家农创中心已集聚院士团队 11 个，国家及部级重点实验室 13 个，国家级工程研究技术中心、省级工程研究技术中心 13 家，涉农科技型企业近 800 家，以创新驱动引领现代农业高质量发展。

2. 加快成果转化，实现技术落地

(1) 推进绿色农业技术先行先试

为推进农业绿色发展，湖北省深入开展了绿色农业技术先行先试工作。一是立足当地资源禀赋，形成区域农业绿色发展典型模式。湖北省聚焦枝江水稻、蔬菜、肉牛、柑橘、砂梨五大产业，组建跨单位、跨学科的10个专家服务队，实施“揭榜制”项目，促进科技成果在枝江集成示范，助力枝江被列为首批“全国农业科技现代化先行县”（全国仅24个）。二是引领农业绿色发展转型升级。湖北省农业科学院围绕湖北省十大重点农业产业链和“强县工程”建设，以农业科技“五五”工程为抓手，开展农业产业关键技术攻关与成果集成示范，推进科技成果转化。2018年以来，湖北省累计建设国家级示范展示基地5个、县级实验示范基地1 365个，推广应用农业绿色高效技术模式1 812次。

2021年以来，湖北省在崇阳县等21个县（市、区）开展绿色种养循环农业试点，通过扶持第三方服务主体开展粪肥收集、处理、施用服务，以县为单元构建粪肥还田组织运行模式，聚焦农业绿色发展，畅通种养循环渠道，试点工作有力有序推进。根据2023年最新调度情况显示，湖北省已完成粪肥还田（含商品有机肥）试点面积356.6万亩，试点项目县（市、区）畜禽粪污处理量总计615.7万吨，项目县年度畜禽粪污综合利用率均超过90%。项目区通过粪肥还田替代化肥减量15%以上，共减少化肥用量1.13万吨（折纯）。

(2) 建设绿色农业科技成果转化平台

成果转化是绿色农业科技创新的关键，湖北省助力科技成果从“实验室”走向“大市场”。一是多措并举加强科技示范。湖北省积极落实第十二次党代会建设“三高地、两基地”的要求，在湖北省农业科学院重点打造“三个一百”现代农业科技示范基地，引导多单位、多团队、多成果集成示范，提升湖北省农业科技成果转移转化水平。二是完善成果转化体制机制。湖北省农业科学院修订了《湖北省农科院促进科技成果转化管理办法》，新建设了两个国家

成果转化“武汉分中心”和农科院技术转移中心，并将搭建线上线下相结合的省级农业科技成果转移服务平台，进一步促进农业产学研精准对接、深度融合，增强“纸变钱”的能力。

(3) 建立农业绿色科技成果转化激励制度

为畅通成果转化“最后一公里”，湖北省出台一系列激励措施。一是完善科技成果评价机制，激发创新活力。2021年湖北省出台《关于完善科技成果评价机制的实施意见》和《湖北省科技成果评价工作指引（试行）》，推动湖北省建立以价值为尺度的评价标准，破解评价中的“四唯”问题。完善湖北省科技成果评价机制，更好地激发创新主体和科研人员积极性。二是加大成果转化奖补力度。湖北省农业科学院明确成果转化净收入最高80%奖励给成果完成人和重要贡献人员，设立科技服务奖、成果转化贡献奖，对于已经转化投产的，成果完成人和重要贡献人员可以连续3～5年从年度营业利润中提取一定的激励额度。

(三) 创建平台，拓宽生态低碳循环农业市场新路径

1. 推动碳汇交易，激发市场活力

(1) 完善政策制度

湖北省在推动碳汇交易方面，已经通过制定一系列法规和文件形成了上下配套的制度体系，实施了《湖北省碳排放权交易试点工作实施方案》《湖北省碳排放权管理和交易暂行办法》和《湖北省碳排放配额分配方案》等一系列法规文件。到2022年底，湖北省的碳市场配额总交易量已达3.75亿吨，占全国总交易量的44.6%；累计交易金额高达90.71亿元，占全国交易总额的46.9%。参与交易的企业数量从最初的138家增加至343家，涵盖了16个行业。2022年，湖北省碳排放配额管理企业分布见图3。

(2) 加强平台建设

湖北省自2010年起就开始着手打造全国碳金融中心的计划，2017年12月，国家发改委宣布启动建设全国统一的碳排放权交易体系，以发电行业为突破口。湖北省负责牵头建设全国碳交易注册登记系统，承担了碳排放权的确权

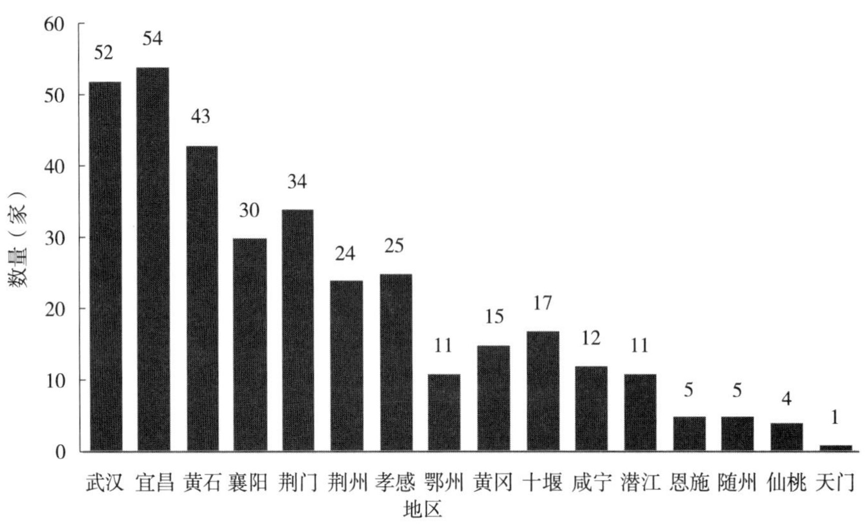

图 3　湖北省 2022 年碳排放配额管理企业

数据来源：湖北省生态环境厅

登记、交易结算、分配履约等业务，是全国碳资产的大数据中枢。湖北成功引入中国碳排放权注册登记结算中心（简称“中碳登”），成为首个在湖北落地的具有金融功能的全国性功能平台。截至 2022 年 12 月 31 日，全国碳市场碳排放配额累计成交量 2.30 亿吨，累计成交额 104.75 亿元。

2. 延伸产业链条，提高综合效益

（1）加强废物资源化利用

湖北省持续推动秸秆向肥料、饲料和基材的转化，发挥秸秆在农田保护和种植养殖一体化中的作用。在 44 个县（市、区）启动了 58 个秸秆综合利用重点项目，成功建立了 1 个国家级补偿制度创新县，3 个产业模式样板县以及 42 个综合利用重点县，培养了 950 家各类秸秆综合利用市场主体。同时，湖北省积极整合畜牧业发展规划，倡导和支持大规模养殖场的生态养殖发展。湖北省已在 49 个县实施了国家畜禽粪污资源化利用整县推进项目，以及在 18 个县进行绿色种养循环试点项目。共培养了 67 个粪污处理专业化主体，使得粪肥还田面积累计达到 181 万亩。

襄阳市拟实施重点工作任务 76 项，重点工程项目 91 个，计划总投资 108 亿元；宜昌市推进待闸船舶污染物“零排放”，通过前端减量、中端提级、末端应用综合推进“磷石膏污染全链条治理”任务；黄石市创新性建立了固废利用行业“厂内＋厂外”双循环、钢铁行业“自产自销”、铬盐生产行业“干法解毒”等“无废模式”。

(2) 促进有机食品和绿色食品生产

湖北省是我国最早推行绿色食品工作的省份之一。近年来，湖北省坚持绿色发展理念，将发展绿色优质农产品作为全省农业供给侧结构性改革的重点，大力推动以质量、绿色和品牌驱动农业发展，以促进“三品一标”（无公害农产品、绿色食品、有机农产品和农产品地理标志）产业的发展。2021 年湖北省绿色食品产品共 2 470 个、有机食品共 186 个、农产品地理标志共 195 个。截至 2022 年，湖北省在有效期内的“两品一标”（绿色食品、有机农产品和农产品地理标志）品牌超过 3 000 个，总量规模在全国名列前茅（图 4）。

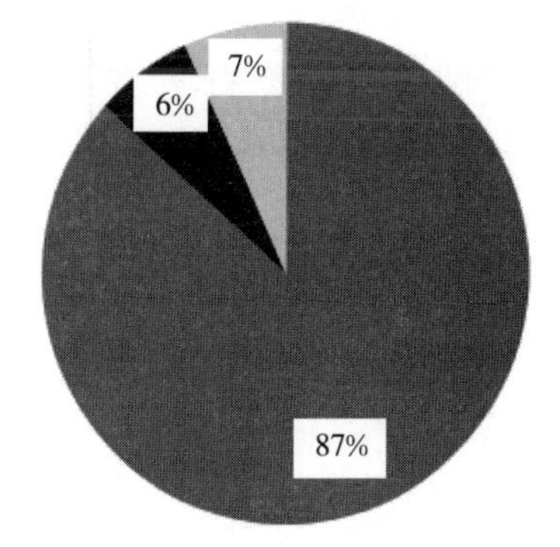

图 4　2021 年湖北省“两品一标”产品统计

数据来源：湖北省农业农村厅

(3) 推动农业科技服务业

2020 年 12 月，湖北省科技厅筛选出首批 50 个乡村振兴科技创新示范基地。截至 2021 年 6 月，这些基地在推动新品种、新技术、新成果的转化应用示范，以及推广整套化、标准化技术方面取得了显著的成效，共获得 19 项农业新品种的审定或登记，转化示范了 76 个农业新品种和 132 项新技术，并已带动 5 万户以上的农户示范，成为地方产业振兴和县域经济发展的重要支撑。同时，这些基地与产学研团队进行了紧密合作。截至 2021 年，50 个乡村振兴科创基地已建立了 66 个省级以上科技创新平台，包括 9 个企校联合创新中心，23 个星创天地，19 个院士专家工作站，以及组建了 60 个共 418 人的产学研创新合作团队，产生了良好的经济和社会效益。

3. 培育绿色品牌，实现生态价值

（1）加强政府支持

为转变农业发展模式，提高农业发展的质量和效益，湖北省积极推动特色优质品牌的培育。湖北省每年从省级财政中拨出 826 万元专项资金，用于绿色食品、有机食品和地理标志农产品品牌的开发和推广。此外，湖北省的 103 个县都设立了 5 万元至 30 万元的品牌开发和基地建设奖励资金。根据调研数据，当地的农业品牌主要有水稻、小麦、玉米、小龙虾、茶叶、肥料、高山蔬菜、水果等；发展模式主要有政府主导、企业和农户共同参与，企业主导、政府扶助、农户参与，农民合作组织主导、政府扶助、企业参与以及其他类型。其中，政府主导、企业和农户共同参与的发展模式占比最多，共有 190 个；其次是由企业主导、政府扶助、农户参与，共 122 个；由农民合作组织主导、政府扶助、企业参与共 119 个。

（2）重视基地建设

湖北省全面推动绿色食品原料标准化基地、有机农产品生产基地和省级标准化基地建设，推动农产品生产从分散的单一种植向集中的标准模式转变。至今，湖北省已经建立了 22 个国家级绿色食品原料标准化基地，5 个有机农产品生产基地，1 个地理标志农产品示范样板，2 个有机农业一二三产业融合发展园区，以及 28 个省级基地。绿色食品、有机食品和地理标志农产品标准化生产基地的总面积已达到 553.65 万亩，同比增长 12%。同时，这些基地与 298 家龙头企业进行了对接，带动农民增收 16.7 亿元，逐步形成了一个大规模、覆盖广泛、涵盖多个行业的标准化产业基地布局。

（3）主动对接市场

湖北省每年在省级层面拨款 40 万元，以激励并支持认证企业参与绿色食品博览会、有机食品博览会以及国际农产品交易会等活动。连续 18 年组织代表团参加中国国际农产品交易会，连续 17 年举办武汉农业博览会，并连续 5 年举办汉江流域（襄阳）农业博览会。此外，湖北省还与淘宝、京东、拼多多等电商平台以及抖音、快手等视频平台联合，广泛开展了一系列的直播带货活动，以此推动更多的湖北农产品走向全国，甚至全世界。

(四) 环境优化，完善生态低碳循环农业发展新体系

1. 完善布局结构，优化资源配置

(1) 制定战略规划，提供源头保障

湖北省深入贯彻落实习近平生态文明思想，推动绿色低碳农业高质量发展工作，明确发展方向和具体布局要求，从顶层设计出发，为生态低碳循环农业发展新体系提供源头保障。通过设立绿色发展基金、实施税收优惠政策等措施，鼓励绿色生产和投资。自2021年开始，湖北省绿色种养循环农业试点工作取得显著成效，已完成2021年度粪肥还田（含商品有机肥）试点面积达到181.8万亩，占目标计划的101%。与此同时，2022年度试点面积已完成118.0万亩，占目标计划的65.6%。调研数据显示，样本农户中共有173户农户家庭进行了稻田综合种养，多数模式为稻虾综合种养。

(2) 加快结构调整，优化资源配置

湖北省根据市场需求和地区资源优势，对农业产业结构进行优化，重点发展绿色农业、有机农业、特色农业等，省财政每年安排826万元专项经费，用于绿色食品、有机食品和地理标志农产品品牌研发与推广。截至2023年，全省建成国家级补偿制度创新县1个、产业模式样板县3个、综合利用重点县42个。在生态农业发展方面，成效显著。以监利市为例，当地政府借助政策引导与资金扶持，共建成108万亩稻虾共作基地，约占全市水稻种植面积的50%，采用生态养殖模式，每百斤稻谷销售价格提高20元以上，同时减少化肥农药用量，稻田亩收入增加2 000元以上。此外，湖北省大力推广生态循环农业。2023年全省农作物秸秆综合利用率达93.9%，畜禽粪污综合利用率达78.3%，有效减少面源污染，实现资源高效利用与生态保护。同时，湖北省建立生态补偿机制鼓励农民发展种养结合的生态农业模式，京山市建设2 000亩稻虾共作基地、300亩高端优质稻品种绿色生产基地，实现亩均纯收入6 800元。

武汉市金龙畜禽公司采用综合废弃物利用工艺，将猪粪尿经过氧化、发酵、脱硫等过程，转变为沼气和沼液。实现日处理污水 80 吨，平均日产沼气 150 立方米，一般一个 10 立方米的沼气池平均每年可节约 3 000 千克木柴，该公司的低碳养殖项目每天减排的大量温室气体相当于 2 万亩森林吸收的 CO_2。

2. 健全管理制度，细化管理标准

（1）健全管理制度，加快生态进程

为加快生态低碳循环农业的推广，湖北省从生产资料供应、土地治理、农业资源利用、农技人员培训等方面加强制度管理，印发《湖北省到 2025 年化肥减量化行动方案》《2023 年植物保护工作要点》《2020 年退化耕地治理与耕地质量等级评价项目实施方案》等管理方案。加强落实生产资料配置的多样性和生态性，鼓励农民减少化肥和农药使用量，湖北省累计推广“三减”示范区 600 余万亩，实现化肥、化学农药施用量年均下降 10%以上，打造了 83 万亩高效菜园示范样板。湖北省农业农村厅积极组织农业废弃物治理培训，健全农业培训制度，督导服务组织的生态性治理工作。

（2）细化管理标准，推进科学指导

湖北省印发《深入打好污染防治攻坚战实施方案》，预计到 2025 年，湖北省主要农作物绿色防控覆盖率达到 55%，主要粮食作物统防统治覆盖率达到 45%，畜禽粪污综合利用率达到 80%以上，农作物秸秆综合利用率达到 95%，农膜回收率达到 85%。出台《关于农作物秸秆露天禁烧和综合利用的决定》《湖北省水污染防治条例》《湖北省土壤污染防治条例》《湖北省畜牧条例》等地方性系列法规，细化农田重金属污染治理标准。截至 2023 年 6 月 30 日，湖北省完成安全利用耕地面积 111.5 万亩，严格管控类面积 12.3 万亩，任务完成率达到 85.2%。

2023 年，湖北省开展为期 3 个月的“春耕护农”专项行动，重点关注肥料、种子、农药、农膜、农机等重要品种，对农机购置补贴、农业用水用电、农资经营等领域不正当竞争和价费违法等行为开展专项整治。

三、湖北发展生态低碳循环农业的成效经验

（一）生态低碳循环农业提质增效

1. 笃定目标逐绿前行，污染治理成效显著

减量与增效并行，化肥农药利用效果不断提升。湖北省将科学施肥和耕地地力培肥相结合，不断优化施肥结构、品种、方式，氮磷钾施肥比例不断调优，2015—2021 年的数据显示氮磷钾肥以及复合肥施用量均呈现下降趋势。化肥施用量相比“十二五”期末下降 19.9%，2000—2021 年的数据显示，自 2010 年开始湖北省化肥施用总量以及亩均化肥施用量整体上呈现出下降趋势。截至 2021 年，湖北省测土配方施肥覆盖率达 90%以上，化肥农药施用量连续 9 年实现负增长（图 5），2020 年化肥用量比 2015 年减少 66.6 万吨（折纯），化肥利用率提高到 40.31%。农药用量从 2015 年开始也一直呈现下降的趋势，由 2015 年的 12.7 万吨下降至 2020 年的 9.3 万吨。农用柴油使用量除了在 2017 年小幅回升外，2015—2021 年下降趋势明显。

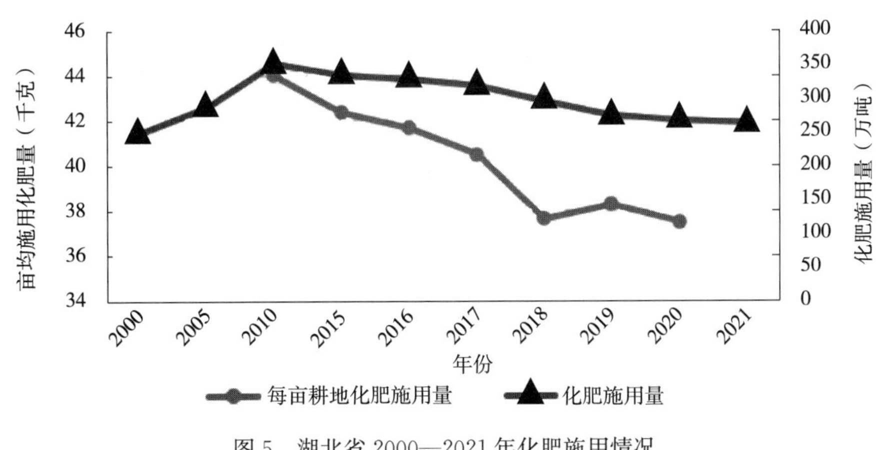

图 5　湖北省 2000—2021 年化肥施用情况
数据来源：《湖北统计年鉴》

回收与利用并重，农业废弃物回收水平不断提升。从湖北省 2015—2021 年地膜使用情况来看，湖北省农用塑料薄膜使用量从 2015 年的 71 321 吨，减少到了 2021 年的 57 268 吨，下降幅度为 19.7%；湖北省的地膜覆盖面积从 2015 年

的 407 710 公顷，减少至 2021 年的 377 906 公顷，下降了 7.31%；地膜使用量由 2015 年的 40 440 吨减少至 2021 年的 20 836 吨，降幅为 48.48%，地膜利用效率大幅增加。调研数据也显示，选择回收重新利用废弃地膜的农户占比达到 30.04%，大部分农户处理废弃地膜的方式是丢弃到公共垃圾箱或处理场，占比达到 32.46%。截至 2021 年，湖北省建立农膜回收站点 3 000 余个，累计推广示范可降解地膜 5 万余亩；2023 年，湖北省被国家纳入地膜科学使用回收试点项目省。

政策与技术并进，养殖业污染防治水平不断提升。湖北省在全省推广秸秆机深翻、秸秆打捆新技术等技术 10 项，畜禽粪污好氧堆肥、垫料回用、发酵床养殖等技术 8 项，推进秸秆粪污资源化开发利用。2021 年，湖北省划定 1 524 个畜禽禁止养殖区，取缔 127 万亩江河湖库围栏围网和网箱养殖，取缔 27.45 万亩投肥（粪）养殖和 4.5 万亩珍珠养殖。在 74 个县实施畜禽粪污资源化整治，规模养殖场粪污处理设施配套率达 98.98%，全省畜禽粪污资源化综合利用率达 75%。

2. 保护与发展并行，资源利用效率提升明显

变零为整，用地效率再提升。近年来，湖北省通过“建设高标准农田”等方案优化耕地利用。2021 年全省家庭承包经营耕地面积较 2016 年上涨了 37.37%，家庭承包耕地流转的面积较 2016 年上涨 29.02%，2021 年流转面积占家庭承包经营耕地面积的 37.32%，同年全省适度规模经营面积达到 955 875 公顷，占家庭承包经营耕地面积的 23.04%。湖北省高标准农田建设面积占耕地总面积的比重也在逐年上升，从 2018 年的 57.51%上升到 2021 年的 61.98%，耕地面积相较 2018 年增长了 1.33%。调研数据显示，撂荒农户仅占 5.41%，土地利用效率得到提高。

变废为宝，综合利用水平提高。2018 年以来，湖北省在 44 个县（市、区）实施 58 个秸秆综合利用重点项目，集中资金、辐射推动、全域推进，建成国家级补偿制度创新县 1 个、产业模式样板县 3 个、综合利用重点县 42 个。到 2023 年 9 月，湖北全省已培育各类秸秆综合利用市场主体 950 家，其中年收储用 2 万吨以上的有 59 家、1 万吨至 2 万吨的有 141 家。据统计，2022 年

湖北全省秸秆利用量达到 2 695 万吨，位居全国前五。调研数据显示，秸秆还田农户占比为 82.79%，具体来看，秸秆粉碎翻压还田占比最高，为 62.92%。湖北省秸秆“五化”（肥料化、饲料化、燃料化、原料化、基料化）利用成效显著。2021 年湖北省清洁能源入户数达到 489 万户，相较 2016 年上涨 16.48%，秸秆综合利用成效显著。

变污为肥，畜禽粪便再循环。近年来，湖北省坚持“以地定畜、以畜配地”的原则，引导和助力养殖经营主体打造种养一体化、农牧结合的畜禽粪污资源化利用循环模式，让“粪污变粪肥”。2021 年 6 月，湖北省召开绿色种养循环农业试点项目启动会，按照“有规模、有设备、有场地、有技术、有基础”的“五有”遴选标准，共遴选出 76 家畜禽粪污收集处理运输还田服务主体，76 家“有机肥银行”正式开业，助力湖北畜禽粪肥还田利用。截至 2022 年，湖北省实施国家畜禽粪污资源化利用整县推进项目县 49 个，绿色种养循环试点项目县 18 个，培育粪污处理专业化主体 67 个，累计粪肥还田面积 181 万亩，全省畜禽粪污资源化利用率达到 95.7%。

3. 强化设施建设，筑牢绿色发展根基

量质并举，绿色农田建设不断升级。2020 年，湖北省在全国率先探索绿色农田建设，将“整体协调、循环再生”生态学原理导入高标准农田建设，大力推进农田基础设施提升、耕地质量保护、生物涵养修复、农业面源污染防治和田园生态改善有机融合。湖北省 2020 年节水灌溉面积为 594 650 公顷，较 2014 年的 342 050 公顷上涨 73.85%，从节水灌溉设施的类型来看，湖北省以低压管灌为主，其次是喷灌，微灌比例最低，从 2014 年到 2020 年三种节水灌溉方式的使用面积均呈现出上升的趋势。截至 2022 年 6 月，全省新建绿色农田建设示范核心区面积 19.17 万亩，辐射带动区面积 53.35 万亩。

近年来，随着自然村湾、黑臭水体、生活污水净化后纳入农田生态循环水网，区域内农业农村水体实现循环利用，农区排灌水质量和利用效率不断提高，农田绿色水生态系统不断完善，水生态系统高效联合净水技术得到提升。2020 年湖北省建立水产绿色健康养殖示范推广基地 32 个，其中推广生态健康养殖技术模式示范基地 5 个，推广养殖尾水治理技术模式示范基地 3 个，推广

水产养殖用药减量模式示范基地 15 个，推广配合饲料替代幼杂鱼技术模式示范基地 5 个，推广优质、高效、多抗、安全的水产新品种示范推广基地 4 个。

（二）生态低碳循环农业市场化程度不断加深

1. 碳汇交易生态效益和经济效益明显

碳排放量下降，生态效益显著。湖北省始终贯彻落实政策要求，发挥碳交易市场生态治理的作用，碳汇交易生态效益明显。2016—2022 年，单位国内生产总值（GDP）碳排放量累计下降 23.9%，单位 GDP 碳排放、人均碳排放均低于全国平均水平。减污降碳协同效应明显，长江干流湖北段水质保持在 I 类，湖北全省森林覆盖率由 2015 年的 38.4%提高到了 2021 年的 39.61%，增长 1.21%。2021 年林业用地面积达到 876.09 万公顷，较 2015 年增长 3.08%；森林面积达到 736.27 万公顷，占林业用地面积的 84.04%，较 2015 年增长 3.13%，林业碳汇不断增加。

碳交易量上升，经济成效明显。湖北省在加强区域性碳市场体系建设、主动融入和积极服务全国碳市场等方面务实推进，取得良好成效。碳市场累计成交量、成交金额等指标排名全国前列，两年来服务支撑全国碳市场累计成交 3.8 亿吨，清算金额 413.3 亿元，引进国内外头部企业 100 多家，初步形成了碳市场全产业链，为全省生态低碳发展提供了全新支撑。同时，湖北高标准建设试点区域碳市场，交易主体从年综合能耗 6 万吨标煤扩大到年综合能耗 1 万吨标煤，企业数量从 167 家增至现有的 339 家，截至 2023 年 6 月 30 日，湖北碳市场配额二级市场累计成交 3.65 亿吨，成交额 88.31 亿元，在全国试点碳市场中保持领先水平。

2. 产业链条延长，产品价值提升

延链补链强链效益高，产业价值不断提升。2021—2022 年湖北农业产业链建设成效显著，省级龙头企业增加 125 家，达到 990 家，国家级龙头企业新增 20 家，达到 82 家，均创历史纪录。全省 4 699 家规模以上农产品加工业产值达到 1.22 万亿元，增长 12.2%。潜江龙虾、三峡蜜橘、蕲春蕲艾品牌的评

估价值，分别达到 251 亿元、160 亿元和 98 亿元，28 万亩高油酸菜籽平均收购价每斤高出 1 元；730 万亩虾稻谷，每斤高出 2～3 元。数据显示，2015—2021 年湖北省农林牧渔业总产值同比均呈增长态势，具体来看，2021 年农林牧渔业总产值较 2015 年上涨 44.82%，分领域看，农业上涨 40.72%、林业上涨 67.61%、牧业上涨 32.38%、渔业上涨 58.10%。

产业循环融合深，增收致富途径宽。湖北省围绕十大农业产业链，省市县上下联动，政企银密切协同，产学研一体推进产业体系转型升级，同时大力推进一二三产业融合发展，不断延长产业链、提高附加值，如今精深加工的农业产业效益值逐渐显著，粮油薯增值 2～4 倍，畜牧水产品增值 3～4 倍，果品蔬菜增值 5～10 倍。充分挖掘农业多种功能，持续推进国家级优势特色产业集群建设，建设农产品加工园区、平台，在大力促进加工制造业和产业园区发展的同时，也为农村剩余劳动力提供了增收途径，在保护乡村生态环境的同时，也让农户多了一条“生财门路”。

3. 农业绿色品牌竞争力增强

政府支持力度持续加大，品牌培育不断加强。湖北省级财政每年安排 826 万元专项经费，用于绿色食品、有机食品和地理标志农产品品牌开发与推广。全省 103 个县基本安排了 5 万～30 万元品牌开发和基地建设奖励资金，有效激励了企业主体开展品牌培育和基地建设的积极性。截至 2022 年，湖北省获得“两品一标”认证的品牌总量达 3 000 个，绿色食品企业已超过 1 000 家，产品 2 600 多个。“两品一标”产品数量呈现上涨趋势，2021 年绿色食品产品数量较 2016 年增长 47.29%、有机农产品数量增长 46.46%、农产品地理标志增长 69.57%。2019 年无公害农产品数量较 2016 年增长 30.60%。

基地建设成效显著，品牌基础不断夯实。湖北省全面推进全国绿色食品原料标准化基地、有机农产品生产基地和省级标准化基地建设，推动农产品生产由分散单一种植向群聚标准模式转变。截至 2023 年底，全省有效期绿色食品、有机农产品和农产品地理标志企业 1 463 家、产品 3 221 个，品牌总数较上年（2 901 个）增长 11.03%。同时，品牌开发势头强劲，2023 年，湖北省新认证农产品品牌产品 560 个，有效期内农产品品牌总数达 3 159 个，品牌总数位居全国前列，潜江龙虾等 40 个产品均通过全国首批农耕农品记忆索引名录征集专家审评，数量居全国第 4 位。此外，品牌产品质量稳步提升。2023 年湖北省共抽检品牌农产品 400 个，产品抽检合格率达 98.75%。

市场对接能力增强，品牌效益持续提升。2021 年湖北省举办首届湖北农业博览会，1 642 家农业企业、金融机构和运营商参与，现场交易额 1.51 亿元，签约招商引资1 530.32 亿元。2023 年湖北省共动员 300 余家单位、超2 000人参与第二十二届中国绿色食品博览会暨第十五届中国国际有机食品博览会以及中国农产品交易会，为企业创造商贸合作契机。会上企业共获得博览会金奖 39 项，湖北省农业农村厅绿色食品办公室荣获最佳组织奖 3 项、优秀设计奖 1 项。同时，100 家农产品“三品一标”企业参与首届湖北食品产业链博览会、50 家“三品一标”精品企业于十堰市开展绿色食品宣传月活动。此外，湖北省已遴选 30 家代表性企业入驻全国农业展览馆，聚焦宣传“潜江龙虾”“洪山菜薹”“宜昌蜜桔”等知名地理标志品牌，有力促进产销对接，推动绿色消费转型升级。2021 年湖北省举办首届湖北农业博览会，1 642 家企业、金融机构和运营商参与，现场交易额 1.51 亿元，签约招商引资 1 530.32 亿元。充分发挥品牌影响力，推动优质农产品品牌在中央电视台、《人民日报》、湖北电视台等国内主流媒体开展专题宣传推介。

（三）生态低碳循环农业科技支撑能力显著提升

1. 科技主体地位强化，科技创新水平增强

种业创新不断加快。近年来，湖北省加快种业振兴步伐，围绕生态低碳循环目标，利用现代生物技术，育种创新能力逐步提升。2021 年，湖北省共审定主要农作物品种 161 个，创湖北省审定品种数量历史新高。为减少农业碳排放，省农科院、华中农大、武汉大学等单位协同创新，研发一系列低碳高抗稻种。为推广绿色循环高效种养模式，2022 年推广种植虾稻 1 号品种 70 多万亩，全省虾稻共作面积达到 759 万亩（图 6）。此外，为适应水资源匮乏地区农业生产，湖北省积极、稳妥、有序推广节水抗旱稻，如随州市通过连续 3 年试种旱优 3015、旱两优 8200、旱优 6 号等一批节水抗旱稻品种受到广泛认可，

2023 年，旱优 3015 推广面积已达 3 万余亩。

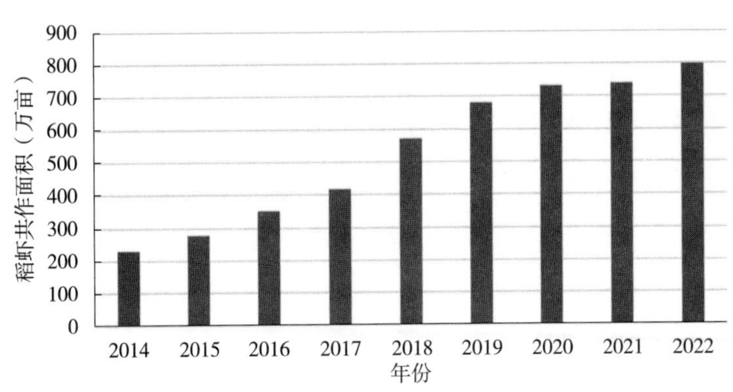

图 6　湖北省 2014—2022 年稻虾共作面积

数据来源：全国水产技术推广总站、中国水产学会

技术带动明显增强。围绕农作物优质绿色高效栽培、化肥农药减施增效、淡水养殖尾水治理、畜禽粪污资源化利用等关键痛点，湖北省创新研发出多项技术。截至 2022 年，稻—再—油（肥）绿色高效栽培技术已在枝江市等 12 个县（市、区）示范推广，共举办示范样板 32 个，建立核心示范区 3.23 万亩，推广面积 83.2 万亩。农业主推技术数目逐年上升，2021 年湖北省主推技术达 30 项，较 2020 年增加 10 项。

湖北省创新池塘“零排放”圈养技术，充分利用物理、化学与生物循环净化功能，对养殖尾水治理起到了很大作用。2021 年湖北省循环水养殖面积达到 17 261 千平方米，比 2018 年增长 1236%，2021 年循环水养殖产量达 22 988 吨，较 2018 年增长 513.01%，生态效益和经济效益十分显著。

装备支撑逐渐强化。湖北省加大全面全程机械化示范创建力度，农机装备保有量持续增加。2021 年湖北省农业机械总动力为 4 731.5 万千瓦，相较 2015 年增长 5.9%。农业生产全程机械化速度不断加快，2021 年机耕、机播、机收以及机械植保面积较 2015 年分别增长 4.01%、52.50%、15.06%以及 7.86%。农产品初加工作业机械、畜牧机械、水产机械保有量分别超过 96 万台、49 万台、47 万台，高性能、绿色环保农业机械保有量增长迅速。截至 2019 年底，湖北省深松机增长 92.68%，秸秆粉碎还田机增长 123.01%，秸秆捡拾打捆机增长 440.47%。节水灌溉机械数量也呈现增长趋势，由 2015 年的 12.1 万套，增长到 2021 年的 13.1 万套，增加了 1 万套。

2. 科技服务效能加强，技术服务能力提升

服务体系不断完善。湖北省农民专业合作社数量由 2017 年的 83 942 户，增长至 2021 年的 108 244 户，涨幅为 28.95%，2021 年合作社出资总额较 2017 年上涨 26.58%。同时，湖北省组织引导基层农技推广体系积极履行促转化、推技术、做示范等公益性职能，截至 2020 年底，全省共创建国家级农业农村标准化试点示范区 132 个，省级农业农村标准化试点示范区 165 个，覆盖到全省大多数县（市、区）。2022 年，湖北省油菜、优质稻等 9 个产业技术体系聚焦对地方政府与新型经营主体的服务，对接 64 个县（市、区）、819 个新型经营主体，举办 247 场培训班，提供技术咨询 780 场次，让优质科技资源向基层下沉、向薄弱地区倾斜。

服务方式持续创新。湖北省围绕农业信息化和多主体协同，不断创新农业技术服务方式。一方面，积极推进信息化与农业现代化的深度融合。打造了全省统一的“12316”三农综合信息服务平台，同时依托乡村信息员、农技员、新型农业生产经营主体等，组建了 1 650 人的省、市、县、乡四级农业信息服务专家队伍。另一方面，充分发挥农技推广机构服务生产优势、农业科研院校创新资源优势、新型经营主体市场运行优势，定向遴选 2 所涉农高校、4 所省（市）级农科院、20 家农技推广单位和 16 家新型主体，构建“多元主体协同、深度广泛参与”的协同推广体系，围绕实际问题开展“全方位”“全链条”无缝对接。

（四）生态低碳循环农业主体不断壮大

1. 主体规模扩大，绿色生产参与程度加深

湖北省在发展生态低碳循环农业的过程中，坚持“绿色发展”理念，鼓励、引导各类主体积极参与生态低碳循环农业建设。截至 2023 年，湖北省省级示范家庭农场数量基本稳定在 202 家。此外，湖北省国有农场数量由 2015 年的 53 个，增长至 2021 年的 65 个，涨幅为 22.64%。近年来，湖北省大力建设生态农场，2021 年底全国授予 132 家生产主体“生态农场”称号，其中湖北有 5 家农场在列；2022 年底，湖北新获批国家级生态农场 22 个，与浙江省

并列第一；2023 年湖北省新增国家级生态农场 23 个，累计拥有国家级生态农场 50 个。2023 年湖北省新增省级生态农场 58 个，较上年增加 26 个，为生态低碳循环农业发展打造了坚实的参与主体（图 7）。

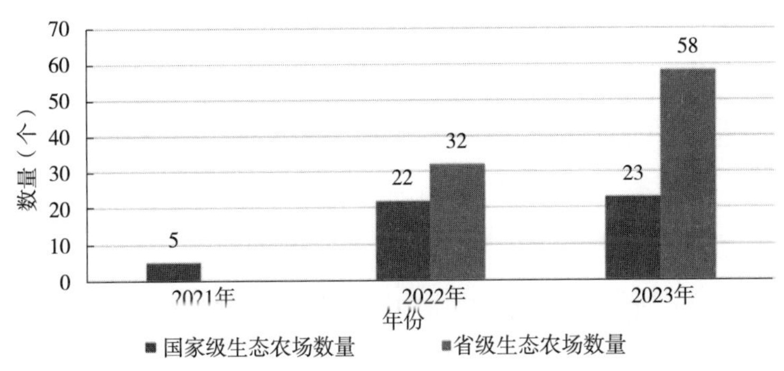

图 7　湖北省 2021—2023 年生态农场新增数量

数据来源：湖北省农业农村厅、湖北省农业生态环境保护站

2. 利益联结加深，联农带农作用增强

湖北省鼓励和支持社会化服务主体发展，充分发挥了联农带农作用，提高了小农户生态低碳循环农业参与率和农业社会效益。钟祥市发展了统一标准的深耕深松、工厂化育秧、施用有机肥、统防统治、粮食烘干储藏、秸秆还田 6 个环节社会化土地托管服务，服务达标率 85%，有效规范了生态农业标准，推动了小农户参与绿色生产。黄石市阳新县统防统治飞防社会化组织已达到 37 家，服务面积达到 109 万亩，禾旺植保飞防专业合作社等 4 家飞防组织成功入选“全国统防统治星级服务组织”。作为湖北省入选“国家级生态农场”的家庭农场负责人何振永充分发挥示范和带动作用，组建随县炎地水果合作联合社，充分发挥其技术特长指导生产，相较传统栽培提高了 20%以上的效益，提高了合作社员的经济收入。

四、湖北发展生态低碳循环农业的问题和挑战

（一）政策支持待强化，长效支撑不够

1. 法律法规不健全，发展管理效果甚微

湖北省虽然出台了一些促进低碳经济发展的相关政策，但环保法律仍基于

末端治理或分段治理阶段，过于强调污染发生后的被动措施，某些条款仅有一些方向性和概念性的笼统表述。化肥施用、农药管理、粪污治理、地膜回收等法律法规不完善，生态低碳循环农业发展政策如生态补偿、碳交易制度、农业品牌等政策尚未健全，无法有效进行管理，不能充分发挥生态低碳循环农业的优势。在调研过程中有24.68%的农户认为农业品牌等政策不健全。同时对于与循环农业发展相关的具体技术措施，如污染治理、秸秆利用、绿色防控、有机肥增施、先进装备等，却缺乏相关扶持办法，农业循环可持续发展体系不健全。此外，目前的法律法规难以规范农业生产中的农药、化肥、农用薄膜等农用化学物质的利用问题，致使化肥利用率低、土壤重金属和有毒元素含量高。生态低碳循环农业发展的法律制度过于碎片化，相关理念不够深入，特别是对于农业发展方面，重发展、轻环保的传统理念在很长一段时间难以改变。

2. 政策宣传不到位，覆盖主体范围小

生态低碳循环农业宣传的力度较为薄弱，没有形成浓厚的舆论氛围，农民群众知晓率还不高。当国家和省级政府下达农业相关政策后，县、乡政府在执行政府政策措施、对农民进行相关培训、对相关配套技术跟进时，只是简单地下达命令，而没有在农民中进行广泛、翔实的宣传。在调研中发现，根据农户对“您认为农业品牌政策实施过程中存在的问题有哪些”的回答，其中，46.03%的农户认为相关政策普及程度低，24.68%的农户认为政策体系不健全。基层政府人员多数只是执行政策，较少与农户进行沟通或难以与农户进行沟通，少数地方出现基层干部和农民群众不知道的问题。个别村组干部还存在生态低碳循环农业项目优惠补贴等惠农政策落实不公开、不公正、不负责、不透明等问题。在村务公开栏对惠农政策的发布不及时、不全面，只有享受户和市（乡）主管部门知道，广大农民群众和非主管部门都不太清楚。村干部在宣传时，有些只是对家族、亲戚朋友个别讲，暗箱操作等。

3. 监督力度不够强，政策落实质量低

湖北省政策执行的监督和调整力度相对薄弱，农业政策执行内容不够具体，政策执行出现偏差。在政策执行过程中，相关部门并没有设立专职监督机

构，各部门职责划分不明，无法对生态低碳循环农业政策的落实进行有力监督，比如资金监管不力，违纪违规操作。受人力和经费限制，部分政策资金监管力度不够、失控，违规违纪现象突出。在外部监督环节，作为监督主体的农户，对政策执行的监督参与度低。社会组织、民间团体无法直接参与到政策执行的监督中来，这些都降低了政策执行的监督效能。有效监督机制的缺失使得评估结果的落实变得困难。农业生产涉及多个环节，而当前的监督体系往往无法覆盖所有环节，这就为一些不合规的生产行为留下了空间。同时，由于农业生产的地域性、季节性等特点，监督的频次和力度受到限制。执行机制的不完善也影响了政策的落实质量。即使发现了生产过程中的问题，如果没有一套有效的执行机制，那么这些问题也难以得到及时、有效的解决。

（二）市场化驱动乏力，辐射效益不高

1. 产品价格优势弱，市场占有率不高

湖北省生态低碳循环农业产品市场在碳汇交易、产业链条延伸和绿色产品供给等方面增长势头显著，但市场运行发展中仍受到产品价格不稳定带来的负面效应。由于绿色农产品成果转化速度慢，生产成本较高而回收期长，导致市场价格偏高、不稳定性强，绿色有机地标农产品比普通农产品效益高出10%～30%，甚至50%以上。生态绿色产品价格和收益特征，一方面导致生产者难以作出长期投资计划，另一方面会导致销售端产品市场竞争力下降。在销售市场上，低碳循环的优质产品往往面临与传统低价低质农产品的价格竞争，大多数消费者在购买时通常更关注价格，而非生态环保和可持续性，对“优质价高”产品并不买账，在多数消费者面前，普通农产品就能满足这一需求，导致绿色产品即使“优质”也不占优势。同时，在绿色产品认证标准尚不系统规范的前提下，由于市场信息不对称，消费者很难辨别“优质”与“普通”农产品的差异所在，鱼龙混杂的农产品销售市场为实现利润最大化，易触发恶性竞争甚至使市场陷入“劣品驱逐良品”的困境，优质往往难以实现“优价”，生态低碳循环农产品的价格竞争力不足，市场占有率逐渐下降（李勇等，2004）。

2. 产销对接成本高，优质产品销路收窄

一是市场准入难，产品认证体系尚不完备。目前湖北省生态低碳循环农业产品的相关标准和规范还不够完善，绿色产品认证体系尚不健全，无法甄别绿色优质的生态低碳循环产品。市场准入制度中统一质量标准和认证体系的缺乏导致市场产品质量参差不齐，一方面影响了消费者的信任度和购买意愿，另一方面由于质量认证体系不完善或复杂，生产者面临操作困难、程序繁杂等问题，获得质量认证时间周期延长，生产者与购买方之间的合作更加困难，产销对接成本上升。二是流通环节多，成本高。由于湖北省是农业大省，采用生态循环农业模式、农业可持续发展模式等不同发展模式的绿色低碳发展示范区遍布全省各地，生产基地较为分散，在产品流通环节，生产者难以与潜在买家直接对接，只能通过中间商或零售商，延长了流通链条，因此保障产品质量、品牌优势等需要付出更高成本，产销对接时间周期长，销售成本上升。尤其是小微企业由于缺乏知名度和长期市场合约，在进驻商超等市场时经常遭遇进场费、包装费、标签费、促销管理费等“高门槛”收费。三是湖北省在生态低碳循环农业品牌建设上也存在发展不平衡、品牌影响力弱等问题，虽然湖北省现有农业“三品一标”4 704 个，但大部分农产品品牌辨识度低，影响范围小，市场竞争力不强。由此带来的生产效益并不高，这也使得湖北省生态低碳循环农业建设主体在发展上难以为继。在调研中，26.74％的农户不清楚当地是否有农业品牌，54.57％的农户认为当地没有农业品牌。

3. 市场主体融入不足，多元投资吸引力弱化

政策扶持和市场机制相结合是引导社会资本融入农业新发展模式的重要方法。但目前湖北省生态低碳循环农业社会资本融入不足，主要参与主体集中在中小企业和合作社，大型企业偏少，导致生态低碳循环产品多种功能属性未被激发，产业深度融合效益不显著。一是生产主体市场参与度和生产积极性下降。生态低碳农业循环经济发展不仅具有一般农业生产所具有的经济效益，而且具有节约资源、保护环境的生态和社会效益，但其生产过程投入成本较大，包括环保设施、新技术、资源、资金人才等，由于生产周期长且收效缓慢、生

产成本高而获益低，生产者很难以获得及时的经济回报，同时农户和其他新型经营主体由于缺乏足够的资金支持，难以启动或维持生态低碳循环农业的生产，在长期得不到相应补偿的情况下，生产主体积极性下降，甚至可能退出生态低碳循环农业发展。二是投资吸引力弱化。目前生态低碳循环农业的生产模式相对单一，分布分散，缺乏标准化和规模经济效应，产业投资吸引力较小，使得社会资本难以通过规模化投资获得更大的经济利益，更倾向于投资其他回报更快的行业。同时，小规模生产模式下信息不对称问题更严重，导致社会资本对于生态低碳循环农业的了解程度较低，投资者难以评估风险，参与积极性降低。这种多元投入不足的状况导致政府、主体、市场“三方共建”的生态低碳循环农业发展工作格局和保障体系很难形成。

（三）主体发展不平衡，原生动力不足

1. 缺乏绿色发展意识，难以实现持续发展

根据2021年的数据显示，湖北省60岁及以上人口比重超过20%，已步入中度老龄化阶段。在农村地区，随着劳动力的不断向外转移，农业劳动力老龄化现象更为突出。现今，小农仍然是农业生产的最重要主体，但这一群体却呈现出整体年龄偏大、文化水平较低、按照传统经验种田、新技术接受程度低等特点，严重阻碍了生态低碳循环等绿色农业生产意识的激发和培育。通过实际调研可以发现，农户对秸秆禁烧、化肥农药施用减量、轮作休耕、喷灌滴灌等绿色生产技术的了解水平不够，对绿色生产技术对耕地保护以及环境改善的作用缺乏正确认知，因此难以持续推动生态低碳循环农业的持续发展（任重，郭焱，2023）。

在调研过程中可以发现，即使大部分农业生产者了解乱扔农药废弃物会对土壤、水源等环境造成危害，但是由于缺少正确处理农药废弃物的做法培训和条件，农药废弃空瓶和包装随手被扔进农田、水渠的现象也屡见不鲜。在调研中，29.89%的农户认为技术培训实用性不强，25.29%的农户认为培训时间和农忙时间重合。在秸秆资源化利用方面，现有利用方式仍以秸秆还田为主，缺乏其他方式的宣传与推广，更有部分农业生产者认为秸秆还田会造成病虫害增

多、出苗率降低等问题，因而选择违反政策，偷偷焚烧秸秆，严重破坏了农业生产环境，阻碍了农业生态低碳循环发展。

2. 缺乏正确观念引导，利益诉求无法满足

政府在引导农业主体发展生态低碳循环农业中发挥着重要作用，需要准确认识在政策制定、技术支持、资金投入方面的职责，明确政府与市场的关系。在生态低碳循环农业建设过程中，存在上层政策与基层部门实施相脱节的情形，如咸宁市政府在绿色农业品牌创建上出台了一系列政策，但是在实施上存在企业品牌认识不足、投入力度不够等问题。在相关专项调研中有农民反映，他们需要政府提供“绿色品牌创建与销售渠道支持”以及“绿色投入品支持”，但是现有支持政策和培训都较为集中地提供给了农业企业、家庭农场和生产大户，将小农户排除在外，有损于政策实施的公平和效率，打击了广大小农户参与生态低碳循环农业生产的积极性。

3. 缺乏利益联结互助，深度发展水平不高

发展生态低碳循环农业，存在短期利益与长远发展的冲突。在现实农业生产中，农业生产者认为产量和收益仍是生产决策的首位因素，较少关注农业生产的持续性。在调研中，有农户反映虽然施用有机肥相较化肥能更好地缓解土地板结现象、长期改善土壤质量，但是出于人工耗时长、经济成本高等原因，农户还是更愿意倾向于省事省力地通过增加化肥施用量来达到增产增收的目的。还有家庭农场负责人反映，农业绿色生产技术的投入与其产出的收益不成正比，即使投入了更多时间以及经济成本进行农业绿色生产，但是经济收益与普通收益并无多大差别。生态低碳循环农业有效投入不足，带动农户经济发展作用有限。在调研中，发现有29.29%的农户认为在农业品牌政策实施过程中缺少龙头企业带动。发展生态低碳循环农业，需要主体投入大量资源，如流转土地、购置农机、采购生产资料等，都需要进行大量的资金投入，但是湖北省生产主体多为小农户和家庭农场，资金缺口大、贷款申请难成为限制生态低碳循环农业发展的首要问题。解决投入问题之后，仍免不了面临带动农户增收作用有限等问题，例如恩施九州牧业公司带领农户

发展“种植玉米—玉米喂猪—猪粪进沼气池”的循环养殖模式，但是其经济效益仅供支持农民多养几头猪，难以充分激发农户发展生态低碳循环农业的积极性。

（四）技术集成待优化，创新力度不强

1. 技术储备不足，创新性不够

虽然近年来围绕资源节约、环境友好、绿色低碳等方面，在农业生产领域推广了一批集约节约型新技术和新产品，但仍与其他省份存在较大差距。考虑到农业生产和经济社会发展水平的区域差异性，各类农业绿色低碳技术的减排、固碳、增汇效果仍有待验证，技术投入的成本收益也有待考察。因此，推动农业绿色低碳发展涉及环节复杂，技术种类较多，技术集成困难，缺乏系统性的减排固碳技术（张俊飚，王学婷，2024）。同时，随着农业科技的不断进步，新技术不断涌现，湖北省在生态低碳循环农业技术更新方面显得较为缓慢。导致农业生产中的能耗、排放等问题得不到有效改善，制约了农业的绿色可持续发展。比如在调研中，根据“您认为农机装备还存在哪些改进方向”的回答，有25.97％的农户认为应研发适合本区域的机械。

2. 技术经济性不足，集成性不够

当前，湖北省生态低碳循环农业技术集成尚不成熟，与经济条件的匹配性较差。虽然生态低碳循环农业具有社会效益和环境效应，但是否为农业生产经营主体带来了明显的经济收益仍有待进一步研究。在调研中，根据“您认为技术推广应用中存在的问题有哪些”的回答，有36.18％的农户认为引进的品种或技术没有取得应有的成效，37.53％的农户认为投资成本大，效益低。同时技术集成性不够，一方面技术标准不统一，不同的技术设备和系统可能采用不同的技术标准，导致在集成使用时存在兼容性问题。例如，智能农机设备、精准施肥系统以及土壤监测仪器等可能因数据接口、通信协议不一致而无法有效协同工作，直接影响了技术的整体应用效果。另一方面集成创新性不够。多数从事技术创新的科研人员仍然习惯于传统技术手段，很少关注并采用基础研究

成果，团队中从事基础或应用基础研究的科研人员往往也并没有将服务技术研究、解决技术研究中的“卡点”问题作为主攻方向，导致生态低碳循环技术创新的先进性难以体现。

3. 技术体系化不强，推广度不够

目前湖北省关于生态低碳循环农业的政策体系还不够完善，缺乏具体的政策措施和实施细则，导致一些企业和农民在实践中无法得到有效的指导和支持。尽管连年增加农业财政投入，但由于农业机构繁多、各部门之间无法合理协调、部门职能不清等问题的存在，使得湖北省农业财政投入相对不足，没有形成一个健全的农业政策推广体系。同时，农业科技研发能力及推广力度不够。在关于“生态低碳循环农业措施的困难在哪里”的回答中，有78.53%的农户认为缺少技术指导，对措施不了解；36.18%的农户认为技术推广应用中引进的品种或技术没有取得应有的成效，26.29%的农户认为宣传培训不到位。当前的农业生产中，传统种植和养殖方式仍占较大比重，绿色生态、低碳环保等标准化技术的推广和应用相对较少。目前，缺乏专业的技术人员和机构来为农民提供有效的指导和帮助，同时农业政策推广内容单一，缺乏有效的激励机制和培训机制，使得农业政策推广人员工作积极性和创新性差，影响政策推广效果。

五、湖北发展生态低碳循环农业的对策建议

（一）加大政策扶持，构建长效发展机制

1. 加强制度建设，提升政策保障效能

根据湖北省农业生态环境的承载力和种养废弃物处理能力，坚持“3R”原则，加强顶层设计和系统规划。根据《湖北省人民政府关于加快建立健全绿色低碳循环发展经济体系的实施意见》等文件，在摸清全省生态农业发展现状、突出问题、制约因素和典型发展模式的基础上，根据不同类型生态区域、产业发展的侧重点等，制定适合全省各地实际发展情况的生态低碳循环农业可

持续发展战略和行动方案。结合湖北省实际情况，补齐农业生态环境保护制度的短板，围绕基本农田保护、农业水资源和土壤污染等方面制定相应的农业生态保护规章制度。同时，借鉴发达国家经验做法，加快完善化肥施用、农药管理、粪污治理、地膜回收等法律法规，强化环保约束，让保护生态环境成为生产经营主体的自觉行动。

2. 加大宣传力度，增强群众认知度

拓宽宣传渠道，创新宣传形式。借助电视、报刊、广播等传播媒介向农民介绍绿色低碳循环农业相关知识，同时发放生态低碳循环农业小册子或举行研讨会议宣传生态低碳循环农业的意义。发挥农业企业、农业合作社等农业生产组织的技术辐射效应，在田间地头普及生态低碳循环农业的知识和方法，扩大生态低碳循环农业社会影响力。加大对主推技术模式、关键技术环节、作业补助政策的宣讲，尽量形象化、通俗化，用举例子、讲故事等方式对生态低碳循环农业的目的意义、核心举措等进行全方位解读，让农民真正做到知晓政策、弄懂政策、享受政策。

3. 加大监督力度，保障措施执行到位

建立健全专职监督机构，明确各部门职责，确保生态低碳循环农业政策得到有效执行。通过设立专门的监督部门，加强政策执行过程的跟踪和检查，及时发现并纠正偏差。加强政策执行内容的具体化和可操作性。制定详细的政策执行方案，明确各项政策的具体目标、实施步骤和评估标准，确保政策的贯彻执行。例如，针对生态低碳循环农业政策落实水平有待提高的问题，可以制定一套长期干部考核指标，可以将农业生态、农村环保等目标细化成若干个小项，具体到岗、责任到人，形成工作制度，以此为导向不断完善干部业绩考核体系，增强干部对生态循环农业的重视程度，确保生态低碳循环农业政策落实落细。同时，提升农户和社会组织在政策执行监督中的参与度。通过开展政策宣传和培训，增强农户对政策的理解和认同，鼓励他们积极参与政策执行的监督工作。建立与社会组织和民间团体的沟通机制，听取他们的意见和建议，形成政策执行的合力。

（二）激发市场活力，提升辐射效益水平

1. 提升产品价格优势，增强市场占有率

优化绿色农产品生产流程，降低生产成本，缩短回收期。通过引入先进的农业技术和设备，提高生产效率和产品质量，从而降低生产成本，使绿色农产品价格更具竞争力。加大对假冒伪劣产品的打击力度，维护市场秩序和消费者权益。同时，加强农产品加工和深加工，延长产业链条，提高产品附加值，进一步提升价格优势。构建农业生产循环体系，实现农作物秸秆、畜禽粪污、农资投入品废弃物资源化利用；通过构建种植业、畜禽养殖业及其他产业融合发展机制，实现副产物物质能量循环流动和多级利用。推进农产品加工绿色转型，坚持加工减损、梯次利用、循环发展，统筹发展农产品初加工、精深加工和副产物加工利用。可参照湖北阳新、湖北安陆等做法，将秸秆做成肥料、燃料、食用菌基料和工艺品等副产品，切实推动秸秆“五化”，充分提高秸秆使用能力。

2. 降低产销对接成本，拓宽优质产品销路

一方面完善市场准入制度，简化认证程序。制定统一的质量标准和认证体系，简化认证流程，缩短认证周期，降低生产者的认证成本。加强认证管理，建立健全绿色农产品标准体系和追溯制度，加强绿色食品、有机农产品、地理标志农产品认证管理，鼓励发展绿色有机种植和生态健康养殖，加快发展绿色食品、有机农产品和地理标志产品，高质量建设省级绿色优质农产品基地。建立健全农产品追溯体系，完善追溯信息，规范数据采集与管理，将追溯制度落到实处。另一方面加强品牌建设，提升产品影响力。实施农业生产“三品一标”提升行动，培育绿色安全、优质高效种源，积极建设作物和畜禽水产良种繁育基地。推广优质粮食、畜禽水产和特色产品良种，集成推广绿色生产技术模式，净化农业产地环境，使用绿色投入品，促进优质农产品生产。打造有影响力的区域公用品牌、农产品品牌和企业品牌。推进标准化生产，积极建立现代农业全产业链标准体系，支持合作社、龙头企业等新型农业经营主体按标

生产。

3. 吸引市场主体参与，增强多元投资吸引力

一方面，拓宽融资渠道，吸引社会资本投入。建立多元化的融资渠道，包括政府引导基金、社会资本、金融机构等，为生态低碳循环农业提供充足的资金支持。同时，完善投资回报机制，确保投资者能够获得合理的收益。另一方面加强市场信息披露，降低信息不对称风险。建立健全市场信息披露制度，及时发布生态低碳循环农业的相关政策、市场动态和技术进展等信息，降低投资者的信息不对称风险。加强市场监管，防止虚假宣传和误导消费者行为的发生。同时促进产业融合发展，推进要素集聚、企业集中、功能集合，建设一批绿色农业产业园区、产业强镇、产业集群，带动农村一二三产业绿色升级、融合发展。推动生态低碳循环发展，推动企业循环式生产、产业循环式组合，发展生态低碳循环农业，推动农业园区生态低碳循环，培育产业链融合共生、资源能源高效利用的产业体系。

（三）加快主体培育，增强原生发展动力

1. 加强意识培养，提升绿色发展共识

针对湖北省农业劳动力老龄化、文化水平低等问题，应加强对农业生产者的绿色发展意识培养。通过组织专题培训、现场观摩、经验交流等方式，提高农户对生态低碳循环农业重要性的认识。同时，结合当地实际，制定切实可行的绿色生产技术推广计划，提高农户对绿色生产技术的接受程度和应用水平。同时鼓励和吸引民间资本参与循环经济项目建设，促进湖北省循环农业经营主体发展。此外，应加强对农户的环保宣传教育，普及绿色生产知识，引导他们树立绿色发展理念，增强农户对绿色生产技术的认知，激发他们的积极性，形成推动生态低碳循环农业发展的强大合力。

2. 完善支持体系，强化资源投入与激励

政府应充分发挥在生态低碳循环农业发展中的引导作用，在资金支持方

面，加大对小农户、家庭农场的扶持力度，提供绿色品牌创建、销售渠道拓展等方面的支持，提高市场竞争力。降低贷款门槛，简化贷款流程，解决生产主体资金缺口大、贷款申请难的问题。在农田保护、资源开发等方面建立健全农业生态保护的奖罚制度，做到“做好大奖，做坏重罚”。特别是要将地力补贴政策与秸秆还田、地膜离田、有机肥施用、农业面源污染治理效果紧密挂钩。如上海对农业保护区、水源保护区等地区提高了低碳农业补偿标准。

3. 完善联结机制，促进主体协同合作

应深化利益联结机制，促进农业生产者、企业等各方共同参与生态低碳循环农业的发展。小农户的生产行为不确定性高，应对各类风险能力差，对生态低碳循环农业的生产方式等认识不足，缺乏积极性，因此应健全新型农业经营主体与小农户的利益联结机制，充分发挥其对小农户的带动作用，保障农业生产者的生产收益。建立健全合作机制，加强农业生产者与企业之间的合作，实现资源共享、互利共赢。鼓励企业投资生态低碳循环农业项目，提供技术支持和市场推广等方面的帮助，带动农户增收致富。加强农业生产者之间的合作与交流，建立互助机制，共同应对生态低碳循环农业发展中的困难和挑战。通过组织合作社、协会等形式，提高农业生产者的组织化程度，增强他们的市场竞争力。还应探索多种形式的利益联结模式，如股份合作、订单农业等，将农业生产者与市场紧密连接起来，实现产业链的延伸和价值链的提升。通过深化利益联结机制，促进生态低碳循环农业的可持续发展。

（四）加强集成创新，加大创新投入力度

1. 加强技术创新，提升科技支撑能力

加强技术联合攻关，依托现代农业产业技术体系、科技创新联盟等支撑力量，抓紧突破关键核心技术和重要设施装备。加强科技资源整合，依托重点科研院所和华中农业大学等高校，成立研究服务机构、组建高校“思想库”“智囊团”，加大对农业投入品减量高效利用、农业节水、有害生物绿色防控、废弃物资源化利用等农业绿色生产技术的研发投入，加快成熟适用绿色技术、绿

色成果的示范、推广和应用，充分发挥多领域多学科专家的专业优势，为农业农村绿色发展提供科技助力，并在此过程中理顺科技成果所有权改革，赋予科教人员必需的权利，激发高校科研人员成果转化动能，使农业高校真正成为生态低碳循环农业科技创新和成果供给的重要力量。

2. 加强技术集成，优化技术应用体系

提升生态低碳循环农业技术的经济性，应通过整合现有技术资源，打破技术壁垒，实现技术间的优势互补和协同作用。同时，注重技术投入的成本收益分析，选择经济实用的技术方案进行推广。在技术推广过程中，充分考虑农民的经济承受能力，提供多种形式的补贴和优惠政策，降低技术推广的门槛。重点加强新型生物农业技术、节约资源和保护环境的生态农业技术、立体复合的农作制度、农产品精深加工技术、废弃物综合利用技术相关产业链接技术和可再生能源开发利用技术等方面的技术攻关，使生态低碳循环农业技术涵盖产前、产中、产后各环节。积极推进传统实用技术与现代信息工程技术、生物工程技术、环境工程技术等有机结合，为生态低碳循环农业持续发展提供保障。

3. 加强技术推广，扩大技术应用范围

加强生态低碳循环农业技术集成推广，推进单项技术、产品、设备集成配套熟化，形成一批适合不同区域、不同领域的全链条综合解决方案。围绕强化现代科技支撑，加强生态低碳循环农业技术研发和推广，加快形成集产地环境、生产过程、产品质量、加工包装、废物利用、经营服务等于一体的标准体系和技术规范，建立生产、管理和服务有机结合的生态低碳循环技术支撑体系。还应强化技术推广服务，提升农民的技术应用能力。通过建立健全技术推广体系，加强技术推广人员的培训和管理，提高技术推广的效率和质量。同时，采用多种形式的宣传和培训活动，普及生态低碳循环农业知识，提高农民对新技术的认知度和接受度。在技术推广过程中，注重与农民的互动和沟通，了解他们的需求和意见，不断完善技术推广服务。

专题报告七

促进农民农村共同富裕

扎实推进农民农村共同富裕是农业强国建设的中国特色，也是湖北加快建设农业强省的根本要求。本报告明确阐述了促进农民农村共同富裕的现实背景和理论依据，分析评价了当前湖北省农民农村共同富裕的现实基础及进展情况，提出了当前和今后一个时期湖北省促进农民农村共同富裕的实现路径和主要措施。

一、促进农民农村共同富裕的背景和依据

（一）提出促进农民农村共同富裕的现实背景

共同富裕是中国特色社会主义的本质要求，是中国式现代化的重要特征。改革开放以来，我国从能吃得饱、穿的暖，到脱贫攻坚全面建成小康社会，历经了数十年的时间，中国共产党的领导人不断探索，始终为了实现共同富裕而努力。1953 年，毛泽东同志在《中共中央关于发展农业生产合作社的决议》中提出了要使农民过上共同富裕的生活（刘长明，周明珠，2020）。邓小平同志从我国社会主义的国情出发，提出发展生产力和共同富裕都是社会主义的本质要求之一，发展生产力的最终的目的是实现共同富裕（程恩富，刘伟，2012）。党的十八大以来，以习近平同志为核心的党中央将逐步实现共同富裕确立为国家重大战略。党的十九大报告对如何实现共同富裕作了两阶段重要部

署，指出“到2035年，全体人民共同富裕迈出坚实步伐，到本世纪中叶，全体人民共同富裕基本实现”①，习近平总书记强调，“要抓紧制定促进共同富裕行动纲要，提出科学可行、符合国情的指标体系和考核评估办法”②，这充分表明中国已经到了扎实推动共同富裕的历史阶段。

21世纪以来，湖北省居民人均可支配收入实现“23连增”。2022年，湖北省居民人均可支配收入达32 914元，是2000年的9.12倍，但距全国平均水平的36 883元仍有一段距离。虽然居民的物质生活和精神需求得到了极大改善，但城乡居民人均可支配收入差距比仍高达2.16∶1，可见人民日益增长的美好生活需要和不平衡不充分的发展之间的矛盾仍然严重。湖北全面建设社会主义现代化，最艰巨最繁重的任务在农村，最广泛最深厚的基础在农村，最突出最落后的短板也在农村③。一方面，湖北省各区域农村经济发展不充分不均衡，城乡居民收入差距尚未得到有效控制，农村收入结构没有得到合理优化，农民生活水平参差不齐。另一方面，湖北省各区域农村基本公共服务体系不完善，农村劳动力转移力度不足，新型农村集体经济发展缓慢，为全省实现农民农村共同富裕提出了挑战。因此，湖北省立足扛起农业大省使命担当，加快农业强省建设，要把基点放在农民增收上，以农业农村现代化抬高全省全域发展的底板，以农民农村共同富裕为切入点，着力解决社会主要矛盾，促进全省人民共同富裕乃至全体人民共同富裕。

（二）农民农村共同富裕的理论依据

1. 农民农村共同富裕的内涵要求

习近平总书记对共同富裕的内涵进行了深刻阐述，“共同富裕是社会主义

① 中国政府网．习近平：决胜全面建成小康社会 夺取新时代中国特色社会主义伟大胜利——在中国共产党第十九次全国代表大会上的报告［EB/OL］. https://www.gov.cn/xinwen/2017-10/27/content_5234876.htm。

② 求是网．扎实推动共同富裕［EB/OL］. http://www.qstheory.cn/dukan/qs/2021-10/15/c_1127959365.htm。

③ 湖北省人民政府网．湖北省委、省政府印发《关于全面推进乡村振兴和农业产业强省建设 加快农业农村现代化的实施意见》［EB/OL］. https://www.hubei.gov.cn/zwgk/hbyw/hbywqb/202104/t20210410_3461964.shtml。

的本质要求，是中国式现代化的重要特征。我们说的共同富裕是全体人民共同富裕，是人民群众物质生活和精神生活都富裕，不是少数人的富裕，也不是整齐划一的平均主义”（习近平，2020）。党的二十大报告强调，“着力促进全体人民共同富裕，坚决防止两极分化”[①]。可见共同富裕不仅要满足总体富裕，还要保障不同群体间以及群体内部差距的合理性，防止两极分化，即在全体人民收入和消费水平不断提高的同时，将城乡收入与消费差距、农村居民内部收入差距控制在合理范围。

总体富裕是农民农村共同富裕的基础。一方面，总体富裕不是部分人民、部分地区的富裕，而是全部人民、全部地区的富裕，更是全部农民、全部农村地区的富裕（熊磊，2023）。只有所有农民农村都富裕起来，才是农民农村共同富裕。另一方面，总体富裕不仅要求全部人民收入持续提高并保持在一定水平之间，还要求全部人民消费提高并保持在一定水平之间，因为消费也是反映民生福祉的重要指标，只有保证农民的物质生活水平富足，才能实现精神和物质水平双富足。因此，要实现农民农村共同富裕，总体富裕必不可少。

保障不同群体间以及群体内部差距的合理性是农民农村共同富裕的核心。共同富裕不是无视群体间以及群体内部收入和消费差异的总体主义，更不是整齐划一的平均主义，而是可以有差别的富裕。一方面，共同富裕不仅要求缩小城乡收入与消费之间的差距，还要求将其控制在合理范围，这里的缩小到合理范围并不是单纯的平均主义，而是可接受的差距范围。只有兼顾共同与差距，才能防止两极分化，真正实现农民农村共同富裕以及全体人民共同富裕。另一方面，更应该考虑农民农村内部差距，实现缩小城乡收入和消费差距与农民农村内部收入差距齐头并进。只有缩小城乡差距与农民农村内部差距才能真正解决人民日益增长的美好生活需要与不平衡不充分发展之间的矛盾。

基于此，本研究将农民农村共同富裕理解为以总体富裕为前提、以保障不同群体间以及群体内部差距的合理性为核心，通过解决人民日益增长的美好生活需要与不均衡不充分的发展之间的矛盾，实现社会主义现代化强国的

---

① 中国政府网．习近平：高举中国特色社会主义伟大旗帜 为全面建设社会主义现代化国家而团结奋斗——在中国共产党第二十次全国代表大会上的报告［EB/OL］. https：//www. gov. cn/xinwen/2022—10/25/content _ 5721685. htm。

发展愿景。

2. 促进农民农村共同富裕的时代背景

(1) 促进农民农村共同富裕是彰显社会主义制度优越性的根本体现

中国共产党建党至今，始终把“为中国人民谋福利、为中华民族谋复兴”作为初心和使命，在党的带领下，全国各族人民克服重重困难，推动共同富裕迈进历史新阶段。当前，实现全体人民共同富裕的目标仍然十分艰巨，如何推动农民农村共同富裕成为新难点。站在“两个一百年”奋斗目标的历史交汇点上，从加快脱贫减贫步伐到全面实施乡村振兴，中国共产党始终牢记初心和使命，坚定不移地把农村作为主战场，带领农民摆脱贫困、步入小康，扎实推进农民农村共同富裕。这既是中国共产党的使命担当，又是社会主义的本质要求，更是中国特色社会主义制度优越性的根本体现。

(2) 促进农民农村共同富裕是补齐中国式现代化短板的关键所在

我国已经探索出了以农民群众利益为核心，实现成果共享、互帮互助的中国式现代化新道路。新道路体现了共同富裕的“全面性”和“全体性”。从“全面性”的内涵上看，中国式现代化新道路是“全面现代化”的新道路，不仅要包含人的现代化，还要实现各个领域的现代化，更要注重治理的现代化；从“全体性”的特征上看，中国式现代化新道路是实现全体人民共同富裕的现代化新道路，我国的现代化不仅是“新型工业化、城镇化、信息化、农民农村现代化”，更是“全体人民共同富裕的现代化”。当前，促进共同富裕最艰巨最繁重的任务仍然在农村，农民农村共同富裕是实现全体人民共同富裕的最大难点，而农民和农村的现代化已经成为中国式现代化新道路的最大短板。实现农民农村的现代化，推进农民农村共同富裕，才是补齐中国式现代化新道路短板的关键所在。

(3) 促进农民农村共同富裕是贯彻以人为本发展理念的重要路径

以人为本的发展理念，是习近平新时代中国特色社会主义思想的组成部分。长期以来，中国共产党始终把人民立场作为根本政治立场，把为人民谋利益、密切联系群众作为立党兴党的核心追求。中国共产党的宗旨是全心全意为人民服务。这里的人民指全国各族人民，既要包含生活相对富裕的城镇人民，又要包括生活相对拮据的农村人民。正如习近平总书记强调的，“共同富裕路上，一个不能掉队”①。因此，扎实推进农民农村共同富裕是彰显党和国家以人民为中心的坚定决心，是贯彻以人为本发展理念的重要路径。

（4）促进农民农村共同富裕是解决新时代社会主要矛盾的现实需求

进入新时代，虽然我国社会主要矛盾发生了转变，但是人民群众对美好生活的向往与现实需求之间仍有一定差距。发展不平衡不充分的问题仍然突出，尤其是城乡区域间发展不平衡以及农民农村内部发展不充分的问题，已经成为推动共同富裕过程中亟待解决的关键难点。我国农村区域不仅拥有雄厚的人才底蕴和丰富的物资资源，还拥有广阔的投资前景和市场容量。因此，加快促进农民增收，持续缩小城乡差距和农民农村内部差距，推动农民农村共同富裕，不仅是新时代社会经济发展的必然选择，更是解决新时代社会主要矛盾的现实需求。

（5）促进农民农村共同富裕是全面推进乡村振兴战略的行动指南

党的重大战略部署是实现共同富裕的坚实政策保障。从脱贫攻坚战略的成功实施，消除绝对贫困并全面建成小康社会，到如今全面推进乡村振兴战略，旨在实现农民农村共同富裕和建设社会主义现代化强国，党的重要战略始终为经济发展指明方向。当前，促进农民农村共同富裕的重点仍聚焦于农村贫困地区。脱贫攻坚战的辉煌胜利，彰显了中国共产党在共同富裕道路上取得的显著成就。然而，要实现农民农村共同富裕，防止规模性返贫现象的发生，乡村振兴战略的深入推进至关重要。农民农村共同富裕不仅是乡村振兴的终极目标，更是其行动指引。通过乡村振兴战略的有效实施，以增加脱贫农民收入为核心，以加快脱贫县的经济发展为突破口，同时注重农村的建设与治理，有助于持续加强农业农村发展的薄弱环节，为农民农村共同富裕奠定坚实基础，确保乡村振兴战略的全面推进始终沿着共同富裕的目标稳步前行。

二、湖北省农民农村共同富裕进展情况评价

基于前述农民农村共同富裕的理论分析，本报告分别从总体富裕、收入与

① 求是网．习近平总书记谈共同富裕［EB/OL］. http：//www.qstheory.cn/zhuanqu/2021-02/02/c_1127055668.htm。

消费差距两个角度评价湖北省农民农村共同富裕的发展现状。同时，习近平总书记指出，“要深入研究不同阶段的目标，分阶段促进共同富裕”①。基于此，本报告进一步从阶段性目标视角评价湖北省农民农村共同富裕的发展情况与发展潜力，以期为推进湖北省农民农村共同富裕进程厘清建设重心。

（一）湖北省经济社会发展概况

湖北省地处中国中部，承东接西、接南通北，位于长江之“腰”，是长江径流里程超千公里的唯一省份，在长江经济带中具有重要战略地位。全省总面积约 18.59 万平方公里，省辖 13 个地级行政区，103 个县级行政区②。湖北省地理位置优越，是中部地区的经济与人口大省，2022 年，湖北省实现生产总值 53 734.92 亿元，比上年增长 4.3%，高出全国生产总值增长率 3.0%，截至 2022 年末，全省常住人口为 5 844 万人，占全国总人口的 4.14%，城镇化率达到 64.67%。

湖北省地处中国地势第二级阶梯与第三级阶梯的过渡地带，大致呈现三面环山、中间低平的地势特征，兼备山地、丘陵与平原，适宜发展农业生产，是我国重要的粮食主产区。全省地貌类型多样、自然资源丰富，位居长江流域水稻优势区核心，由于区域农业资源承载力、发展基础不一，且农业资源空间分布不均，《全国农业可持续发展规划（2015—2030 年）》将湖北省划分为优化发展区（长江中下游区）和适度发展区（西南区）。

湖北省始终重点关注“三农”发展，2022 年湖北省委一号文件公布接续全面推进乡村振兴，强调必须稳住农业基本盘、做好“三农”工作，积极服务和融入新发展格局，推动高质量发展，促进共同富裕，确保农业稳产保供、农民稳步增收、农村稳定安宁。据统计，湖北省农业经济实现稳步增长，农民收入也稳步提升，2022 年全省农林牧渔业增加值 5 321.87 亿元，较 2021 年增长

① 求是网．扎实推动共同富裕［EB/OL］. http：//www.qstheory.cn/dukan/qs/2021-10/15/c_1127959365.htm。

② 湖北省民政厅网．2022 年版湖北省行政区划信息［EB/OL］. http：//mzt.hubei.gov.cn/ywzc/ywzc/qhc/202212/t20221230_4470328.shtml。

4.3%，粮食、油料、猪牛羊禽肉以及水产品产量均表现出不同程度的增长，全省农村居民人均可支配收入与人均消费支出分别为19 709元、18 991元，比上年分别增长7.9%、7.6%[①]。

（二）湖北省农民农村共同富裕评价思路

1. 指标选取

本研究从总体富裕、收入与消费差距两个角度评价湖北省农民农村共同富裕的发展现状，并从阶段性目标视角探讨推进湖北省农民农村共同富裕的阶段性建设重心。

首先，从农村居民收入与消费两方面评价湖北省农民农村的总体富裕水平。一方面，将湖北省农村居民收入和消费与全国指标值进行对比，分析湖北省农民农村总体富裕水平在全国的发展层次；另一方面，以中国共同富裕现行示范区浙江省指标值作为当前省域农民农村总体富裕水平发展的最前沿面，将之与湖北省指标值进行对比，以评价湖北省农民农村总体富裕水平与最前沿面的相对差距。农村居民收入水平以农村人均可支配收入（纯收入）表示，农村居民消费水平以农村人均消费支出表示。

其次，从城乡收入差距、城乡消费差距、农村内部收入差距三方面评价湖北省农民农村的收入与消费差距水平。一方面，将湖北省城乡收入差距、城乡消费差距、农村内部收入差距与全国指标值进行对比，分析湖北省农民农村收入与消费差距水平在全国的发展层次；另一方面，以中国共同富裕现行示范区浙江省指标值作为当前省域农民农村收入与消费差距水平发展的最前沿面，将之与湖北省指标值进行对比，以评价湖北省农民农村收入与消费差距水平与最前沿面的相对差距。城乡收入差距以城镇居民人均可支配收入与农村居民人均可支配收入（纯收入）的比值表示，城乡消费差距以城镇居民人均消费支出与农村居民人均消费支出的比值表示，参考王亚辉等（2018）的研究，农村内部

① 湖北省人民政府网．湖北省2022年国民经济和社会发展统计公报［EB/OL］. http://www.hubei.gov.cn/zwgk/hbyw/hbywqb/202303/t20230318_4589713.shtml? eqid=fd5f7cec000749db000000066474a4f3。

收入差距以该区域农村居民人均可支配收入的变异系数表示。

最后，从理论上分解湖北省农民农村共同富裕在2035年、2050年的阶段性目标，基于目标实现视角厘清各阶段农村居民收入与消费水平、城乡收入与消费差距、农村内部收入差距的具体发展要求，以期为推动湖北省农民农村共同富裕的决策制定提供指导方向。

2. 数据来源

本研究以湖北省为研究区域，关注湖北省农民农村共同富裕发展现状，所涉数据源于历年《中国统计年鉴》《湖北省统计年鉴》、国家统计局网站及统计公报等。在后续数据分析中，相关经济指标均以2002年为基期，用居民消费价格指数进行平减处理。

（三）湖北省农民农村总体富裕实现程度评价

采用平减处理后的农村居民人均可支配收入与人均消费支出值衡量农村居民收入与消费水平，结果如图1、图2所示。2003—2022年间湖北省农村居民收入与消费水平整体均呈现出上升的演变特征，收入水平从2003年的0.264上升至2022年的1.209，消费水平从2003年的0.196上升至2022年的1.165。从趋势来看，湖北省农村居民收入与消费水平均呈现“升—降—升”的N形趋势，具体而言，2003—2019年湖北省农村居民收入水平呈现稳步上升趋势，2019—2020年呈现下降趋势，后于2021年回升，由2019年的1.061降至2020年的1.030后回升至2022年的1.209；2003—2019年间湖北省农村居民消费水平呈现稳步上升趋势，2019—2020年呈现下降趋势，后于2021年回升，由2019年的0.992降至2020年的0.914后回升至2022年的1.165。究其波动原因，可能是因为2019年末新冠疫情突发，湖北作为新冠疫情初期受影响最严重的省份，疫情的突发及其向农村的扩散导致了农户的生计脆弱性，从而对农民生活造成严重冲击（赵旭等，2022）；而在疫情恢复期及疫情常态化时期，农村地区生活逐渐恢复稳定，使得收入与消费水平也呈现回升。

2003—2022年湖北省农村居民收入及消费水平与全国农村居民收入及消

费水平基本一致，而浙江省农村居民收入及消费水平则远远高于湖北省，就趋势而言，湖北省农村居民收入及消费水平与全国农村居民消费水平的相对差距基本稳定，湖北省农村居民人均收入与浙江省的相对差距呈现轻微缩小，而湖北省农村居民人均消费与浙江省的相对差距明显缩小。这表明湖北省农民农村总体富裕水平位居全国中游，且距离省域农民农村总体富裕最优水平还存在较大差距，湖北省农民农村总体富裕水平有很大的提升空间；而农民农村的总体富裕水平在逐渐提升的同时，其与最优水平的差距均减小，表明当前推进农民农村富裕的战略措施具有一定成效但尚存较大的优化空间。

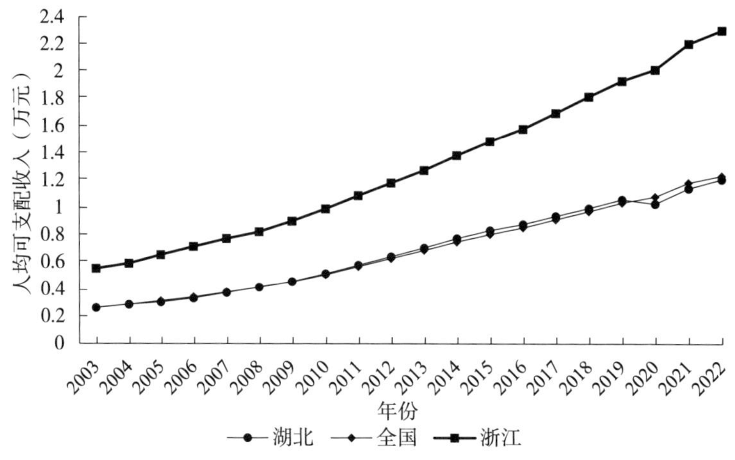

图1　2003—2022年农村人均可支配收入水平

数据来源：《中国统计年鉴》《湖北省统计年鉴》、国家统计局、《浙江统计年鉴》

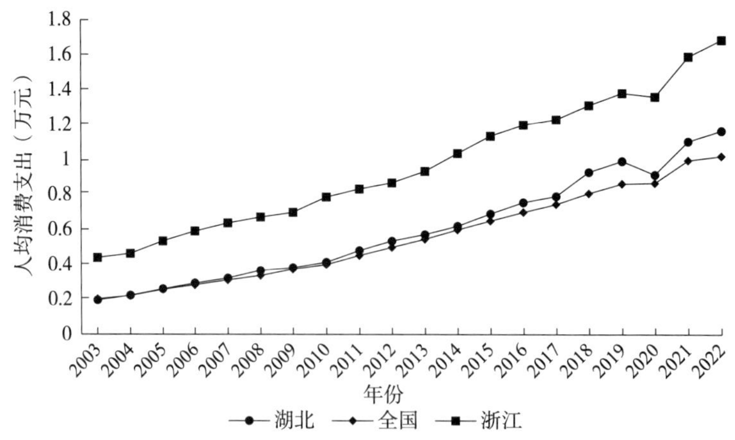

图2　2003—2022年农村人均消费支出水平

数据来源：《中国统计年鉴》《湖北省统计年鉴》、国家统计局、《浙江统计年鉴》

（四）湖北省农民农村收入与消费差距分析

1. 湖北省城乡居民收入与消费水平差距

采用平减处理后的城乡居民人均可支配收入倍差与城乡人均消费支出倍差衡量城乡收入差距与城乡消费差距水平，结果如图 3、图 4 所示。

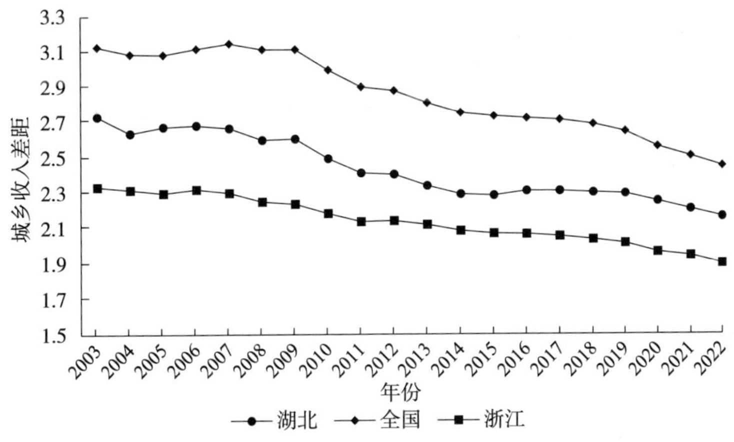

图 3　2003—2022 年城乡收入差距水平

数据来源：《中国统计年鉴》《湖北省统计年鉴》、国家统计局、《浙江统计年鉴》

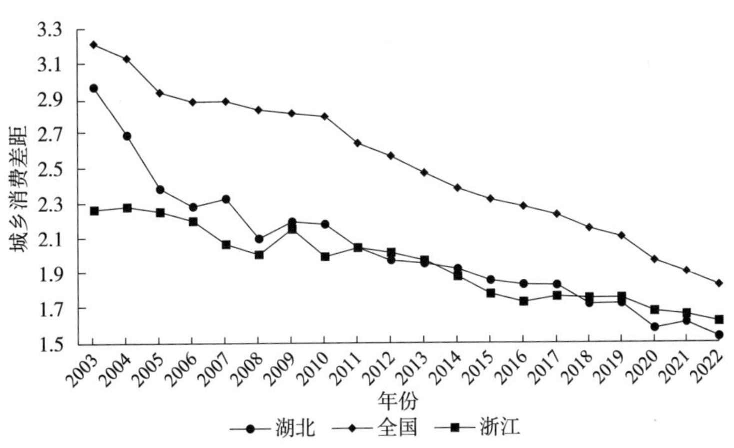

图 4　2003—2022 年城乡消费差距水平

数据来源：《中国统计年鉴》《湖北省统计年鉴》、国家统计局、《浙江统计年鉴》

2003—2022 年湖北省城乡收入倍差整体呈现下降的演变特征，由 2003 年的 2.730 降至 2022 年的 2.163，表明 2003—2022 年湖北省城乡收入差距逐渐缩小。从趋势来看，湖北省城乡收入倍差呈现波动下降趋势，在 2004—2006

年、2008—2009年、2015—2016年呈现轻微上涨，但与其他年份间的降幅相比较小，可以认为研究期内湖北省城乡收入差距保持着较平稳的缩小趋势。从湖北省城乡收入倍差与全国指标值倍差的差距来看，湖北省城乡收入倍差明显低于全国指标值，这表明湖北省城乡收入差距的缩小现状优于全国大部分省份。但不可忽视的是，2003—2022年，湖北省城乡收入倍差距离浙江省倍差仍存在较大差距，湖北省与浙江省城乡收入倍差的比值由2003年的1.170（2.730/2.334）降至2022年的1.140（2.162/1.897），其相对差距轻微缩小，这表明湖北省城乡收入差距虽然逐渐与省域最优水平趋近但速度缓慢，当前湖北省推进城乡收入差距的战略实施小有成效但仍存在一定的优化空间。

2003—2022年湖北省城乡消费倍差整体呈现下降的演变特征，由2003年的2.966降至2021年的1.533，表明2003—2022年湖北省城乡消费差距逐渐缩小。从趋势来看，湖北省城乡消费倍差呈现波动下降趋势，在2006—2007年、2008—2009年、2018—2019年、2020—2021年呈现轻微上涨，但与其他年份间的降幅相比明显较小，可以认为研究期内湖北省城乡收入差距保持着较平稳的缩小趋势。从湖北省城乡消费倍差与全国及浙江省的差距来看，研究期内湖北省城乡收入倍差明显低于全国指标值，且近年来与浙江省指标值几乎一致，甚至在2020—2022年低于浙江省指标值，这表明湖北省城乡收入差距的缩小现状优于全国大部分省份，位居全国上游，当前湖北省推进城乡消费差距的战略实施卓有成效。

整体而言，2003年以来，核算口径下的湖北省城乡收入与消费倍差均平稳下降，研究期初期，城乡收入倍差绝对水平低于消费倍差，而近年来，城乡收入倍差的绝对水平明显高于消费倍差，2022年仍处于高位值的2.163，而自2013年以来，湖北省城乡消费倍差已低于2，湖北省城乡消费倍差缩小幅度与速率显著大于收入倍差，这表明城乡消费差距缩小已取得实质性进展（李清彬，2023）。

2. 湖北省农村居民收入内部差距

采用平减处理后各区域农村居民人均可支配收入的变异系数衡量农村内部

收入差距水平①，结果如图 5 所示。2003—2021 年湖北省农民农村内部收入差距整体呈现下降的演变特征②，由 2003 年的 0.255 降至 2021 年的 0.229，表明 2003—2021 年湖北省农村内部收入差距逐渐缩小。从趋势来看，湖北省农村内部收入差距整体呈现先增后减趋势，2003—2013 年波动上升，于 2012 年达到最大值 0.292，其后保持下降趋势。从湖北省农村内部收入差距与浙江省的差异来看，2003—2021 年湖北省农村内部收入差距明显低于全国指标值，2003—2015 年，湖北省农村内部收入差距基本低于浙江省，而在 2015 年后，湖北省指标值基本与浙江省持平，甚至在 2020—2021 年略高于浙江省。这表明湖北省作为全国重要的农业大省和商品粮生产基地，农村内部的经济与社会发展具有较好的协调性，在控制农村内部收入差距上具有比较优势，湖北省农村内部收入差距的缩小现状优于全国大部分省份，位居全国上游，但近年湖北省农村内部收入差距的缩小速率有所放缓，应当进一步优化湖北省对于缩小农村内部收入差距的战略举措，推进农村内部共同富裕。

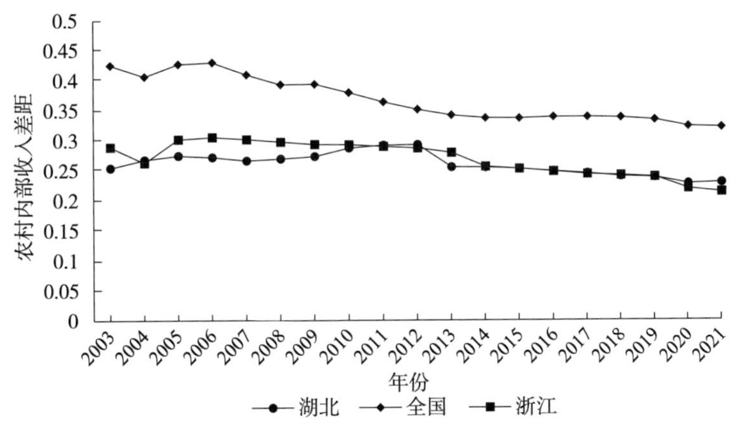

图 5　2003—2021 年农村内部收入差距水平

数据来源：《中国统计年鉴》《湖北省统计年鉴》、国家统计局、《浙江统计年鉴》

① 湖北省与浙江省农村内部收入差距水平采用省域范围内各县级行政单位农村居民人均可支配收入的变异系数衡量，全国农村内部收入差距水平采用中国 31 个省级行政单位（不含香港和澳门特别行政区以及台湾省）农村居民人均可支配收入的变异系数衡量。

② 截至 2023 年 12 月，湖北省及浙江省统计局尚未发布 2023 年统计年鉴，难以获取 2022 年省域范围内县级行政单位农村居民人均可支配收入数据，因此本报告评价湖北省农村内部收入差距水平的时间范围为 2003—2021 年。

（五）湖北省农民农村共同富裕的阶段性目标

习近平总书记指出，要深入研究不同阶段的目标，分阶段促进共同富裕：到“十四五”末，全体人民共同富裕迈出坚实步伐，居民收入和实际消费水平差距逐步缩小。到2035年，全体人民共同富裕取得更为明显的实质性进展，基本公共服务实现均等化。到本世纪中叶，全体人民共同富裕基本实现，居民收入和实际消费水平差距缩小到合理区间①。《中共中央关于制定国民经济和社会发展第十四个五年规划和二〇三五年远景目标的建议》以及习近平总书记关于《建议》的说明中明确提出“到2035年实现经济总量或人均收入翻一番目标”“城乡区域发展差距和居民生活水平差距显著缩小”②。林万龙等（2023）综合多个发达国家与中国共同富裕先行示范区浙江省的发展经验，提出了城乡收入差距的阶段性目标，即2035年城乡居民可支配收入比缩小到1.8以下，将城乡居民可支配收入比缩小至1.25界定为城乡居民收入差距合理区间的门槛；李清彬（2023）认为在新型城镇化和乡村振兴战略两轮驱动下，依照城乡收入成本折算，到全体人民共同富裕目标基本实现时，城乡居民消费水平大体相当，城乡居民消费差距合理区间或定于倍差值为1左右；赵福昌和孙维（2023）基于目标穿透性的视角解释了基本公共服务均等化的理论内涵，采用变异系数衡量各指标离散程度，定义变异系数小于10％为弱变异。

基于此，本报告从阶段性目标视角考察2025年、2035年、2050年湖北省农民农村共同富裕的发展情况与实现要求，将促进湖北省农民农村共同富裕的阶段性目标分解为：到2035年，湖北省农民农村共同富裕取得明显进展，具体表现为在2025—2035年实现农村居民收入与消费绝对水平值翻倍增长，城乡收入倍差低于1.8，城乡消费倍差低于1.5，农村内部收入变异系数低于0.2；到2050年，湖北省农村居民收入和消费水平差距缩小到合理区间，具体

① 求是网．扎实推动共同富裕［EB/OL］. http：//www.qstheory.cn/dukan/qs/2021—10/15/c_1127959365.htm。

② 新华社．中共中央关于制定国民经济和社会发展第十四个五年规划和二〇三五年远景目标的建议．https：//www.gov.cn/zhengce/2020—11/03/content_5556991.htm。

表现为 2035—2050 年实现农村居民收入绝对水平值翻倍增长，城乡收入倍差低于 1.25，城乡消费倍差低于 1、农村内部收入变异系数低于 0.1。

1. 2035 年湖北省农民农村共同富裕目标

基于前文阐述，本报告将促进湖北省农民农村共同富裕的 2035 年目标设定为：在 2025—2035 年实现农村居民收入与消费绝对水平翻倍增长，城乡收入倍差低于 1.8，城乡消费倍差低于 1.5，农村内部收入变异系数低于 0.2。

在实现 2035 年湖北省农民农村共同富裕的目标下，根据“2025—2035 年实现农村居民收入与消费绝对水平翻倍增长”这一细分目标，计算出 2025—2035 年湖北省农村居民人均可支配收入与消费支出年均增长率应不低于 7.177%。2003—2022 年，平减处理下的湖北省农村居民收入水平从 0.264 上升至 1.209，消费水平从 0.196 上升至 1.165，2003—2022 年湖北省农村居民收入与消费水平的年均增长率分别为 8.345%、9.829%。可见，若依照 2003—2022 年年均增速，2035 年湖北省农民农村总体富裕目标是可能实现的。

进一步，根据 2035 年湖北省农民农村共同富裕的“城乡收入倍差低于 1.8，城乡消费倍差低于 1.5，农村内部收入变异系数低于 0.2”的阶段性目标，探究湖北省在 2035 年实现农民农村共同富裕的具体要求。本报告主要关注为实现湖北省农民农村共同富裕基本目标的农业农村发展的具体要求，因此不对城镇居民生活发展做具体要求，在后续分析中设定 2003—2022 年城镇居民收入与消费的年均增速为 2022 年后城镇居民与消费的历年增速，经计算得城镇居民人均可支配收入年均增长率为 7.024%，城镇居民人均消费支出年均增长率为 6.080%。表 1 汇报了湖北省农村人均可支配收入不同年增长率所对应的 2035 年城乡收入倍差、农村人均消费支出不同年增长率所对应的 2035 年城乡消费倍差。由表可知，若按照基础增长率 7.177%（“2035 年相比 2025 年农村居民收入与消费翻一番”对应的年增长率）来看，2035 年湖北省城乡收入倍差与消费倍差分别为 2.127、1.356，其收入倍差尚未达到 2035 年的阶段性目标值，而消费倍差已达到 2035 年阶段性目标值，经计算达到年均收入倍差 1.8 所需的年均增长率为 8.561%。就“农村内部收入变异系数低于 0.2”的目标而言，计算得 2021—2035 年变异系数年均降速为 0.952%。

整体而言，实现2035年湖北省农民农村共同富裕阶段性目标应当保障农村居民人均可支配收入年增速不低于8.561%，农村居民人均消费支出年增速不低于7.177%，县域农村居民人均可支配收入变异系数年降速不低于0.952%。与2003—2022年湖北省农村居民人均可支配收入、消费支出、县域农村收入变异系数年均增速分别为8.345%、9.829%、－0.595%对比来看，实现湖北省农民农村共同富裕2035年阶段目标应当重点关注农村居民增收与农村内部收入差距缩小问题。

表1　不同农村居民收入与消费增长率设定下2035年湖北省城乡收入与消费倍差预测值

2022—2035年农村居民人均可支配收入与消费增长设定	增长率（%）	2035年湖北省城乡收入倍差预测值	2035年湖北省城乡消费倍差预测值
基础增长	7.177	2.127	1.356
次低增长	8.0	1.925	1.227
中等增长	9.0	1.708	1.089
次高增长	10.0	1.517	0.967
高增长	11.0	1.348	0.860

数据来源：国家统计局、《湖北省统计年鉴》。

2. 2050年湖北省农民农村共同富裕目标

基于前文阐述，本报告将促进湖北省农民农村共同富裕的2050年目标设定为：在2035—2050年实现农村居民收入与消费水平翻倍增长，城乡收入倍差低于1.25，城乡消费倍差低于1，农村内部收入变异系数低于0.1。

在实现2050年湖北省农民农村共同富裕的目标下，根据“2035—2050年实现农村居民收入与消费绝对水平翻倍增长”这一细分目标，计算出2035—2050年湖北省农村居民人均可支配收入与消费支出年均增长率应不低于4.729%，明显低于2022—2035年湖北省农村居民人均可支配收入与消费支出基础增长率设定值，由此可见，2050年湖北省农民农村总体富裕目标是可能实现的。

进一步，我们根据2050年湖北省农民农村共同富裕的“城乡收入倍差低于1.25，城乡消费倍差低于1，农村内部收入变异系数低于0.1”的阶段性目标，探究湖北省在2050年实现农民农村共同富裕的具体要求。在分析实现

2050 年湖北省农民农村共同富裕目标的具体要求时，我们首先假定 2035 年阶段性目标基本完成，即 2022—2035 年湖北省农村居民人均可支配收入年均增速为 8.561%、农村居民人均消费支出为 7.177%、县域农村人均可支配收入变异系数年均降速为 0.952%，并以此估算 2035 年各指标值。表 2 汇报了湖北省农村人均可支配收入不同年增长率所对应的 2050 年城乡收入倍差、农村人均消费支出不同年增长率所对应的 2050 年城乡消费倍差。由表 2 可知，若按照“2050 年相比 2035 年农村居民收入与消费翻一番”对应的年增长率（4.729%）来看，2050 年湖北省城乡收入倍差与消费倍差分别为 2.491、1.643，其收入倍差与消费倍差均未达到 2050 年的阶段性目标值，经计算达到 2050 年收入倍差为 1.25 所需的农村人均可支配收入年均增长率为 9.657%，消费倍差为 1 所需的农村人均消费支出年均增长率为 8.254%。就“农村内部收入变异系数低于 0.1”的目标而言，计算得 2035—2050 年变异系数年均降速为 4.516%。

整体而言，在基本实现 2035 年湖北省农民农村共同富裕阶段性目标的基础上，若要实现 2050 年内湖北省农民农村共同富裕的目标，应当保障农村居民人均可支配收入年增速不低于 9.657%，农村居民人均消费支出年增速不低于 8.254%，县域农村居民人均可支配收入变异系数年降速不低于 4.516%。与 2003—2022 年湖北省农村居民人均可支配收入、消费支出、县域农村收入变异系数年均增速分别为 8.345%、9.829%、−0.595%对比来看，实现湖北省农民农村共同富裕 2050 年阶段目标任重道远，在乡村振兴与共同富裕战略决策中仍需重点关注农村居民增收与农村内部收入差距缩小问题。

表 2　不同农村居民收入与消费增长率设定下 2050 年湖北省城乡收入与消费倍差预测值

2035—2050 年农村居民人均可支配收入与消费增长设定	增长率（%）	2050 年湖北省城乡收入倍差预测值	2050 年湖北省城乡消费倍差预测值
基础增长	4.729	2.491	1.643
次低增长	8.0	1.571	0.977
中等增长	9.0	1.368	0.850
次高增长	10.0	1.193	0.742
高增长	11.0	1.041	0.647

数据来源：国家统计局、《湖北省统计年鉴》。

（六）研究结论

本章基于农民农村共同富裕的理论分析与习近平总书记分阶段推进共同富裕的论述，结合 2003—2022 年湖北省农民农村统计数据，从总体富裕、收入与消费差距两个角度评价湖北省农民农村共同富裕的发展现状，并从阶段性目标视角探讨推进湖北省农民农村共同富裕的阶段性建设重心。

首先，以农村居民人均可支配收入与农村居民人均消费支出两方面评估湖北省农民农村总体富裕水平，通过对比可知，两个指标所表征的总体富裕发展水平基本一致。总体而言，2003—2022 年湖北省农村居民总体富裕水平呈现出上升趋势，并与全国水平基本一致，但与浙江省水平仍存在一定差距，这意味着尽管当前湖北省推进农民农村富裕的战略措施具有一定成效但尚存较大的优化空间。

其次，以城乡居民人均可支配收入倍差、城乡居民人均消费支出倍差、农村居民人均可支配收入变异系数三方面评估湖北省农民农村的收入与消费差距水平，通过对比可知，三种指标所表征的收入与消费差距发展水平并不完全一致，但也能从中总结出一些基本规律。总体而言，2003—2022 年湖北省农民农村收入与消费差距保持着较平稳的缩小趋势，湖北省农民农村收入与消费差距的缩小现状优于全国平均水平，且其与浙江省水平的差距逐渐减缓甚至趋于接近，这意味着当前湖北省推进的缩小城乡收入与消费差距的战略实施已取得实质性进展。

最后，基于习近平总书记分阶段推进共同富裕的论述与前人学者的相关研究，从理论上分解并设定湖北省农民农村共同富裕在 2035 年、2050 年的阶段性目标，基于目标实现视角厘清各阶段农村居民收入与消费水平、城乡收入与消费差距、农村内部收入差距的具体发展要求。结合湖北省农民农村共同富裕的发展现状以及阶段性目标下湖北省各指标的具体要求，通过数据核算可知，实现 2035 年湖北省农民农村共同富裕的阶段性目标，应当确保 2035 年前农村居民人均可支配收入、农村居民人均消费支出年增速分别不低于 8.561%、7.177%，农村居民人均可支配收入变异系数年降速不低于 0.952%。在实现

2035 年阶段性目标的基础上，若要实现 2050 年湖北省农民农村共同富裕目标，应当确保农村居民人均可支配收入、农村居民人均消费支出年增速分别不低于 9.657%、8.254%，农村居民人均可支配收入变异系数年降速不低于 4.516%。将以上各指标增长率与 2003 年以来的实际年均增长率对比可知，实现湖北省农民农村共同富裕 2035 年及 2050 年阶段性目标的重点和难点均在于农村居民收入增长与农村内部收入差距缩小两方面。这意味着在推进湖北省农民农村共同富裕的进程中，应当重点关注提升农民收入水平与缓解农村收入差距的现实路径。

三、制约湖北省农民农村共同富裕的主要因素

（一）新型农村集体经济对农民农村共同富裕的影响

党的二十大报告指出，“共同富裕是中国特色社会主义的本质要求，要着力促进全体人民共同富裕”[①]。在促进全体人民共同富裕的实践进程中，最艰巨最繁重的任务仍然在农村。习近平总书记指出，“要把好乡村振兴战略的政治方向，坚持农村土地集体所有制性质，发展新型集体经济，走共同富裕道路”[②]。2023 年中央一号文件再次强调，“要探索多样化途径发展新型农村集体经济”[③]。重视和强调“新型农村集体经济”，是党中央基于我国“三农”发展变化实际，着眼乡村振兴、推动实现共同富裕而作出的战略部署。随着农村集体产权制度改革取得重大阶段性成效，新型农村集体经济组织促进农村农民共同富裕的优势正不断显现，大力发展新型农村集体经济，是推动农村共同富裕的重要战略举措。

① 中国政府网．习近平：高举中国特色社会主义伟大旗帜 为全面建设社会主义现代化国家而团结奋斗——在中国共产党第二十次全国代表大会上的报告［EB/OL］. https：//www. gov. cn/xinwen/2022—10/25/content _ 5721685. htm。

② 求是网．把乡村振兴战略作为新时代“三农”工作总抓手［EB/OL］. http：//www. qstheory. cn/dukan/qs/2019—06/01/c _ 1124561415. htm。

③ 中国政府网．中共中央 国务院关于做好 2023 年全面推进乡村振兴重点工作的意见．https：//www. gov. cn/zhengce/2023—02/13/content _ 5741370. htm。

1. 理论分析与研究假说

新型农村集体经济对农村资源进行整合，不仅使农民从小户分散经营中脱离出来，而且增加了农民的收入来源。

首先，农民把农地承包经营权、房屋等作为投入，可以获取投资性收益；集体经营性资产收益分红是农村居民家庭财产性收入的重要组成部分（夏英，张瑞涛，2020）。新型农村集体经济的股份分红可以促进农户财产性收入增长（丁忠兵，苑鹏，2022）。

其次，新型农村集体经济为农民提供生产、服务、公益等就业岗位，促进农民工资性收入稳步提高。

最后，农民以个体为单位进行生产，同时也成为新型集体经济体系中的一部分，凭借产出和服务获取收益，扩大了农民的收入来源，收入的稳定性也大幅度提高。就农业生产现状而言，农民分散经营小块农地，收益十分有限，只能够满足温饱，难以富裕起来。特别是相当一部分留守于农村的农民缺少足够的非农就业能力，不仅难以走上致富路，甚至他们的生存都对政府补贴有着较高依赖性。这就更需要新型农村集体经济将这些农民组织起来，一方面是通过投资于新型农村集体经济获得较为稳定的收益，将他们从较高的农业分散经营风险中分离出来，另一方面为之提供更加灵活、多样的就业选择，农村居民可以就业打工于新型集体经济，也可以成为新型集体经济的加盟者，还可以更加专注地从事其他工作（魏建，2022）。因此，发展新型农村集体经济是提高农村居民家庭收入的重要途径。基于此，提出如下研究假说：

H_1：发展新型农村集体经济有利于增加农民收入，助力实现共同富裕。

发展新型农村集体经济是实现共同富裕的重要保证，具有中国特色的新型农村集体经济将会成为向农村共同富裕目标稳步迈进的重要载体（唐海龙，2022），建立新型农村集体经济可持续发展的长效机制有利于促进共同富裕（赵黎，2023）。缩小收入差距是实现共同富裕的关键（王轶，刘蕾，2022）。新型农村集体经济的发展可以实现低收入农村居民家庭向中高收入农村居民家庭的追赶，缩小收入差距。

首先，新型农村集体经济的发展可以增加非农就业机会，使难以承担进城务工流动成本的农村居民家庭得到本地非农就业机会。进城务工客观上存在一定的流动成本，能承担高流动成本的高收入农村居民家庭进城务工获得了更高的工资性收入，而低收入农村居民家庭难以承担外出务工的流动成本。新型农村集体经济发展带来的本地就业机会为乡村留存劳动力提供了工资性收入，助力留存劳动力追赶进城务工劳动力群体，缩小了其与进城务工高收入农村居民家庭的收入差距。

其次，许多农村集体经济发展项目与农村集体经营性资产形成于精准扶贫战略背景下，对低收入农村居民家庭存在明显倾斜，低收入村集体成员在村集体经济组织的帮扶下实现非农就业、步入中等收入群体，缩小与中高收入群体的收入差距。

最后，发展壮大新型农村集体经济为乡村公共服务和农业社会化服务提供了经济支撑，在提高农业生产效率的同时促进了农业适度规模经营、农业生产要素和农产品的商品化，缩小了以农业经营收入为主的农村居民家庭与兼业农村居民家庭之间的收入差距（张衡，穆月英，2023）。农民村落集中居住是我国农村的突出特色，一家一户生产生活面临着许多共同需求。当下我国农村最大的优势，就是实行社会主义集体所有制。在农村基层党组织的领导和带领下，充分发挥好这一制度优势，把农民组织起来，形成既体现集体优越性又调动个人积极性的机制，是满足农民共同需求、防止两极分化、实现共同富裕的根本出路。集体经济的发展壮大既在促进农村产业发展，增加农民就业机会和劳动收入，在把“蛋糕”做大的同时，又有利于增加集体公共积累和财力，为集体成员提供更多福利，把“蛋糕”分好。新型农村集体经济“帮扶弱小”的组织优势、“普惠公平”的体制优势、“凝心聚力”的政治优势、“民主决策”的治理优势，为助力实现共同富裕创设了强而有力的制度保障（曾恒源，高强，2023）。基于此，提出如下研究假说：

H_2：发展新型农村集体经济有利于缩小农村居民内部收入差距，助力共同富裕。

2. 研究设计

（1）模型设定

为了验证新型农村集体经济对共同富裕的影响，设定实证模型如下：

$$Compro_j = \alpha_0 + \alpha_1 CE_j + \alpha_2 Controls_j + \varepsilon_j \qquad (1)$$

式（1）中，*Compro* 代表农村居民家庭人均可支配收入的对数值与村级农村居民家庭人均可支配收入的变异系数值，*CE* 代表是否有新型农村集体经济组织，*Controls* 代表控制变量，ε 为随机误差项。

（2）变量选取

被解释变量。《中共中央关于制定国民经济和社会发展第十四个五年规划和二〇三五年远景目标的建议》以及习近平总书记关于该建议的说明中明确提出“到 2035 年实现经济总量或人均收入翻一番目标”“城乡区域发展差距和居民生活水平差距显著缩小”。因此，农村农民共同富裕包含收入提升和农村内部收入差距缩小两个维度，分别用农村居民家庭人均可支配收入的对数值与村级农村居民家庭人均可支配收入的变异系数值衡量。

解释变量。本节的解释变量为被访村是否有新型农村集体经济组织。

控制变量。本节的控制变量包括户主性别、户主年龄、户主婚姻状况、户主受教育年限、户主是否患有慢性疾病、家庭规模、劳动力占比、是否有家庭成员为村干部、家庭到县城的距离、村干部的年龄和文化程度。

（3）数据来源

本节所用数据源于课题组 2023 年在湖北省的农户与村级调研。由于本节将农户数据与对应村级数据进行匹配，在剔除了未进行村级调研的农户样本及部分异常样本后，最终得到与本节研究相关的 853 份有效问卷，研究样本覆盖湖北省 8 个县和 25 个行政村。

3. 实证分析

运用最小二乘法实证检验新型农村集体经济与共同富裕的关系，其回归结果见表 3。可以看出，新型农村集体经济对人均可支配收入具有显著的正向影响，对村收入差距具有显著的负向影响。说明新型农村集体经济的发展可以显著提高农村居民家庭的收入水平，缩小农村居民家庭内部的收入差距。为了验证新型农村集体经济对共同富裕影响的可靠性，以农村居民家庭总收入的对数值表征家庭收入，以村级农村居民家庭总收入的变异系数值表征村收入差距，从而对新型农村集体经济与共同富裕的关系进行稳健性检验。从表 3 稳健性检验的结果可以看出，当更换被解释变量的衡量方式时，新型农村集体经济对共同富裕的影响结果保持不变。假说 H_1 和 H_2 得到验证。

表 3　新型农村集体经济对共同富裕的影响

变量	基准回归（人均可支配收入）		稳健性检验（家庭总收入）	
	家庭收入	村收入差距	家庭收入	村收入差距
新型农村集体经济	0.453***	−6.295***	0.159**	−11.738***
	(0.169)	(2.168)	(0.067)	(2.219)
户主性别	0.300	7.832***	0.082	5.140*
	(0.256)	(2.870)	(0.084)	(2.990)
户主年龄	−0.019**	0.087	−0.013***	−0.061
	(0.009)	(0.112)	(0.003)	(0.131)
户主婚姻状况	−0.121	−0.702	−0.248***	−2.276
	(0.188)	(2.271)	(0.075)	(2.870)
户主受教育年限	0.003	0.088	0.042***	−0.571
	(0.035)	(0.371)	(0.012)	(0.439)
户主是否有慢性病	0.044	0.498	−0.006	0.135
	(0.092)	(1.703)	(0.039)	(1.560)
家庭规模	0.100**	−0.910*	0.178***	0.244
	(0.046)	(0.536)	(0.020)	(0.641)
劳动力占比	0.356**	4.414**	0.191***	4.321
	(0.148)	(2.209)	(0.073)	(3.244)
家庭成员为村干部	0.137	−0.672	0.002	2.002
	(0.231)	(2.893)	(0.097)	(3.332)
家到县城的距离	0.006	0.202***	0.002	−0.316***
	(0.004)	(0.061)	(0.002)	(0.058)
村干部年龄	0.009	0.407***	−0.001	0.737***
	(0.012)	(0.139)	(0.004)	(0.161)
村干部文化程度				
高中（中专）	0.298	−5.332**	−0.130	13.013***
	(0.224)	(2.368)	(0.086)	(3.411)
大专（高职）	0.061	15.547***	−0.226**	10.792***
	(0.285)	(2.602)	(0.093)	(3.329)

（续）

变量	基准回归（人均可支配收入）		稳健性检验（家庭总收入）	
	家庭收入	村收入差距	家庭收入	村收入差距
常数	8.018***	78.269***	1.527***	65.958***
	(0.967)	(11.476)	(0.354)	(11.473)
样本量	853	853	808	853
R-squared	0.030	0.111	0.185	0.117

数据来源：2023 年湖北省 8 个县和 25 个行政村调研数据。

注：*、**和***分别表示通过显著性水平为 10%、5%和 1%的统计检验，括号中为稳健标准误。

4. 研究结论

本节基于 2023 年湖北省的农户调查数据，将村级数据与农村居民家庭数据进行匹配，从收入增长和收入差距视角阐释了新型农村集体经济对共同富裕的影响。研究结果表明，无论是使用 OLS 估计还是使用倾向得分匹配法，新型农村集体经济均显著正向影响农村居民家庭人均可支配收入，显著负向影响农村内部的收入差距。当更换被解释变量的衡量方式后，新型农村集体经济组织对共同富裕的影响保持不变。说明新型农村集体经济的发展可以显著提高农村居民家庭的收入水平，缩小农村居民家庭内部的收入差距，从而助力实现农村农民共同富裕。

（二）农村基本公共服务对农民农村共同富裕的影响

随着我国农村经济水平的不断提高，农业生产方式发生了很大转变，农村和农业发展已经进入新的历史阶段。在新发展阶段，农村基本公共服务作为农业供给侧的重要组成部分，其具有的经济增长效应、收入分配效应与社会流动效应能有效推动农村经济增长并促进分配与社会流动，让农民农村富裕起来，农村基本公共服务已被视为推进农民农村共同富裕的重要动力。

事实上，我国政府高度重视农村基本公共服务建设在共同富裕建设进程中的重要作用，党的二十大报告强调，健全基本公共服务体系，提高公共服务水平，增强均衡性和可及性，扎实推进共同富裕（胡志平，2022）；2023 年中央一号文件明确指出，“推动基本公共服务资源下沉，着力加强薄弱环节”①。可见，农村基本公共服务因其直接影响着农村的经济发展、生活水平和社会全面进步，在乡村振兴战略实施和农村经济可持续发展中处于基础性支撑地位，是推进农民农村共同富裕的重要突破口。在推进湖北省农民农村共同富裕的重要目标下，探究农村基本公共服务对农民农村共同富裕的影响具有十分重要的现实意义。

1. 理论分析与研究假说

参考贾康和孙洁（2006）、吕微和唐伟（2009）的研究，本报告将农村基本公共服务定义为以政府为主体的公共部门为了满足农业生产、农村发展与农民生活需要而提供的具有一定非竞争性和非排他性的产品和服务的统称，包括教育文化、医疗卫生、交通等不同服务。

农村基本公共服务建设对农村居民收入的改善存在多种影响路径，例如改善农民基础生活状况、优化农业生产销售条件、降低非农就业门槛等。

第一，农村基本公共服务通过改善医疗卫生服务、提供更加完善的教育配套服务来改善农民基础生活状况。一方面通过完善医疗卫生服务，例如设立更多疾病预防治疗和营养保健知识的宣传展板、建立更多的便民医院与卫生院，来提高农民的基础身体素质、降低疾病的发病率、加快患病农民的康复，以此确保农村家庭有健康稳定的劳动力支持；另一方面，通过改善农村基本公共教育服务，例如建立更多的学校与培训中心，帮助农村家庭成员学习到更高水平的知识与技能，增强其创新能力和适应能力，有助于提高就业机会和创业收入。

第二，在影响农业生产销售条件方面，农村基本公共服务通过降低货运成本，提高信息获取能力来实现更高的生产力。通过建设更多的快递物流站点，农民能够以更短的时间和更低的费用将农产品送至消费者手中，降低了农户的销售成本，同时也为消费者提供了更新鲜的农产品和更及时的品尝体验，这有助于消费者的二次消费，因此增加农户的销售收入。农村宽带基站的建设扩大

① 中国政府网．中共中央 国务院关于做好2023年全面推进乡村振兴重点工作的意见．https：//www.gov.cn/zhengce/2023—02/13/content_5741370.htm。

了互联网普及的地理范围，优化了互联网信息下潜的深度和速度。在这个过程中，农民可以获取到更多更快的气候生产信息、技术政策信息和市场供需等信息，这有利于农户做出更加精准高效的生产决策，实现更快更有价值的供需对接，以此提高农民的收入水平。

第三，更加便捷的交通条件以及信息获取渠道有助于农民的非农就业。农民可以通过互联网平台获取到更多更新的就业需求信息，以更短的时间实现各个地点的往返，大大降低了农民非农就业的门槛，有利于农民获得更高的收入。基于此，提出以下研究假说：

H_3：农村基本公共服务对增加农民收入具有促进作用。

第一，农村基本公共医疗与教育服务通过改善劳动生产力身体状况与生活生产能力来缩小收入差距。一方面，医疗卫生服务的建设包括医院、卫生厕所、垃圾处理等设施，为农民的健康提供有力保障，不仅有利于预防疾病、治疗疾病，还可以提升农民的身体素质，有效改善其生活条件和质量，这些因素有效缓解了由于劳动力供给差异导致的收入差异，缩小了农村内部的收入差距。另一方面，农村基本公共教育服务为农民提供了更加全面、平等、深入的受教育机会，农民有机会学到更多包括农业生产技能在内的生活与生产知识，大力提高其农业生产及非农就业的生产能力，因此降低了由于知识差距所导致的生产能力及收入差异。

第二，物流与信息相关服务通过优化农民销售环节和降低信息不对称来缩小收入差距。一方面，物流站点的建设优化了农民的销售环节流程。在此之前，由于农民销售渠道以及货运方式的不同导致了在销售环节显著的成本差异，而物流站点的建设为更多农民提供了更加便捷的销售货物渠道，更多农民能以相对低廉的成本将货物销售到更多的地区，降低了大多数农民在销售环节的成本差距。同时销售成本的降低有助于提高农产品的市场竞争力，促进农产品价格的稳定，减小农产品销售的收入差异。另一方面，农村宽带服务扭转了信息不对称现状，信息获取渠道更加均等和便捷。基站的建设使更多地区的农民可以获取到同样深度广度的信息资源，这不仅有利于获得更多农业生产技术与知识，也有利于获得更多非农就业信息，为广大农民提供了均等的增收机会，缩小农村内部的收入差距。

第三，农村基本公共交通服务通过降低农民出行成本来创造更加均等的非农增收机会。交通服务的完善为农民提供了更加便捷的出行机会，农民在不同非农就业地点之间往返的时间与经济成本大大降低，为更多农民提供了更加方便均等的就业机会，降低了在不同地区居住的农民、不同出行条件的农民的非农就业机会差异，因此也就降低了其获取非农收入的差异。基于此，提出以下研究假说：

H_4：农村基本公共服务对缩小农村居民内部收入差距具有缓解作用。

2. 研究设计

(1) 模型设定

为检验本节提出的研究假设，分析农村基本公共服务对农民农村共同富裕的影响，设定如下基准回归模型：

$$Y_i = \alpha + \beta X_i + \lambda C_i + \varepsilon_i \tag{2}$$

式（2）中，Y_i 为农民农村共同富裕水平；X_i 为农村基础设施水平；C_i 为控制变量矩阵；ε_i 为随机扰动项；α、β、λ 为待估系数。

(2) 变量选取

被解释变量。本报告的被解释变量为农民农村共同富裕水平，包括农户收入与农村内部收入差距。具体而言，在调查问卷中，设置“2022 年您家的人均可支配收入有多少（单位：元）”这一问题来测量农户收入水平，为降低数据量纲的影响，在后续分析中将农户人均可支配收入做对数化处理；进一步，以同村所有调查农户家庭人均可支配收入（单位：元）的变异系数测量农村内部收入差距水平。

核心解释变量。本报告的核心解释变量为农村基本公共服务。在调查问卷中，设置“农户生产生活基础设施和公共服务信息”板块下的“村基础设施有哪些”这一问题来测量该村农村基本公共服务设施的类别，备选项包括医院、小学、幼儿园、快递站、卫生厕所、休闲娱乐场所、垃圾集中投放处、宽带基站、公共汽车营运站点，以备选项的选择数量作为该村农村基本公共服务的建设水平。

控制变量。本报告还控制了可能影响农民农村共同富裕的其他变量，主要包括户主性别、年龄、婚姻状况、受教育年限、是否患有慢性疾病、家庭规模、家庭劳动力占比、是否有家庭成员为村干部、村庄到县城的距离、村干部的年龄和村干部受教育程度。

(3) 数据来源

本节所用数据源于课题组 2023 年在湖北省的农户与村级调研。本节将农户数据与对应村级数据进行匹配，在剔除了未进行村级调研的农户样本及部分异常样本后，最终得到与本节研究相关的 242 份有效问卷，研究样本覆盖湖北省 8 个县和 25 个行政村。

3. 实证检验

本报告运用 stata 软件检验核心解释变量农村基本公共服务对农民农村共同富裕两大指标（农民收入和农村内部收入差距）的影响，回归结果如表 4 所示。

表 4 列（1）汇报了农村基本公共服务对农民收入的回归结果。农村基本公共服务变量的回归系数为 0.086，且在 5%的统计水平上显著，表明农村基本公共服务对农民收入具有正向促进作用，假说 H_3 得到验证。基于前述理论分析，加大对农村基本公共服务的建设力度，会进一步改善农村医疗卫生条件与教育条件，通过提升农民的基础身体素质与文化素质来强化农村家庭劳动力素质与能力，进而提升农民收入；交通、物流以及数字化基础设施的完善降低了农业生产经营的信息获取、商品交易与流通成本，有利于提升农产品收益，进而提升农民收入。

表 4 列（2）汇报了农村基本公共服务对农村内部收入差距的回归结果。农村基本公共服务变量的回归系数为 0.009，但未通过显著性检验，表明农村基本公共服务对农村内部收入差距未表现出明显的缓解作用，假说 H_4 未得到验证。可能的解释是，实现农民农村共同富裕目标可以细分为提升农民总体收入与缩小农村内部收入差距，提升农民总体收入是缩小农村收入差距的先决条件，缩小农村内部收入差距的核心在于调节农民初次收入分配情况。在初次分配环节，调节收入分配要着眼于提高劳动报酬，而劳动报酬更多取决于劳动者的人力资本水平。农村基本公共服务是农村人力资本积累的关键要件，尽管农村基本公共服务保障了该村居民平等享受医疗、卫生、交通、教育等公共服

务，促进收入的包容性增长，但受农村家庭户主个人特征、地理区位等差异影响，农村居民家庭享受基础服务的需求与频率不同，农村家庭的人力资本积累及存量呈现差异，同村内部低收入农户与其他农户从农村基本公共服务中获益与收入分配情况各异（例如基础设施为教育水平或经验较高的个体提供更多获取报酬的机会），使得农村基本公共服务对农村内部收入差距的缓解效应尚未发挥（张勋，万广华，2016）。

表 4　基本公共服务对共同富裕的影响

变量	(1)	(2)
农村基本公共服务	0.086**	0.009
	(0.038)	(0.008)
户主性别	0.130	0.024
	(0.205)	(0.038)
户主年龄	−0.016**	0.002
	(0.007)	(0.002)
户主婚姻状况	−0.279	−0.003
	(0.201)	(0.036)
户主受教育年限	0.001	0.010**
	(0.022)	(0.005)
户主是否有慢性疾病	−0.066	0.007
	(0.130)	(0.027)
家庭规模	0.048	−0.008
	(0.029)	(0.008)
劳动力占比	−0.149	0.058
	(0.236)	(0.044)
家庭成员为村干部	0.066	−0.029
	(0.173)	(0.033)
村庄到县城的距离	0.003	0.000
	(0.005)	(0.001)
村干部的年龄	0.009	−0.002
	(0.007)	(0.002)
村干部的受教育程度	−0.008	0.040***
	(0.083)	(0.015)
_cons	9.104***	0.494**
	(0.787)	(0.194)
N	242	242

数据来源：2023 年湖北省 8 个县和 25 个行政村调研数据。

注：*、**和***分别表示通过显著性水平为 10%、5%和 1%的统计检验，括号中为稳健标准误。

4. 研究结论

优化农村基本公共服务建设是实现农村可持续发展和农民共同富裕的关键一步，本报告基于微观视角考察农村基本公共服务对农民农村共同富裕的影响，得到如下结论：一是农村基本公共服务对农民收入表现出显著正向影响，即农村基本公共服务建设对农民起到增收效应；二是农村基本公共服务未对农村内部收入差距表现出显著影响，即农村基本公共服务建设对农村内部收入差距尚未起到缓解效应。

（三）农村劳动力转移对农民农村共同富裕的影响

共同富裕不仅是缩小贫富差距，而且是把一定条件下确定的中等收入水平（绝对水平而不是相对数）作为富裕的门槛，并促使更多的人群能够跨过这个门槛（钟甫宁 等，2022）。政府为加快推进共同富裕的进程，大幅度通过二次分配、三次分配进行收入转移以实现“收入公平”，但是实现共同富裕主要还是要依靠初次分配。因此如何通过初次分配增加低收入人群的收入是其关键问题。初次分配是市场按照劳动、资本、技术和管理等生产要素的贡献大小进行的，与之对应的就包括了劳动收入、资本收入等。截至 2019 年，湖北省农村居民工资性收入占人均可支配收入的 32.7%，财产性净收入占人均可支配收入的 1.3%，经营性净收入占人均可支配收入的 41.5%，转移性净收入占人均可支配收入的 24.5%。数据显示，工资性收入和经营性收入占农户收入的绝大部分。但是在市场经济逻辑中的分散化决策、自由的市场竞争和优胜劣汰，往往会引致贫富差距的“马太效应”。由于市场竞争主体之间存在生产要素禀赋差异，强者可以通过市场规则对弱者进行剥夺。农村居民的土地生产要素会一再向强者集中，导致收入差距进一步拉大。因此对普通农户亟须扩大劳动收入以提升收入水平，缓解进一步拉大的收入差距。

随着经济的不断发展，城镇和乡村发展的差距不断拉大，造成城乡发展的二元化。由于农村产业的局限性，农村劳动力过剩愈发严重，越来越多的农村居民选择离开农村。数据显示，截至 2020 年底，中国已有约 2.7 亿农民工进入城市工作。通过转移就业，不仅有助于缓解农村过剩劳动力的问题，农村的贫困问题也会得到一定的缓解。农村劳动力转移的主要动力在于收入和就业机会的差异。转移就业虽然显著提高了农户收入，帮助农民脱贫，但也会造成农村劳动力短缺，影响农业的发展问题。有学者从农业劳动生产率的角度考察农村劳动力转移对城乡收入差距的影响，结果表明农村劳动力转移能够缩小城乡收入差距。但是我们需要关注到目前就业市场面临着普遍的产能过剩问题，不仅对较高学历劳动力的需求相对于供给增长乏力，对于普通的农民工人，提供的劳动价值趋于同质化，导致人力资本的提升无法增加其相对应的工资水平。并且农村劳动力转移同样面临着就业机会不均衡的问题，传统的农民工主要从事低技能和低收入的劳动工作，形成了较大的就业流动性和职业不稳定性，导致部分农民工难以获得稳定的就业和正常的工资待遇，影响了他们的收入水平。

1. 理论分析与研究假说

农村劳动力转移指的是农村居民从农村地区流动到城市就业或参与非农产业的活动。对于一个预期较稳定的外出务工收入而言，在有限的劳动时间内，当务工的边际劳动收益高于务农的边际劳动收益，劳动力配置会从务农不断向务工转移，直至两种劳动力配置的边际收益一致（杨子砚，文峰，2020）。农村劳动力转移主要通过四个方面对农村居民收入产生影响。第一，就业机会的增加。城市相对农村产业更发达，提供了更多的就业岗位。农村居民通过转移就业可以获得相对较高的工资，从而增加了他们的收入。第二，提高劳动生产率。农村劳动力转移到城市就业后，通常能够接受更高水平的技能培训和教育，并有机会学习更先进的生产技术和管理模式。这些更好的条件和机会可以提高他们的专业知识和技能水平，进而提高劳动生产率。高生产力的劳动力可以为农村居民创造更高的收入。第三，促进农村产业升级和农业现代化。农村劳动力转移到城市后，会带回一些先进的生产技术和管理经验，从而促进农村产业升级和农业现代化，提升农村居民的生产能力和产品质量，提升市场竞争能力，增强议价能力从而获得更高的收入。第四，促进劳动力市场和收入分配的变革。农村劳动力转移使得人口从农村向城市集中，由此形成了更为庞大的劳动力市场。这种市场集中度使得劳动力更易于形成组织和合作，提高了工资的谈判能力，从而增加农村居民的收入。基于此，提出如下研究假说：

H_5：农村劳动力转移对增加农民收入具有促进作用。

农村劳动力转移主要通过以下几个方面对农村内部收入差距产生影响。第一，农村内部劳动力转移后从事的行业、产业以及就业区域可能存在差异，农村劳动力转移到较为发达的地区务工的收入可能会更高，能够获取更高的收入，这就导致了农村内部收入差距的出现。第二，农村内部不同家庭劳动力在接受教育和培训方面可能存在差异，传统的农民工主要从事低技能和低收入的劳动工作，形成了较大的就业流动性和职业不稳定性，这导致一些农民工难以获得稳定的就业和正常的工资待遇。一些农户可能有更好的教育资源和职业培训机会，而另一些农户可能缺乏这些机会。劳动力转移后，拥有更高技能和教育水平的人更容易在城市或其他地区找到更好的工作机会，进而获得更高的收入。这也会导致农村内部的收入差距扩大。第三，社会保障和福利制度的差异。农民工在城市工作时，面临着社会保险、医疗保险、住房保障等问题，由于户籍制度的限制和城乡二元结构的存在，不同就业区域的农民工所享受到的待遇和保障存在差异。这使得他们在疾病、意外伤害等突发事件发生时，缺乏有效的社会保障和救助。由于上述问题的存在，在不同区域的实际有效收入存在较大差异。基于此，提出如下研究假说：

H_6：农村劳动力转移对缩小农村居民内部收入差距具有缓解作用。

2. 研究设计

（1）模型设定

为了验证农村劳动力转移对农民农村共同富裕水平的影响，设定实证模型如下：

$$Y_i = \alpha + \beta X_i + \lambda D_i + \varepsilon_i \tag{3}$$

式（3）中，Y_i 为农民农村共同富裕水平；X_i 为农村劳动力转移；D_i 为控制变量矩阵；ε_i 为随机扰动项；α 、β 、λ 为待估系数。

（2）变量选取

被解释变量。本节的被解释变量为农民农村共同富裕水平，包括农户收入与农村内部收入差距两个衡量维度。具体而言，在调查问卷中，设置“2022

年您家的人均可支配收入有多少（单位：元）”这一问题来测量农户收入水平，为降低数据量纲的影响，在后续分析中将农户人均可支配收入做对数化处理；进一步，以同村所有调查农户家庭人均可支配收入（单位：元）的变异系数测量农村内部收入差距水平。

解释变量。本节使用2022年农户是否有外出务工衡量解释变量农村劳动力转移。在调查问卷中，设置“2022年是否有非农就业（1=是；0=否）”这一问题来测度。

控制变量。本节的控制变量包括户主性别、户主年龄、户主婚姻状况、户主受教育年限、户主是否患有慢性疾病、家庭规模、村干部的年龄、村干部的文化程度。

（3）数据来源

本节所用数据源于课题组于2023年在湖北省开展的农户与村级调研。由于本节将农户数据与对应村级数据进行匹配，在剔除了未进行村级调研的农户样本及部分异常样本后，最终得到与本节研究相关745份有效问卷，研究样本覆盖湖北省8个县和25个行政村。

3. 实证检验

本报告运用stata软件检验核心解释变量农村劳动力转移对农民农村共同富裕两大指标（农民收入和农村内部收入差距）的影响，回归结果如表5所示。

表5列（1）汇报了农村劳动力转移对农民收入的回归结果。农村劳动力转移的回归系数为0.365，且在1%的统计水平上显著，表明农村劳动力转移对农民收入具有正向促进作用，假说H_5得到验证。根据前文的理论分析，农村进行劳动力转移的主要动力就是就业机会的差异，通过劳动力转移不仅可以获得就业机会，同时还能缓解农村劳动力过剩的问题。农民通过外出务工也可以获得较好的培训机会，提升自己的劳动生产率，当农户返回农村，能够带回先进的技术和管理知识，从而提升经营水平，也可以极大地带动农业农村现代化发展。

表5列（2）汇报了农村劳动力转移对农村内部收入差距的回归结果。农

村劳动力转移的回归系数为−0.005，未通过显著性检验，表明农村劳动力转移对农村内部收入差距未表现出明显的缓解作用，研究假说 H_6 未得到验证。可能的原因是，在农户资本收入极其有限的条件下，唯一能获取的劳动收入也趋于同质化。当前市场经济面临严重的产能过剩和劳动力过剩，人力资本的提升无法增加其相对应的工资水平。经济学关注的效率和公平，在市场竞争性的前提下，资源会一再向强者集中，农户在进行劳动转移不能获取相对应的工资水平条件下，生产要素进一步被竞争剥夺，收入的来源会逐渐被压缩，所以这就能解释农村劳动力转移对农村内部收入差距的缓解作用会越来越有限。

表 5　劳动力转移对共同富裕的影响

变量	(1)	(2)
农村劳动力转移	0.365***	−0.005
	(0.080)	(0.029)
性别	0.053	0.038
	(0.117)	(0.036)
年龄	−0.004	−0.000
	(0.004)	(0.001)
婚姻状况	0.164	−0.014
	(0.169)	(0.046)
受教育年限	0.034**	−0.012**
	(0.015)	(0.005)
慢性病	−0.014	−0.055*
	(0.088)	(0.031)
家庭规模	0.004	0.001
	(0.021)	(0.008)
村干部年龄	0.002	0.007***
	(0.005)	(0.002)
村干部文化程度	−0.055**	−0.020**
	(0.023)	(0.009)
常数	9.484***	0.918***
	(0.531)	(0.186)
样本量	745	745
R-squared	0.060	0.061

数据来源：2023 年湖北省 8 个县和 25 个行政村调研数据。

注：*、**和***分别表示通过显著性水平为 10%、5%和 1%的统计检验。

4. 研究结论

农村劳动力转移是在农户资本收入有限的条件下实现农民共同富裕的重要途径，本节基于微观数据考察了农村劳动力转移对农民农村共同富裕的影响，得到如下结论：一是农村劳动力转移对农民收入表现出显著正向影响，即农村劳动力转移对农民起到增收效应；二是农村劳动力转移未对农村内部收入差距呈现显著影响，即农村劳动力转移对农村内部收入差距并未起到缓解作用。

四、促进农民农村共同富裕的对策建议

（一）积极推动城乡融合发展，缩小城乡发展差距

1. 加快推进乡村产业发展融合，打通城乡壁垒，提升乡村经济持续发展水平

首先，着力推进城乡产业融合，切实提升农民的获得感。为此，需要进一步破除户籍、行业和职业等限制性壁垒，促进社会流动性，打破原有的城乡、产业和区域间的阻滞障碍。在推进农村一二三产业融合发展的同时，将特色小镇作为城乡要素融合的关键载体，以促进城乡产业合理分工与深度融合。加速全产业链和全价值链的构建，优先为农民提供就业机会，从而有效拓宽其增收渠道。其次，积极探索并创新城乡生态融合发展的路径，以持续提升农民的幸福感。鉴于城乡同处一个生态系统，推行生态产品价值核算，通过转移支付、城乡生态产品价值实现等机制，不断提高农民的收益水平。

2. 优化升级乡村产业结构，强化资源整合力度，提高产业核心竞争力

首先，加强农业资源有效整合，以工业化战略思维谋划农业发展，推动传统产业转型升级。重点发展农村特色产业，致力于提升产品附加值、延长产业链条，以此优化乡村产业结构，强势推动乡村产业提质增效。其次，大力发展农村特色产品加工流通业，并加快发展现代乡村服务业，拓展乡村产业发展新空间。此外，积极推动乡村旅游业的线上产品销售，深入挖掘并推广具有地方

特色的生态文化产品。依托短视频平台、微信公众号、微博等新媒体渠道进行产品的营销推广，打造新型乡村文化体验。大力培育农村电商主体，构建新型农产品供应链，以此拓展产业的增值空间，并建立与农业发展相适应的运营服务体系，全面推动农村电商的蓬勃发展。

（二）发展新型农村集体经济，着力推进农民持续增收

1. 激发新型农村集体经济发展内生动力，筑牢农民共同富裕的物质基础

首先，强化党建引领作用。在实施乡村振兴战略的背景下，农村基层党组织的建设显得尤为重要。基层党组织的强弱直接关系到新型农村集体经济的发展成效。因此，要加强基层党组织对农村发展工作的统一领导，不断优化组织建设，确保以党建为引领，推动新型农村集体经济的持续发展。其次，完善激励约束机制。在推动新型农村集体经济的发展过程中，需要因地制宜地进行探索与实践。为此，必须要为基层干部提供科学合理的容错空间，鼓励他们勇敢创新，充分发挥个人的创造力。同时，对于在推动新型农村集体经济发展中表现突出的领导干部，实行合理奖励，包括物质奖励和职级晋升等。而对于精神懈怠，未能有效履行职责的干部，进行必要的教育、批评和惩戒，以此激发新型农村集体经济发展的内生动力，确保乡村振兴战略的有效实施。

2. 优化新型农村集体经济管理体制，打造实现农民共同富裕的制度基础

首先，要树立市场化意识，完善内部组织管理机制。集体经济组织的所有成员包括管理者和领导者，都要牢固树立市场经济发展意识、竞争意识、合作意识、法治意识和改革意识，以此为基础，推动集体经济的可持续发展。在管理体制上，应充分发挥民主原则，实施“人手一票”制度，以确保每位组织成员的权利得到充分保障。同时，采用企业式投资收益分析机制，精准研究投资方向，明确主导产业和经营战略。此外，实行市场化的人事管理制度，并推行多元化经营战略，以促进新型农村集体经济的全面发展。其次，优化集体经济收益分配制度。收益分配对集体经济组织的生存至关重要，直接影响着新型农

村集体经济的健康发展。因此，必须建立公平合理的收益分配机制，有效调动各方的积极性，推动集体经济组织扩大再生产和资金的高效使用。在收益分配过程中，要兼顾国家、集体组织和农户等多方利益诉求，实现收益共享。同时，要坚持农民共享集体收益与发展壮大新型农村集体经济并重的原则，切实维护农民的分配收益权益，确保集体经济的持续发展。另外，要立足集体经济的发展实际，合理安排收益分配，确保分配量入为出，并面向组织成员进行合理分配。保证有足够的资金用于新型农村集体经济组织的扩大再生产，并坚决避免收益分配超过实际收益的情况。在此过程中，坚持村民自治原则，充分发扬基层民主，由全体村民或集体经济组织成员共同讨论并确定最终的收益分配份额，从而切实维护农民的利益。

3. 健全新型农村集体经济的运行机制，培育农民共同富裕发展新动能

政府政策是推动经济发展的重要基石。为确保新型农村集体经济的稳步增长，湖北各地政府需持续调整和完善与新型农村集体经济发展密切相关的财政、税收、金融和土地政策，充分发挥政策的引领作用，以政策驱动经济进步。同时，政策支撑需与人才队伍建设并重。在夯实政策基础的过程中，湖北各地政府还需致力于优化新型农村集体经济的人才结构，吸引并培养一支高素质的人才队伍，为集体经济的长远发展提供坚实的人才保障。首先，政府应以政策为导向，建立完善的县级人才招考、统筹使用政策制度及激励机制，优化人才待遇，从而打破传统束缚，吸引更多优秀人才。其次，各地政府需积极推动财政、金融、社保等领域的政策创新，鼓励并引导当地高校毕业生、外出务工农民及专业研究人员返乡，投身新型农村集体经济的建设与发展。最后，政府应着重关注农村青年群体，通过多种教育形式如线下授课、在线教育及实践教学等，普及农业职业教育，将教育与产业发展深度融合，培育和选拔有较强学习能力以及有农村产业发展想法的“新农人”，吸纳成为集体经济组织的新鲜血液，以此推动新型农村集体经济实现高质量发展，进而提升农村农民的生活水平，实现共同富裕。

（三）强化农村基本公共服务建设，夯实农民农村致富物质基础

1. 发展壮大农村公共服务人才队伍，促进农村基本公共服务发展

首先，加强农村基层服务性党组织建设。深入抓党建促进农村基本公共服务发展，充分发挥农村基层党组织在基层社会治理的领导作用与党员先锋模范作用，加强农村基层党组织服务能力建设，实现农村基层党组织由“管理型”到“服务型”的功能转型。其次，优化农村公共服务人才培养机制。针对农村基本公共服务的特点和需求，建立涵盖基础教育、职业技术教育、高等教育以及继续教育的多层次人才培养体系，使人才培养更加贴合农村公共服务的实际需求。通过与农村地区的公共服务机构、企业和社区合作，建立一系列实践基地和实习基地，覆盖农业技术推广、乡村教育、基层医疗卫生、乡村治理等多个方面，使得农村基本公共服务学员能够直接参与到农村公共服务的实际工作中，从而提升他们解决实际问题的能力。

2. 发挥市场在农村基本公共服务建设中的作用，更好发挥政府的主导作用

首先，推进公共服务一体化示范建设。鼓励各地各级政府加强跨地区、跨部门的农村基本公共服务合作机制，建立统一的农村公共服务一体化信息平台，充分发挥数字平台资源共享与业务协同效能，提升公共服务资源的有效利用率，提供一站式农村基本公共服务查询、预约、办理等功能，利用大数据、云计算等技术优化农村基本公共服务流程，提高农村居民享受教育、医疗、社保等基本公共服务的便捷度，改善农村基本公共服务效率与质量。其次，构建多元化公共服务投入格局。发挥政府在农村基本公共服务资源配置中的核心主导作用，鼓励各级政府通过财政投入、政策引导等方式，优先保障农村教育、医疗、社会保障等基本公共服务领域的资金需求。鼓励各级政府制定相关优惠政策和风险分担机制，鼓励和吸引企业、慈善组织、民间资本等社会资本投入到农村基本公共服务领域，形成政府主导与多方参与的投资格局，拓宽农村基本公共服务资金来源。最后，鼓励各级政府制定和完善农村公共基础设施的管理条例和操作指南，确保有明确的管理规范和程序，实现农村基本公共基础设

施的制度化管理。积极开展农村公共基础设施维护的培训，增强农民对公共基础设施维护和保护意识，鼓励和支持农村地区建立村委会、农民合作社等村民自治组织，参与公共基础设施的日常管理和维护。

3. 加大农村基本公共服务建设力度，发挥农村基本公共服务增收效应

农业基础设施，多数具有公共属性，时常面临供给不足的困境。为此，政府需根据不同基础设施带来的社会收益，进行精准投资。在人力、物力、财力的配置上，要实现科学分配，以强化农村基础公共服务建设，切实响应农户需求。不仅要增加基本公共服务规模，还要不断改良服务供给结构，确保各项基础设施得到最高效的利用。为了实现这一目标，一是要动态调整农村基本公共服务供给，减少投入冗余和资源浪费，合理削减无效投入；二是要科学规划农村基本公共服务建设，整体推进、按需调整；三是要加大农户监督和参与力度，重视专家建议和农户信息反馈，广泛吸纳农村居民的合理意见。

4. 促进农村基本公共服务协调发展，逐步缩小农村地区收入差距

湖北省各村基础公共服务建设水平因地而异，应倡导制定全面的农村基本公共服务建设规划，综合考虑各村交通、医疗、社区文化等多个方面的基础设施需求，以确保各项建设协调有序进行。具体来说：首先，重视基础交通设施建设。比如加强农村公路、桥梁、交叉口等的建设，以此提升农产品流通效率，降低运输成本，推动农产品的市场化进程；其次，加强农村卫生设施建设。提升农村医疗卫生水平，通过建设卫生院、卫生室等设施，提供基本医疗服务，提高农民的健康水平；最后，加强社区基础设施建设。加强学校、文化活动中心、体育设施等的建设，不仅能提升农民的文化娱乐水平，也有助于促进社会的和谐发展。

（四）激发乡村人才活力，推动农村劳动力转移就业

1. 强化农民技能培训，提高农民就业竞争力和创业能力

尽管农村劳动力转移主要由就业机会的不均等所驱动，但是在劳动力市场

供大于求、人力资本无法直接提升工资水平的现状下，加强对农民的技能培训显得尤为重要，这将有助于提升他们的就业竞争力。首先，深入了解就业市场需求。各级政府和相关机构应通过市场调研，洞悉当前的就业市场趋势和需求方向。同时，积极与企业、行业协会和专家沟通，从而得到更全面的市场信息，为农民提供精准的就业指导和专业培训。其次，村内应组织相关技能培训。基于市场调研结果，村委会和相关机构应针对性开设技能培训课程，助力农民掌握市场所需的各项技能，如电子商务、服务行业技能等。此外，可以联合培训机构和企业，为农民提供宝贵的实践机会。最后，需要重视对农民的创业培训，特别是返乡农民，以提高他们在非农领域的就业稳定性，并有针对性地引导他们走向创业致富的道路。为此，应完善符合当地特色的创业扶持政策，为农民创造一个良好的创业环境。同时，鼓励和引导返乡的农民工将他们在外积累的物质、人力和社会资本转化为家乡的创业资源，从而推动农业农村的繁荣与发展。

2. 发挥劳动力转移的增收效应，带动农民增收致富

首先，《湖北省“十四五”就业促进规划》不仅重视农村劳动力的向外转移，还更强调其在本地，特别是在县域和村庄内的就业机会。因此，县、镇、村各级政府应根据当地实际情况，发展特色产业，以此促进农村劳动力就业，同时也要鼓励他们走出农村，寻求更多机会，平衡农民当前的增收需求和未来的可持续发展目标。其次，虽然农村劳动力转移主要关注的是年轻或具有劳动能力的人群，但共同富裕的理念强调的是全民共享繁荣。因此，必须关注那些无法实现劳动力转移的人群。对于这部分人群，以通过引导他们以资本或劳动力入股的方式，在新型农村集体经济组织中获取收益。如同某些先进典型村，对于完全丧失劳动能力的人，村集体会以资助入股的方式，让他们也能分享到集体经济发展的红利。农民与集体经济组织可以共进退、同发展，有助于缩小贫富差距，进而从根本上减少社会矛盾和冲突。最后，积极鼓励农民参与到乡村治理中来。由于农村集体经济和集体公共生活的问题紧密相连，村民参与治理的过程实际上也是实现自身利益的过程。这种利益的实现，又能进一步激发村民为社区做出更多贡献，更积极地参与治理，从而形成一个良性的循环。

参 考 文 献

蔡荣，朱西慧，刘婷，等，2018. 土地流转对农户技术效率的影响［J］. 资源科学，40（4）：707-718.

蔡书凯，李靖，2011. 水稻农药施用强度及其影响因素研究：基于粮食主产区农户调研数据［J］. 中国农业科学，44（11）：2403-2410.

陈萍，蒋莉莉，杨雪，等，2019. 荆门市耕地质量保护现状及对策［J］. 现代农业科技（19）：182，186.

程恩富，刘伟，2012. 社会主义共同富裕的理论解读与实践剖析［J］. 马克思主义研究（06）：41-47，159.

程国强，朱满德，2022. 新发展阶段我国重要农产品保供稳价的调控思路与机制设计［J］. 农业经济问题（11）：18-24.

储怡菲，吴方卫，2023. 农业劳动力老龄化与农地转出决策变动：基于家庭承包耕地决策权代际转移的视角［J］. 农业技术经济（9）：1-21.

崔明明，聂常虹，2019. 基于指标评价体系的我国粮食安全演变研究［J］. 中国科学院院刊，34（8）：910-919.

崔宁波，刘紫薇，董晋，2023. 智慧农业助力粮食生产减损的内在逻辑与长效机制构建［J］. 农业经济问题（10）：116-128.

崔逾瑜，2023. 湖北省发展农机化作业服务组织 5938 个［N］. 湖北日报，10-19.

丁忠兵，苑鹏，2022. 中国农村集体经济发展对促进共同富裕的贡献研究［J］. 农村经济（5）：1-10.

杜三峡，罗小锋，黄炎忠，等，2021. 外出务工促进了农户采纳绿色防控技术吗？［J］. 中国人口·资源与环境，31（10）：167-176.

付玲，高明鑫，谭小莉，等，2020. 确保粮食安全，狠抓水稻良种推广［J］. 中国种业（11）：48-51.

高敬，严赋憬，侯文坤，等，2023. 稳产、增收、提效，科技赋能美好"新农景"［N］. 新华社，05-31.

高尚宾，宋成军，徐志宇，等，2021. 中国生态农场发展空间与对策建议［J］. 中国生态农业学报（中英文）（10）：1733-1741.

郭翔宇，2022. 推进农业高质量发展，以农业强省支撑农业强国建设［J］. 农业经济与管理（6）：4-7.

郭兴旭，2018. 极端天气事件对湖北农业生产的影响研究［J］. 农村经济与科技，29（13）：197-198.

胡冰川，2020. 新冠疫情防控常态化背景下重要农产品有效供给研究［J］. 价格理论与实践（4）：12-

15，83.

胡志平，2022. 基本公共服务促进农民农村共同富裕的逻辑与机制［J］. 求索（5）：117-123.

湖北省农业农村厅种业管理处，2022. 乘势聚能，湖北种业冲刺全国第一方阵［N］. 湖北日报，10-21（14）.

黄玲娟，赵哲，夏佳，2022. 2020—2021年金山区地产农产品质量安全监测评价分析［J］. 上海农业科技（04）：31-32，69.

黄炎忠，罗小锋，唐林，等，2020. 绿色防控技术的节本增收效应：基于长江流域水稻种植户的调查［J］. 中国人口·资源与环境，30（10）：174-184.

黄祖辉，傅琳琳，2023. 建设农业强国：内涵、关键与路径［J］. 求索（1）：132-141.

贾康，孙洁，2006. 农村公共产品与服务提供机制的研究［J］. 管理世界（12）：60-66.

江雪，向平安，肖景峰，等，2019. 张掖市农业生态系统健康评价［J］. 湖南农业科学（6）：55-59.

金子薇，2020. 城乡结合部耕地保护存在的问题及对策研究：以湖北省武穴市为例［J］. 农村经济与科技，31（19）：22-24.

雷勋平，RONBIN QIU，2022. 基于熵权TOPSIS模型的中国粮食安全评价及障碍因子诊断［J］. 中国农业大学学报，27（12）：1-14.

李谷成，冯中朝，占绍文，2008. 家庭禀赋对农户家庭经营技术效率的影响冲击：基于湖北省农户的随机前沿生产函数实证［J］. 统计研究（1）：35-42.

李清彬，2023. 中国居民实际消费水平差距问题初探［J］. 宏观经济研究（4）：53-68，127.

李韬，罗剑朝，2020. "审贷分离"视角下家庭务农劳动力禀赋对农地产权评估价值配给的影响：基于CRAGG模型的实证分析［J］. 中国农村经济（12）：67-87.

李文明，唐成，谢颜，2010. 基于指标评价体系视角的我国粮食安全状况研究［J］. 农业经济问题，31（9）：26-31，110-111.

李勇，任国元，杨万江，2004. 安全农产品市场信息不对称及政府干预［J］. 农业经济问题（3）：62-64.

林万龙，马新宇，何禄康，2023. 农民农村共同富裕的阶段性目标和总体政策框架：收入视角的探讨［J］. 中国农业大学学报（社会科学版），40（3）：60-73.

刘长明，周明珠，2020. 共同富裕思想探源［J］. 当代经济研究（5）：37-47，113.

刘胜，2023. 机械化绘就湖北农业新图景［N］. 湖北日报，03-30.

刘晓梅，2004. 关于我国粮食安全评价指标体系的探讨［J］. 财贸经济（9）：56-61，96.

刘余，朱红根，张利民，2023. 信息干预可以提高农村居民生活垃圾分类效果吗：来自太湖流域农户行为实验的证据［J］. 农业技术经济，（1）：112-126.

罗海平，王佳铖，胡学英，等，2023. 我国粮食功能区粮食安全水平的时空差异及障碍诊断［J］. 农业经济与管理（2）：23-34.

吕微，唐伟，2009. 农村公共服务体系建设的现状与对策建议 [J]. 中国行政管理（7）：87-90.

倪国华，王赛男，金燕红，2022. 提高“自给率”还是提升“主导权”?：基于政策模拟的粮食贸易体系研究 [J]. 管理世界，38（4）：65-82.

倪晶晶，郭东罡，张婕，等，2019. 沁河流域（沁源段）农业生态系统健康评价 [J]. 山西农业科学，47（6）：1056-1060，1064.

潘勇辉，张宁宁，2011. 种业跨国公司进入与菜农种子购买及使用模式调查：来自山东寿光的经验证据 [J]. 农业经济问题，32（8）：10-18.

乔金亮，2022. 270 家国家种业阵型企业名单公布：种业振兴有了“领头雁” [N]. 经济日报，08-13.

任重，郭焱，2023. 环境规制、社会资本对农户低碳农业技术采纳行为的影响 [J]. 自然资源学报（11）：2872-2888.

沈明霞，陈金鑫，丁奇安，等，2022. 生猪自动化养殖装备与技术研究进展与展望 [J]. 农业机械学报（12）：1-19.

宋洪远，江帆，2023. 农业强国的内涵特征、重点任务和关键举措 [J]. 农业经济问题（6）：18-29.

唐海龙，2022. 关于发展新型农村集体经济的思考 [J]. 农业经济问题（11）：70-76.

唐林，罗小锋，张俊飚，2021. 购买农业机械服务增加了农户收入吗：基于老龄化视角的检验 [J]. 农业技术经济（1）：46-60.

王昀，2008. 低碳农业经济略论 [J]. 中国农业信息（8）：12-15.

王全忠，周宏，2019. 劳动力要素禀赋、规模经营与农户机械技术选择：来自水稻机插秧技术的实证解释 [J]. 南京农业大学学报（社会科学版），19（3）：125-137，159-160.

王亚辉，李秀彬，辛良杰，2018. 农业劳动生产率的提高缩小了农村居民收入差距吗? [J]. 自然资源学报，33（3）：372-385.

王轶，刘蕾，2022. 农民工返乡创业何以促进农民农村共同富裕 [J]. 中国农村经济（9）：44-62.

魏后凯，崔凯，2022. 农业强国的内涵特征、建设基础与推进策略 [J]. 改革（12）：1-11.

魏佳朔，高鸣，2023. 农业劳动力老龄化如何影响小麦全要素生产率增长 [J]. 中国农村经济（2）：109-128.

魏佳朔，宋洪远，2022. 农业劳动力老龄化影响了粮食全要素生产率吗?：基于农村固定观察点数据的分析验证 [J]. 南京农业大学学报（社会科学版），22（4）：22-33.

魏建，2022. 新型集体经济促进农村共同富裕的机制与路径研究 [J]. 当代世界社会主义问题（3）：13-22.

文静静，冯超林，董文婷，等，2020. 湖北省饲料质量安全监测分析报告 [J]. 湖北农业科学，59（S1）：188-190.

习近平，2020. 关于《中共中央关于制定国民经济和社会发展第十四个五年规划和二〇三五年远景目标的建议》的说明 [N]. 人民日报（002）.

夏艳阳，陈杰，左璐，等，2022. 加快推进湖北省良种繁育基地建设的探讨［J］. 种子，41（11）：144-148.

夏英，张瑞涛，2020. 农村集体产权制度改革：创新逻辑、行为特征及改革效能［J］. 经济纵横（7）：59-66.

鲜祖德，盛来运，2005. 我国粮食安全评价指标体系研究［J］. 统计研究（8）：3-9.

向为丽，2022. 乡村振兴战略背景下农业产业发展的困境与对策［J］. 农家参谋（8）：70-72.

谢花林，施佳颖，冷克诚，2023. 家庭生命周期视角下农户耕地撂荒行为差异及其影响因素：以江西省丘陵山区为例［J］. 资源科学，45（11）：2170-2182.

熊磊，2023. 促进农民农村共同富裕的核心内涵、典型案例及实践进路［J］. 贵州社会科学（7）：152-160.

徐志刚，张骏逸，吕开宇，2018. 经营规模、地权期限与跨期农业技术采用：以秸秆直接还田为例［J］. 中国农村经济（3）：61-74.

杨建利，雷永阔，2014. 我国粮食安全评价指标体系的建构、测度及政策建议［J］. 农村经济（5）：23-27.

杨少华，王凯，2022. 规模经营对中国生猪生产波动的稳定效应研究：基于调节效应和门槛效应模型的双重检验［J］. 农业经济问题（7）：81-96.

杨子砚，文峰，2020. 从务工到创业：农地流转与农村劳动力转移形式升级［J］. 管理世界，36（7）：171-185.

姚成胜，殷伟，李政通，2019. 中国粮食安全系统脆弱性评价及其驱动机制分析［J］. 自然资源学报，34（8）：1720-1734.

姚佳妤，刘蕾，范晓鑫，等，2023. 技术认知与推广对农户低碳农业技术采纳行为的影响研究［J］. 干旱区资源与环境，37（12）：21-30.

叶谦吉，1982. 生态农业［J］. 农业经济问题（11）：3-10.

袁鹏，张宗毅，李洪波，2023. 分散土地渐进流转何以实现规模化经营：基于苏北Z村“渐进规模户”的案例考察［J］. 农业经济问题（8）：1-10.

袁世一，李干琼，2022. “双碳”目标下我国粮食安全评价指标体系研究［J］. 农业科技管理，41（6）：1-7.

曾恒源，高强，2023. 新型农村集体经济促进农民农村共同富裕：理论逻辑、制度优势与实践路向［J］. 农业经济与管理（2）：1-9.

张安然，李谷成，罗斯炫，等，2023. 农业生产托管的增产效应研究：基于湖北省水稻种植户的调查数据［J］. 农业技术经济（12）：1-19.

张衡，穆月英，2023. 村集体经营性资产价值实现的农户增收和追赶效应：外生推动与内生发展［J］. 中国农村经济（8）：37-59.

张俊飚，王学婷，2024. 农业强国目标下的农业绿色低碳发展：现状分析与对策建议［J］. 中国农业大学学报（社会科学版）（5）：1-16.

张少杰，杨学利，2010. 基于可持续发展的中国粮食安全评价体系构建［J］. 理论与改革（2）：82-84.

张小允，鲍洁，许世卫，2023. 基于熵权 TOPSIS 模型的中国粮食安全评价研究［J］. 中国农业资源与区划，44（4）：35-44.

张勋，万广华，2016. 中国的农村基础设施促进了包容性增长吗?［J］. 经济研究，51（10）：82-96.

张元浩，1985. 农业的循环过程和“循环农业”［J］. 中国农村经济（11）：49-27.

张臻盛，2023. 湖北省农业企业协同创新影响因素研究［D］. 荆州：长江大学.

赵福昌，孙维，2023. 我国基本公共服务均等化的基本事实、问题与建议［J］. 甘肃社会科学（5）：228-236.

赵黎，2023. 发展新型农村集体经济何以促进共同富裕：可持续发展视角下的双案例分析［J］. 中国农村经济（8）：60-83.

郑洪林，付玲，王新刚，等，2023. 湖北种业高质量发展成效与探讨［J］. 中国种业（1）：36-39.

钟甫宁，罗必良，吴国宝，等，2022.“加快推进乡村振兴、扎实推动共同富裕”主题笔谈［J］. 南京农业大学学报（社会科学版），22（3）：1-18.

周建华，杨海余，贺正楚，2012. 资源节约型与环境友好型技术的农户采纳限定因素分析［J］. 中国农村观察（2）：37-43.

朱润，何可，张俊飚，2021. 环境规制如何影响规模养猪户的生猪粪便资源化利用决策：基于规模养猪户感知视角［J］. 中国农村观察（6）：85-107.

邹晨昕，赵冬萍，徐新悦，等，2019. 基于氮平衡的盐城市畜禽养殖环境承载力分析［J］. 生态科学（4）：169-177，193.

图书在版编目（CIP）数据

农业强国建设的湖北实践 / 华中农业大学乡村振兴研究院编著．-- 北京 ：中国农业出版社，2025. 4.
ISBN 978-7-109-33214-0

Ⅰ. F327.63

中国国家版本馆 CIP 数据核字第 2025E3Q094 号

农业强国建设的湖北实践

NONGYE QIANGGUO JIANSHE DE HUBEI SHIJIAN

中国农业出版社出版
地址：北京市朝阳区麦子店街 18 号楼
邮编：100125
责任编辑：贾　彬
版式设计：王　晨　　责任校对：吴丽婷
印刷：中农印务有限公司
版次：2025 年 4 月第 1 版
印次：2025 年 4 月北京第 1 次印刷
发行：新华书店北京发行所
开本：787mm×1092mm　1/16
印张：19.5
字数：310 千字
定价：118.00 元
